高等学校经济学系列教材

区域经济学原理

主编 吴传清　　副主编 孙智君 陈翥

Principles of Regional Economics

WUHAN UNIVERSITY PRESS
武汉大学出版社

图书在版编目(CIP)数据

区域经济学原理/吴传清主编 .—武汉：武汉大学出版社，2008.6
(2019.1 重印)
高等学校经济学系列教材
ISBN 978-7-307-06206-1

Ⅰ.区… Ⅱ.吴… Ⅲ.区域经济学—高等学校—教材
Ⅳ.F061.5

中国版本图书馆 CIP 数据核字(2008)第 055951 号

责任编辑:夏敏玲 黄笑微 责任校对:刘 欣 版式设计:马 佳

出版发行：**武汉大学出版社** (430072 武昌 珞珈山)
(电子邮件：cbs22@ whu.edu.cn 网址：www.wdp. com.cn)
印刷：北京虎彩文化传播有限公司
开本:720×1000 1/16 印张:20 字数:353 千字 插页:1
版次:2008 年 6 月第 1 版 2019 年 1 月第 6 次印刷
ISBN 978-7-307-06206-1/F · 1146 定价:29.00 元

目　录

前　言………………………………………………………………… 1

第 1 章　导论……………………………………………………………… 1
1.1　区域经济学中的"经济区域"和"区域经济"范畴分析 ………… 1
1.1.1　"经济区域"范畴 ………………………………………………… 1
1.1.2　"区域经济"范畴 ………………………………………………… 11
1.2　区域经济学的研究对象和内容…………………………………… 17
1.2.1　中外学者关于区域经济学研究对象和内容的观点……………… 17
1.2.2　本书关于区域经济学研究对象和内容的观点…………………… 25
1.3　区域经济学学科发展概况………………………………………… 26
1.3.1　西方区域经济学学科演进概况…………………………………… 26
1.3.2　中国区域经济学学科演进概况…………………………………… 29

第 2 章　经济活动区位理论 ……………………………………………… 34
2.1　杜能的农业区位理论……………………………………………… 35
2.1.1　杜能农业区位论的产生背景……………………………………… 35
2.1.2　杜能农业区位论的基本内容……………………………………… 36
2.1.3　杜能的农业区位论简评…………………………………………… 39
2.2　韦伯的工业区位理论……………………………………………… 40
2.2.1　韦伯工业区位论的产生背景……………………………………… 40
2.2.2　韦伯工业区位论的核心概念和理论前提………………………… 41
2.2.3　韦伯工业区位论的基本要点……………………………………… 42
2.2.4　韦伯的工业区位论简评…………………………………………… 47
2.3　克里斯塔勒的中心地理论………………………………………… 48

2.3.1 克里斯塔勒中心地理论的产生背景 …… 48
2.3.2 克里斯塔勒中心地理论的基本内容 …… 48
2.3.3 克里斯塔勒中心地理论简评 …… 53
2.4 史密斯和普雷德的行为区位理论 …… 54
2.4.1 史密斯的盈利空间界限理论 …… 55
2.4.2 普雷德的行为区位理论 …… 58

第3章 区域经济增长理论 …… 62
3.1 区域经济增长要素理论 …… 62
3.1.1 区域经济增长要素的分类 …… 62
3.1.2 区域经济增长要素的功能 …… 65
3.2 区域经济增长模型 …… 67
3.2.1 新古典区域经济增长模型 …… 67
3.2.2 区域输出基础模型 …… 68
3.2.3 区域循环累积因果模型 …… 69
3.2.4 希伯特的区域经济增长模型 …… 73
3.2.5 理查森的区域经济增长模型 …… 74
3.3 区域经济不平衡增长理论 …… 75
3.3.1 区域经济不平衡增长理论的滥觞 …… 75
3.3.2 增长极理论 …… 79
3.3.3 威廉姆逊的倒U型理论 …… 89
3.3.4 阿朗索的钟型理论 …… 93
3.4 区域经济增长(发展)阶段理论 …… 94
3.4.1 一般区域经济增长(发展)阶段理论 …… 95
3.4.2 特殊区域生命周期理论 …… 102

第4章 区域产业结构与组织理论 …… 115
4.1 区域产业结构分类及评价分析 …… 116
4.1.1 区域产业结构的分类法 …… 116
4.1.2 区域产业结构评价和分析 …… 120
4.2 区域产业结构配置和优化 …… 128
4.2.1 区域产业结构配置标准 …… 128
4.2.2 区域产业结构配置的内容与方法 …… 129

4.2.3　区域产业结构的优化 …… 134
4.3　区域产业组织理论 …… 135
4.3.1　区域产业链 …… 135
4.3.2　区域产业集群 …… 143
4.3.3　区域产业带 …… 159

第5章　区域经济空间结构理论 …… 169
5.1　区域经济空间结构组合要素理论 …… 169
5.1.1　区域经济空间结构的内涵 …… 169
5.1.2　区域经济空间结构组合要素 …… 170
5.2　区域经济空间结构的地域构成单元理论 …… 175
5.2.1　中心—外围二元空间结构理论 …… 175
5.2.2　城市—城乡边缘区—乡村三元空间结构理论 …… 181
5.3　区域经济空间结构的类型理论 …… 185
5.3.1　极核式空间结构 …… 186
5.3.2　点轴式空间结构 …… 189
5.3.3　网络式空间结构 …… 193
5.3.4　双核式空间结构 …… 196
5.4　区域经济空间结构演化过程理论 …… 199
5.4.1　西方学者的区域经济空间结构演化过程理论 …… 200
5.4.2　中国学者的区域经济空间结构演化过程理论 …… 202
5.5　区域经济空间结构的形成与发展机制理论 …… 208
5.5.1　区位势能机制 …… 208
5.5.2　集聚与扩散机制 …… 209
5.5.3　空间近邻效应 …… 211
5.6　区域经济的空间开发模式 …… 212
5.6.1　增长极开发模式 …… 212
5.6.2　点轴开发模式 …… 214
5.6.3　网络开发模式 …… 218

第6章　区际经济传递理论 …… 224
6.1　区际经济传递的内涵和内容 …… 225
6.1.1　区际经济传递的内涵 …… 225

6.1.2 区际经济传递的内容 …… 226
6.2 经典区际经济传递理论的流变 …… 227
6.2.1 缪尔达尔的回波效应—扩散效应学说 …… 227
6.2.2 赫希曼的极化效应—涓滴效应学说 …… 230
6.2.3 程必定的区际经济传递理论 …… 233
6.2.4 厉以宁的区际经济辐射理论 …… 236
6.2.5 马海霞的区际经济传递理论 …… 237
6.3 区际要素流动理论 …… 239
6.3.1 区际要素流动的方式和作用 …… 239
6.3.2 区际要素流动的基本规律 …… 240
6.3.3 区际要素流动的基本内容 …… 241
6.4 梯度推移理论 …… 242
6.4.1 “梯度”的内涵 …… 242
6.4.2 狭义梯度推移理论及其拓展 …… 244
6.4.3 广义梯度推移理论 …… 248
6.5 区际产业转移 …… 252
6.5.1 区际产业转移的内涵和类型 …… 253
6.5.2 区际产业转移的动力机制 …… 255
6.5.3 区际产业转移的效应 …… 258

第7章 区域经济政策理论 …… 266
7.1 区域经济政策的内涵和特征 …… 266
7.1.1 区域经济政策的内涵 …… 266
7.1.2 区域经济政策的特征 …… 269
7.2 区域经济政策目标和战略 …… 270
7.2.1 区域经济政策目标 …… 270
7.2.2 区域经济政策战略 …… 273
7.3 区域经济政策工具 …… 275
7.3.1 区域经济政策工具的分类 …… 275
7.3.2 区域经济政策工具的作用机制 …… 279
7.4 区域经济政策评价 …… 281
7.4.1 区域经济政策评价的必要性 …… 281
7.4.2 区域经济政策评价面临的困难 …… 283

7.4.3　区域经济政策评价的内容与方法 …… 285
7.4.4　区域经济政策效应评价 …… 286
7.4.5　区域经济政策成本收益评价 …… 288

第8章　区域治理理论 …… 292
8.1　区域治理的内涵和特点 …… 292
8.1.1　“治理”的内涵 …… 293
8.1.2　“区域治理”的内涵 …… 295
8.1.3　区域治理的特点 …… 297
8.2　区域治理的主体、客体和自组织协调机制 …… 298
8.2.1　区域治理主体 …… 298
8.2.2　区域治理客体 …… 300
8.2.3　区域治理自组织协调机制 …… 301
8.3　区域治理的类型和模式 …… 302
8.3.1　区域治理的类型 …… 302
8.3.2　区域治理的模式 …… 302

前　言

区域经济学是一门基于空间维视角、运用经济学理论研究一国范围内不同区域经济活动的空间分布、区域经济发展变化、区际经济关系、区域经济运行调控等一般性规律的经济学科。西方区域经济学滥觞于1826年至20世纪40年代的经济区位理论，正式形成于20世纪50年代，20世纪50年代至80年代为第一次发展高峰期，20世纪90年代以来为第二次蓬勃发展期。中国区域经济学滥觞于1949～1979年间的产业布局（生产力布局）理论，正式形成于20世纪80年代末期，20世纪90年代以来至今为其迅猛发展期。国务院学位委员会1997年正式将“区域经济学”明确为“应用经济学”一级学科目录下的二级学科。

区域经济学目前仍是一门正在成长中的新兴经济学科。理论界在区域经济学基本概念界定、理论体系设计、基本理论阐述及分析方法等方面，仁者见仁，智者见智。国内外区域经济学研究队伍大致可分为“经济学派”和“地理学派”两大流派，各展所长。这种纷繁景象是这个新兴学科发展走向成熟的必经阶段，也昭示着区域经济学是一门具有巨大理论创新空间、广泛社会实践需求的经济学科。

作为立足高校的区域经济学工作者，不仅应在基础理论研究、个案实证分析和规划咨询实践上积极作为，而且也应在教学上积极对中外区域经济学理论、方法及应用研究成果进行梳理、整合和总结，通过课堂教学、教材建设等载体对其加以传播，履行“传道、授业、解惑”职责。这本《区域经济学原理》系武汉大学教务部审订立项的“十一五”规划教材建设项目，是一本以经济学、管理学（如旅游管理、公共管理）、地理学、规划学等专业本科生为主要目标读者群，旨在普及传播区域经济学基本理论及方法知识的本科生课程教材。本教材既是武汉大学国家经济学人才培养基地（“经济学专业基地班”）、经济学专业双学位班、物流管理专业等本科专业《区域经济学》学位课程建设及教学实践成果的初步总结，也是武汉大学区域经济学学科点《区域经济理论和方法》、《区域经济学经典论著导读》、《区域产业经济分析：理论、方法和应用》和《区域营销：理论、方法和应用》等硕士学位课程建设及教学实践阶段性成果的初步整合。

本教材按“经济活动区位”、“区域经济发展”、“区际经济传递”和“区域经济运行调控”四大板块结构构建区域经济学理论内容体系。从总体上而言，力求体现三大特点：（1）经典性。注重系统梳理、总结区域经济学领域中部分广为流传的、具有一定代表性的经典理论研究成果，突出教材内容的科学性和权威性。（2）前沿性。尝试性地梳理、总结区域经济学领域中部分具有一定代表性的前沿理论研究成果，突出教材内容的新颖性。（3）研究性。注重以代表性学者的学说观点为主线，梳理相关理论的演进脉络，总结相关理论的基本要点，突出教材内容的研究性。总之，教材所阐述的基础理论内容，所列举的复习思考题、开放性讨论题及代表性参考文献，为读者学习基础理论、进行理论应用及拓展研究提供了一个信息较为充分的知识平台。

本教材的编撰工作始于2002年，武汉大学区域经济研究中心常务副主任吴传清副教授负责全书框架体系设计及统修定稿工作，编撰人员由武汉大学区域经济研究中心专兼职研究人员、在读研究生组成，由吴传清（武汉大学）任主编，孙智君（武汉大学）、陈翥（武汉工程大学）任副主编。具体分工如下：第1章：吴传清；第2章：刘陶（湖北省社会科学院）、李群峰（武汉大学）、刘宏伟（武汉大学）；第3章：吴传清、孙智君、陈翥、李群峰、刘宏伟、吴菊安（孝感学院）、陆军香(《中国经济评论》杂志社)；第4章：吴传清、孙智君、倪焱平（武汉大学）、张玲（武汉大学）；第5章：吴传清、李群峰、李春洋（武汉市社会科学院）；第6章：吴传清、陈翥、唐松（广东金融学院）、倪焱平、周志平（武汉大学）、王定珍（武汉洪山区委党校）；第7章：雷国雄（广西财经学院、暨南大学）、吴传清、刘森（武汉大学）、李秀萍（武汉大学东湖分校）；第8章：吴传清、许东屹（武汉大学）。此外，许沂书、余蓉、何世坤、胡文玮、王青、夏玲娜、代俊雄、汪增洋、周宜君等提供了部分章节初稿。

特别感谢武汉大学区域经济学学科创始人、武汉大学区域经济研究中心主任伍新木教授多年来的言传身教！感谢程必定、叶依广、曾菊新、李仁贵、张秀生、庄子银、马海霞、刘芳华、刘江涛、安树伟、王胜今、景跃军、邓宏兵、刘嗣明、罗静、陈霖、王舫、刘耀彬、曾翔旻、郭笑撰等师友惠赐研究资料！感谢刘晖、雷国雄、李浩、周睿全、何世坤、许沂书、胡文玮、许军、张文兵、朱杰敏、许东屹、李群峰、刘宏伟、朱兰春、赵玲娟、周志平等在资料收集、整理方面所付出的辛劳！感谢武汉大学教务部、武汉大学出版社及曾国安教授、刘成奎博士、夏敏玲编辑对本教材建设、出版的热情支持！本教材只是武汉大学区域经济研究中心“区域经济学理论、方法及应用”研究团队近年研习工作的初步总结，所述理论内容的广度、深度和精度难免存在诸多纰漏。欢迎读者在阅读或教学过程中细察，将批评性建议通过信函（430072·武汉大学经济与管理学院 5-18#）或电子邮件（wuchuanqin@163. com）告知，以便在修订本中不断充实完善。

吴传清

2008 年 1 月 28 日

武汉大学区域经济研究中心

第1章 导 论

1.1 区域经济学中的“经济区域”和“区域经济”范畴分析

经济学是从时间、空间和部门（产业）三维视角探讨人类经济活动一般规律的科学。人类经济活动离不开一定的地域空间载体，把经济活动置于空间维的视角考察是区域经济学区别于其他经济学科的根本所在。每一门学科都有一系列具有自身学科特色的基本范畴，这是演绎本学科理论和方法的基础。区域经济学的基本范畴主要有：“经济区域”（简称“区域”）、“区域经济”、“区域经济利益”、“区域经济主体”、“经济活动区位”（简称“区位”）、“区域经济增长”、“区域经济发展”、“区域产业结构”、“区域产业布局”、“区域产业组织”、“区域经济空间结构”（简称“区域空间结构”）、“空间聚集与扩散”、“区域优势”、“区际经济差异”、“区际经济传递”、“区际经济分工”、“区际要素流动”、“区际产业转移”、“区际经济合作”、“区际经济冲突”、“区际经济竞争”、“区域竞争力”、“经济区划”、“区域经济规划”、“区域经济政策”、“区域经济管理”、“区域治理”等。本节重点分析区域经济学中的“经济区域”、“区域经济”两大核心范畴。

1.1.1 “经济区域”范畴

1.1.1.1 经济区域的内涵

“区域”（Region）概念最早为地理学所使用，自17世纪以来一直是地理学研究的核心概念之一。20世纪以来，社会学家、政治学家和经济学家日渐重视对区域问题的研究，“区域”一词已成为众多学科广泛使用的空间范畴。

尽管如此，要给“区域”下一个为人们所普遍接受的定义却极其困难。区域经济学家理查森(H. W. Richardson,1978)曾深有感触地指出:“精确地定义‘区域’是如此可怕的一个梦魇,以致于大多数区域经济学家宁可回避这项工作。”①

“区域”一般是指根据一定的目的和原则划分的地球表面上一定的空间范围。但不同学科对“区域”概念理解的侧重点不同。地理学把“区域”理解为地球表面的地域单元；政治学把“区域”理解为国家实施行政管理的行政单元；社会学把“区域”理解为具有共同语言、共同信仰和民族特征的人类社会聚落；经济学则把“区域”理解为经济上相对完整的经济单元。

从一般意义上而言，广义的“区域”一般可分为“自然区域”、“行政区域”和“经济区域”三大基本类型。从学理上而言，区域经济学所研究的“区域”为狭义的“区域”概念，专指“经济区域”（Economy Region）。

1. 中外学者关于“经济区域”（“区域”）概念的界定

（1）国外学者的观点。国外最早从经济学角度对“区域”概念进行的界定当推 1922 年前苏联全俄中央执行委员会直属经济区划问题委员会所下的定义。即：“所谓区域应该是国家的一个特殊的经济上尽可能完整的地区。这种地区由于自然特点、以往的文化积累和居民及其生产活动能力的结合而成为国民经济总链条中的一个环节。”② 这一定义强调“区域”是一国范围内的“一个特殊的经济上尽可能完整的地区”，其经济活动是“国民经济总链条中的一个环节”。在国际区域经济学领域影响最广的“区域”定义当推美国区域经济学家艾德加 . M. 胡佛（E. M. Hoover，又译埃德加 . M. 胡佛）在《区域经济学导论》（1971，1975，1984）③ 一书中所提出的观点。胡佛从应用和管理的角

---

① RICHARDSON H W. Regional and urban economics [M]. London: Penguin Books, 1978: 17.

② [俄] T. M. 克尔日查诺夫斯基 . 苏联经济区划问题论文集（1917—1929）[M]. 王守礼，译 . 北京：商务印书馆，1961：82.

③ 胡佛是美国著名区域经济学家，曾执教于美国密执安大学、哈佛大学和匹兹堡大学，担任过美国总统经济顾问委员会成员、国际区域科学协会主席、《国际区域科学评论》及《区域科学杂志》编委。代表作有：《区位理论以及靴鞋和皮鞋业》（1937）、《经济活动区位》（1948）、《都市区域剖析》（1959）、《区域经济学导论》（New York: Alfred A. Knopf Inc，1971；2nd，1975；3th，1984）等。胡佛的《区域经济学导论》是国外最有影响的区域经济学教科书之一，商务印书馆 1990 年引进出版了该书 1975 年英文第二版中文本，上海远东出版社 1992 年引进出版了该书 1984 年英文第三版中文本。

度指出，“区域即是区域经济学家获准研究的地区”；区域是“基于描述、分析、管理、计划或制定政策等目的而作为一个应用性整体加以考察的一片地区。它可以按照内部的同质性或功能一体化原则划分”。① 该定义强调“区域”是按同质性标准或功能一体化标准划分出的“一片地区”。

（2）国内学者的观点。国内学者从不同的角度对“区域”概念提出了多种具有代表性的观点（见表1.1）。其中，程必定等（1989）提出的“区域”定义是中国区域经济学形成初期最具代表性的一种观点，② 它强调“区域”是一国范围内具有特定的地域构成要素、且不可无限分割的经济社会综合体。郝寿义、安虎森等（1999，2004）提出的“区域”定义借鉴了胡佛观点的合理内核，强调“区域”通常是指“极化区域”。张可云（2001）提出的“区域”定义强调区域的同质性或内聚性特征、毗邻性特征以及共同利益特征。张敦富等（1999）提出的“区域”定义强调区域的地域性、独立性、内部联系紧密性等特征。魏后凯等（2006）提出的“区域”定义强调区域的内聚力、结构、功能、规模和边界是构成区域的五大基本要素。杜肯堂、戴二根等（2004）提出的“经济区域”定义是一种各家观点的集成之说，强调“经济区域”是一国范围内的、具有特定地域构成要素的、赋予相当自主权益的、载负一定经济活动能力的、经济上较为完整的地区。

2. “经济区域”概念的基本内涵

上述对“经济区域”概念界定众说纷纭的状况说明，对区域经济学所研究的“经济区域”作一个比较确切且为人们普遍接受的界定是比较困难的。

综合中外学者的研究成果，区域经济学所研究的“经济区域”（一般简称

---

① ［美］艾德加·M. 胡佛，弗兰克·杰莱塔尼．区域经济学导论［M］．郭万清，等译．上海：上海远东出版社，1992：200、239.

② 程必定主编的《区域经济学：关于理论和政策问题的探讨》（成书于1987年6月，安徽人民出版社1989年版）是中国第一部区域经济学教科书。1989年国内公开及内部出版的区域经济学教科书还有：杨海田的《优化生存空间的艺术—区域经济学》（成书于1987年10月，经济管理出版社1989年版）；周起业、刘再兴、祝诚、张可云合著的《区域经济学》（成书于1989年1月，中国人民大学出版社1989年版）；谷树忠编译的《区域经济学》（全国农业区划委员会办公室1989年11月10日印）。上述四本区域经济学教科书的出版以及1989年中国区域经济学会的成立，是中国现代区域经济学正式形成的标志。详见吴传清，等．马克思主义区域经济理论研究［M］．北京：经济科学出版社，2006：217-333.

"区域"）概念有以下基本内涵：

表 1.1　国内区域经济学学者关于"经济区域"("区域"）概念定义的代表性观点

学者（年份）	基　本　观　点
程必定等（1989）	区域是人的经济活动所造成的、具有特定的地域构成要素的不可无限分割的经济社会综合体。在国家没有消亡的时代，经济学所研究的区域一般是指一国范围的经济区域
张敦富等（1999）	区域是指经济活动相对独立、内部联系紧密而较为完整、具有特定功能的地域空间
郝寿义、安虎森等（1999、2004）	区域是指便于组织、计划、协调、控制经济活动而以整体加以考虑，并在考虑行政区划基础上的一定的空间范围，它具有组织区内经济活动和区外经济联系的能力，常由一个以上高级循环占重要比重的中心城市、一定数量的中小城镇以及广大乡村地区所组成
张可云（2001）	区域是指在经济上具有同质性或内聚性且构成空间单元的具有一定的共同利益的彼此邻接的地区，是通过选择与特定经济问题相关的特性并排除不相关特征而有目的地界定的
杜肯堂、戴士根等（2004）	经济区域是一国之内具有特定地域构成要素和自主权益，在专业化分工中担负一定职能、经济上尽可能完整的地区
魏后凯等（2006）	区域是指根据一定的目的和原则而划定的地球表面的一定范围的空间，是因自然、经济和社会等方面的内聚力而历史奠定，并具有相对完整的结构，能够独立发挥功能的有机整体。区域的内聚力、结构、功能、规模和边界是构成一个区域的五个基本要素

资料来源：整理自程必定，等．区域经济学［M］．合肥：安徽人民出版社，1989：4；张敦富，等．区域经济学原理［M］．北京：中国轻工业出版社，1999：2；郝寿义，安虎森，等．区域经济学［M］．北京：经济科学出版社，1999：8；郝寿义，安虎森，等．区域经济学（第二版）［M］．北京：经济科学出版社，2004：8；张可云．区域大战与区域经济关系［M］．北京：民主与建设出版社，2001：170；杜肯堂，戴士根，等．区域经济管理学［M］．北京：高等教育出版社，2004：3；魏后凯，等．现代区域经济学［M］．北京：经济管理出版社，2006：1-2、19.

（1）经济区域是在一个主权国家范围内基于分析、研究、规划、管理的需要而划分的经济空间。经济学领域中的“经济区域”一般可分为三个层面。即：①一国范围内的经济区域。如中国的东部、中部、西部及东北地区四大板块，珠三角地区、长三角地区、环渤海地区等。②跨越国家边界、由若干国家疆土或部分疆土构成的世界经济区域。如欧盟经济区、东盟自由贸易区、北美自由贸易区等。③由若干国家部分疆土共同构成的经济区域，如湄公河流域经济区等。区域经济学所研究的“经济区域”特指第一个层面的经济区域，即一国范围内所划分出的不同的经济区域。跨越国家界限的第二、三层面的经济区域属国际经济学所研究的对象和范围。① 在一个主权国家内，中央政府对各经济区域拥有政治、经济方面的控制权，为各经济区域发展提供各种公共产品，并通过宏观调控支持各经济区域形成各具特色的区域经济。区域经济是一国国民经济总链条中的重要环节，是一国空间经济系统的子系统。各具特色的区域经济在地域上相互依存、相互促进，构成一国国民经济整体。

（2）经济区域是由在经济上具有同质性、内聚性的地域单元所构成的经济空间。同质性和内聚性是界定和划分经济区域的两大基准。由某一或某些重要因素特征上具有一致性或相似性特点的多个不同空间经济单元所组成的经济区域为“均质区域”（Homogeneous Region）。如西方国家常常根据人均收入和就业率指标，划分出贫困区、萧条区和发达区等类型。又如中国基于资源环境的承载力、发展基础及潜力等因素的一致性，将全国国土空间划分为优先开发区域、重点开发区域、限制开发区域、禁止开发区域等四类主体功能区。由若干异质空间经济单元所组成的在功能上联系紧密的经济区域为“极化区域”（Polarizable Region，又称“集聚区域”、“功能区域”、“节结区域”、“节点区域”）。如长江三角洲城市圈区域、珠江三角洲城市圈区域、武汉都市圈区域等。尽管“规划区域”（Planning Region）是基于政府规划或政策取向而划定的经济区域，但其划分实质上仍是以同质性或内聚性为基本原则的。

（3）经济区域是由在经济上具有共同利益、在地缘上彼此邻接的地域单

---

① 国外区域经济学教科书研究的“区域”一般都界定为一国范围内的经济区域，尽管有的教科书也论及“欧盟”这一超国家边界的国家联合体区域，但都申明“区域”和“国家”存有明显的区别。近年来国内出版的部分区域经济学教科书将区域经济学所研究的“经济区域”（简称“区域”）的空间范围外延至整个国家（以一国为区域）以及跨越国家界限的经济区域，并直接沿用国际经济学、发展经济学中以国家为空间尺度的部分理论。这种认知状况不利于区域经济学理论建设及学科发展，应引起区域经济学界的高度关注和重视。

元所构成的经济空间。内聚力是构成经济区域的基本要素之一。胡佛（1975）强调“一个区域，它之所以成为一个区域，就在于区域内有一种认识到某种共同区域利益的一般意识”。① 张可云（2001）将“共同利益”引入经济区域概念的内涵之中，提出了“区域：一个空间利益共同体”的命题，认为没有任何共同利益的多个空间单元是不能构成一个经济区域的，匀质区域的共同利益来源于其同质性，节点区域的共同利益来源于彼此功能的相互依存，规划区域的共同利益在于区域内统一的政策与规划；若没有一个共同利益维系，多个地域单元将缺乏凝聚力，既不可能有共同发展的基础与动力，也不可能产生区域经济冲突与合作行为。②

（4）经济区域是一个在全国专业化分工中分担一定职能、经济结构较为完整的社会经济综合体。经济区域既不是以自然特征（如地质、地貌、气候、植物等）为标准划分的自然地理区域，也不纯粹是一国的行政区域，而是在考虑行政区划的基础上，按照经济活动的内在联系而划定的经济空间。研究经济区域离不开行政区划的理由在于：两者在相当程度上有着叠合一致性，行政区划应考虑经济活动的内在联系，而经济区域的形成又大多受到政府规划和政策导向的影响；行政区划便于政府规划和政策的实施以及中央与地方之间、地区与地区之间权益的协调，同时也便于研究人员获取统计资料和数据开展区域分析。正是基于这一点，胡佛提出了“最实用的区域划分应当符合行政区划的疆界”这一论断。③ 经济区域不是单一的生产结构，而往往是以专业化部门为主导、围绕与专业化部门相关的生产、交换、流通和消费都比较完整的经济结构，并且是包容社会文化、政治诸因素在内的综合性的统一体。经济区域应具有组织和协调内部经济活动和区际经济联系的能力。经济区域一般都具有各自的专业化特点，区域内的同质性与区际间的差异性表现为区际间的分工与专业化。不同经济区域之间基于分工与专业化所结成的密切的经济联系，构成了一国的国民经济体系。

基于以上分析，本书将区域经济学所研究的“经济区域”（简称“区

---

① HOOVER E M. An introduction to regional economics [M]. New York: Alfred A. Knopf Inc, 1975；[美] 埃德加·M. 胡佛. 区域经济学导论 [M]. 王翼龙，译. 北京：商务印书馆，1990：174.

② 张可云. 区域大战与区域经济关系 [M]. 北京：民主与建设出版社，2001：165，170.

③ [美] 艾德加·M. 胡佛，弗·杰莱塔尼. 区域经济学导论 [M]. 郭万清，等译. 上海：上海远东出版社，1992：220.

域”）概念进一步界定为：经济区域（区域）是指一国范围内在经济上具有同质性或内聚性，具有一定的共同利益，经济结构较为完整且在全国专业化分工中分担一定职能的地域空间。

1.1.1.2 经济区域的类型

1. 经济区域的划分标准

尽管目前国内外尚无一个公认的将一国国土空间划分为不同类型经济区域的通用标准，但西方许多地理学家、区域经济学家所提出的一些划分标准，仍具理论价值与实践意义。

（1）差异性标准或同质性标准。美国地理学家哈特向（R. Hartshore）提出：“一个‘区域’是一个具有具体位置的地区，在某种方式上与其他地区有差别，并限于这个差别所延伸的范围之内。”① 这一概念倡导“差异性标准”（又称“同质性标准”）。对区际间而言，不同区域具有一定差异；对区域内而言，区域的组成部分在某些方面是同质的。

（2）内聚性标准或集聚性标准。英国地理学家迪金森（R. Dickinson）提出：“区域概念是用来研究各种现象（物质的、生物的和人文的）在地表特定地区结合成复合体的趋同的。这种结合在某种意义上说，将给予这类地区以区别于其周围地区的特点……这些复合体有一个场所、一个核心和它在它们边缘地区的、明确程度不同的变化梯度。”② 这一概念倡导“内聚性标准”（又称“集聚性标准”），强调每个区域均由核心区及对其有同心倾向的边缘区所组成。

（3）毗邻性标准。美国区域经济学家佩洛夫（H. S. Perloff）、邓恩（E. S. Dunn）、兰帕德（E. E. Lampard）和穆特（R. F. Muth）提出：“‘区域’这一术语一般用来描述一组在地理上毗邻的地区，它们具有某些共同的或互补的特征，或为广泛的地区间活动流所紧密结合在一起。”③ 这一概念在强调同质性、内聚性标准的同时，又倡导“毗邻性标准”，即构成一个区域的若干地区

① ［英］哈特向．地理学性质的透视［M］．黎樵，译．北京：商务印书馆，1981：129-130.

② ［英］罗伯特·迪金森．近代地理学创造人［M］．葛以德，等译．北京：商务印书馆，1984：202-203.

③ PERLOFF H S，DUNN E S，LAMPARD E E，MUTH R F. Regions，resources and economic growth［M］. Baltimore，1960：4.

在地理上必须相互连接，它们之间不能出现飞地。

（4）兼顾行政区划标准。胡佛指出：运用同质性标准、内聚性标准可将区域划分为均质区域和节结区域两类；基于管理以及制定、实施各种规划和国家政策的需要，“最有用的区域分类，也就是那些遵循行政管理范围的边界划分而成的区域”（胡佛，1975），① “最实用的区域划分应当符合行政区划的疆界”（胡佛，1984）。②英国区域经济学家阿姆斯特朗和泰勒（Harvey Armstrong & Jim Taylor，2000）也强调：数据的可用性经常迫使研究者采取一种不那么严密的定义，而采取一种非常务实的方法，“区域”术语“被用于指代像国家或省份那么大的行政区域或政治管辖区，并且也用于表示像地方行政区域那样小的地区”，通常被模糊而又简单对待的“区域”实为国民经济的一个次级地理单元，“区域”与“国家”之间存有明显差别。③ 上述欧美学者的论断论及到划分区域应兼顾行政区划标准。

2. 经济区域的分类

西方区域经济学家布代维尔（J. R. Bouldeville）、克拉森（L. H. Klaassen）提出的具有代表性的区域分类法至今仍在全球区域经济学领域广为流传。

（1）布代维尔的区域分类法。法国区域经济学家布代维尔（1966，1968）主张将区域分为均质（均一）区域、节点（极化）区域、规划（计划）区域三类。④ 均质区域为具有某些共同特点的多个不同空间单元所组成的区域。这些共同特征既可是地理或自然资源禀赋等方面的，也可是社会经济方面的。研究均质区域侧重于区域内部的一致性或相似性，而忽略区域内部差异和区内相

① HOOVER E M. An introduction to regional economics ［M］. New York：Alfred A. Knopf Inc，1975；［美］埃德加·M. 胡佛. 区域经济学导论［M］. 王翼龙，译. 北京：商务印书馆，1990：172.

② HOOVER E M，GIARRATANI F. An introduction to regional economics ［M］. New York：Alfred A. Knopf Inc，1984；［美］埃德加·M. 胡佛，弗·杰莱塔尼. 区域经济学导论［M］. 郭万清，等译. 上海：上海远东出版社，1992：220.

③ HARVEY ARMSTRONG，JIM TAYLOR. Regional economics and policy ［M］. 3rd. ed. New York：Blackwell Publishers，2000；［英］哈姆·阿姆斯特朗，吉姆·泰勒. 区域经济学与区域政策［M］. 刘乃全，等译. 上海：上海人民出版社，2007：1.

④ 布代维尔 1966 年首次在《区域经济规划问题》一书中提出此分类法，1968 年在以法文出版的一本研究增长极空间的书中详尽阐述了这一区域分类法。参见张可云. 区域大战与区域经济关系［M］. 北京：民主与建设出版社，2001：168-169.

互作用。节点区域是由一系列与上一级增长极保持密切联系的且这种联系要强于与其他同等级中心的经济空间单元组成的区域。换言之，节点区域是由在功能上彼此紧密联系的异质单元所组成的区域，其内部具有功能相互联系、等级分明、核心突出等特点。研究节点区域很少考虑区域内部的一致性。规划区域是为了以最经济的方式实现一定目标而设定的延续空间。规划区域的设定与行政调控或政治因素有关，主要是为了便于解决特定空间范围的问题而实施一系列特殊的政策与规划。布代维尔的这一区域分类法为中外区域经济学教科书所广泛采用。

（2）克拉森的区域分类法。以收入水平为标准将区域分为增长区、停滞区与退化区这一传统分类法缺乏动态观，美国区域经济学家克拉森（1965）针对这一缺陷提出按增长率进行区域分类。具体指标包括：区域人均收入水平与全国人均收入水平之比（A）；区域增长率与全国增长率之比（B）。根据A与B的不同组合可将区域划分为四类：① A≥1 且 B≥1 为繁荣区；A<1 且 B≥1为处于扩张过程的欠发达区；A≥1 且 B<1 为潜在的欠发达区；A<1 且 B<1 为落后区。克拉森的区域分类法最显著的优点是强调了区域的动态特征。这一分类法不仅识别了繁荣区与落后区，而且识别了正在摆脱困境与可能面临滑坡的区域，因此，可为针对不同问题区域采取不同政策提供区域框架。

1.1.1.3　经济区域的构成要素

学术界关于经济区域的构成要素有两种不同的代表性表述。三要素说认为，经济中心、经济腹地和经济网络是经济区域的三大构成要素，“无论是什么类型的经济区域，这三大要素都是缺一不可的”（程必定等，1989；程必定，1998）。②五要素说认为，区域的内聚力、结构、功能、规模和边界是构成一个区域的基本要素（魏后凯等，2006）。③相比较而言，构成经济区域的三要素说具有较强的理论解释力。

1. 经济中心

经济中心是经济区域的核心要素。经济中心的形成是区域由一般的自然区

---

① KIAASSEN L H. Area social and economic redevelopment［M］. OECD，1965. 参见张可云. 区域大战与区域经济关系［M］. 北京：民主与建设出版社，2001：168.

② 程必定，等. 区域经济学［M］. 合肥：安徽人民出版社，1989：9-17；程必定. 区域经济空间秩序［M］. 合肥：安徽人民出版社，1998：18-21.

③ 魏后凯，等. 现代区域经济学［M］. 北京：经济管理出版社，2006：2-19.

域或行政区域发展为经济区域的重要标志。经济中心是区域经济活动的中心点(即城市)。区域经济的空间聚集指向于城市，主要是由于城市具有聚集经济效益的缘故。所谓聚集经济效益，是指生产要素的地域集中和交换行为的空间重叠所产生的经济效益。城市作为经济区域的经济中心是商品经济条件下区域经济空间聚集运动的结果。区域经济的空间聚集运动首先表现为商品交换活动的空间聚集，随着交换活动的空间聚集规模的扩大，城市也就随之产生。没有交换的空间集聚，也就不可能有区域经济中心。随着科学技术进步以及社会生产力的发展，劳动的社会分工表现在地域空间上，是物质生产的空间聚集。从农业中分离出来的手工业最早向城市聚集，使城市由物质集散地的交换型经济中心发展为包括交换和生产在内的区域经济中心。工业革命以后，几乎所有的工业都聚集于城市，城市作为区域的经济中心愈显成熟。

区域的经济中心具有四大特征：(1) 等级结构的多层次性。在不同的地域范围内，城市的聚集能力不同，经济吸引或辐射力也不同，从而形成多等级、多层次的经济中心。(2) 城市选择性。虽然区域的经济中心是城市，但并非所有的城市都是经济中心。(3) 经济中心性。区域经济中心并非区域的地理几何中心，而是区域经济活动的中心。(4) 功能和职能的综合性。区域经济中心具有综合性的经济功能和区域职能，多为区域的工业中心、商业中心、金融中心、科教文化中心、信息中心和区域的交通枢纽。

2. 经济腹地

经济腹地是经济区域的基础要素。它既是经济中心的辐射范围，也是经济区域的空间范围。

从经济学的角度而言，腹地并非一种简单的地域概念，而是经济运动地域格局的一种依托（可形象地称之为“底盘”），这种格局的基本态势是经济运动的空间聚集共同指向于同一经济中心（城市）。所谓经济腹地，即指经济中心影响和辐射所及的地域范围。

经济腹地具有三大重要的经济特征：(1) 经济运动的多元性。多元的经济运动是经济腹地的基本特征，也是区域经济运动的基础。经济腹地多种多样的经济活动大体上可分为多种生产要素（如劳动力、资本、技术）的运动；多种生产部门（如农业部门、工业部门、服务业部门）的经济运动；多种经济形式（如私有经济、国有经济等）的运动三类。(2) 多元运动的相关性。即指经济腹地的生产要素、生产部门和经济形式在发展运动过程中相互关联的特征。实际上，经济腹地之内的任何一种经济运动都是一种多元要素的复合运动，经济腹地是这类复合运动的地域依托。（3）经济腹地的多层次性。区域的经济中心具有多层次的空间特征，在不同地域范围内，作为经济中心的城市聚集能力不同，从而形成多等级的、多层次的经济中心。与此相对应，经济腹地也就具有多等级、多层次的特征。

3. 经济网络

经济网络概念不仅表示经济发展的地域联系，而且还表示这种联系的各种依托。经济网络包括“渠道”、“系统”和“组织”三层含义。

（1）经济网络是经济联系的实体渠道或载体。其物质构成主要是交通运输网络、邮电通信网络。作为一个经济区域，沟通经济中心和经济腹地的经济联系渠道，必须依托于交通网络和通信网络。缺乏这些网络，经济区域就不可能形成。经济区域空间范围的扩大，首先是取决于交通线路的延伸；而经济区域经济强度的增加，也首先取决于交通通信网络的形成和发展。

（2）经济网络是经济联系的系统。其物质构成是经济中心与经济腹地之间有序的经济交往和信息交往，有的以产业联系为载体，有的以市场联系为载体，并形成内在的联系机制。

（3）经济网络是经济联系的组织。即在区域经济联合基础上所累积的区域经济构造组织，并渗透于区域的生产、流通领域，其表现形式有经济中心与经济腹地之间的资源互补、产品互补、产业互补的要素组合，以及企业、产业间的生产、经营、市场一体化组织等。

经济区域三要素构成论的实质是强调一个完整的经济区域必须具备经济中心（即中心城市）、经济腹地和经济网络三大地域构成要素，该经济区域实为极化区域。

1.1.2 “区域经济”范畴

1.1.2.1 区域经济的内涵和特征

1. 区域经济的内涵

“经济区域”与“区域经济”是研究区域经济运行和管理的两个基本范畴。①如果说考察经济区域的着眼点在于人类经济活动的空间载体，那么研究区域经

① 杜肯堂，戴士根，等．区域经济管理学[M]．北京：高等教育出版社，2004：3-4.

济则是关注一定区域空间上的人类经济活动。

区域经济是指“一定地域空间内各种经济活动所组合的有机整体”。① 在理解“区域经济”范畴的内涵时，应厘清“区域经济”和“国民经济”的关系。任何一国国民经济都是由部门（产业）、空间和时间因素有机构成的三维系统。从空间维的角度而言，国民经济是由不同的异质区域经济有机耦合而成的。区域经济是一国国民经济的重要组成部分，是国民经济的“器官”或“子系统”，是具有区域特色的国民经济。

2. 区域经济的特征

区域经济具有以下五大鲜明的特征：

（1）中观性。区域经济是一种承上启下，并具有区域自身特点的中间性、非均衡性经济，是一种介于宏观经济（国民经济）和微观经济（企业经济）之间的中观性经济。

（2）区域性。一国国民经济的发展，不论是农业、工业的发展还是服务业的发展，都要落实到一定的区域内，并受该区域的自然条件、社会经济条件的影响。各区域的不同特点和区域客观情况使区域经济呈现出强烈的区域性特点。区域性是区域经济最基本、最显著的特征。

（3）差异性。不同区域所具有的经济发展要素条件（诸如地理位置、自然资源与自然条件、社会经济条件等）总是各不相同，这种差异性实质上反映了各区域经济的优劣势，也是决定区域经济发展不平衡的一个重要因素。

（4）开放性。一方面，与国家经济相比，区域经济一般在社会制度、经济体制、经济运行规则和币制等方面是一致的，没有国家之间常有的关税、进口配额、移民限制等人为障碍，因而具有更大的开放性。另一方面，区域经济是一种充分承认并利用不同区域所具有的各种经济要素及其程度上的差异、注重区域间经济交往的开放式经济。区域经济还具有不断强化自身输出、输入功能和扩张功能的作用，推动生产要素流向更高层次发展，进而促进不同区域经济各扬所长，各避所短，相互补充，协调发展。

（5）独立性。区域经济是一个相对独立而内部又有着密切联系的有机系统，区域经济活动具有一定的组织特点。尽管任何区域的经济发展战略都必须受制于整体国民经济的发展战略并为国民经济发展战略服务，但也必须注重能

① 刘树成，等．现代经济辞典［M］．南京：凤凰出版社，江苏人民出版社，2004：824.

动地发挥本区域优势，扬长避短，为谋求本区域社会经济发展和居民福利服务。

1.1.2.2　区域经济存在的客观基础

关于在一国完整统一的国民经济体系中为何会形成各具特色的区域经济以及区域经济存在的客观基础是什么这一命题，胡佛在《区域经济学导论》中提出，三个基本因素（“三块基石”）构成复杂的经济活动区位结构或模式以及大部分区域经济学主要问题的基础。即：生产要素的不完全流动性；生产要素的不完全可分性；商品和服务的不完全流动性。①国内区域经济学教科书基本上沿袭了胡佛的这一观点，并对胡佛的“区域经济学的三块基石”论的内涵和外延进行了一定程度的深化和拓展。总而言之，区域经济存在的客观基础可表述为：

1. 人类经济活动的空间依赖性是区域经济存在的一般前提

人类经济活动中的生产、交换、分配和消费各个环节，都要依托于并落实在一定的地域空间内。不同的经济活动对于特定的地域条件具有明显的空间选择性和空间适应性。不同的生产过程对地域空间的要求不完全相同。如：对湿度和温度有严格要求的毛纺业、棉纺业最早兴盛于雾都伦敦；地处阳光地带又有海风调节的法国波尔多因盛产优质葡萄，成为世界葡萄名酒之乡。在一定程度上而言，产品的交换只有在该产品的供求半径之内才具有经济合理性。分配和消费也具有很强的空间选择性和空间适应性。如：身处热带地区的消费者与身处寒带的消费者在对防寒保暖物品的需求和选择方面具有明显的空间差异性。总之，人类经济活动的空间依赖性是区域经济存在的一般前提或逻辑前提。

2. 人类经济活动的空间分布是区域经济存在的物质基础

（1）生产要素的不完全流动性。人类的经济活动总要落脚在一定的地域空间内，且必须凭借一定的生产要素。水、土地、森林、矿藏、能源等自然资源，具有资源的稀缺性和空间分布的不均衡性等特点。资源要素分布的空间不均衡性使区域之间客观上存在着区域资源禀赋的差异。生产要素在一国范围内

① ［美］埃德加·M. 胡佛．区域经济学导论［M］．王翼龙，译．北京：商务印书馆，1990：7-8；［美］艾德加·M. 胡佛，弗兰克·杰莱塔尼．区域经济学导论［M］．郭万清，等译．上海：上海远东出版社，1992：2-4.

具有不完全流动性，这种“不完全流动性”包含两层含义：①某些生产要素在常态下无法自行流动，某些生产要素流动性很强。土地、矿藏、地形、水文、气候等自然资源和条件对地表的附着力极强，在常态下是固定不动的，无法实现空间转移，但这并不意味着这些生产要素绝对不能流动。随着科学技术的发展，某些自然资源的流动也会成为可能，如我国跨区域的南水北调、西气东输。但这些“流动”需付出昂贵的成本。资本、技术、人才、信息等再生性经济资源可在区域间转移，流动性强。②某些流动性强的生产要素的流动也常受到限制，其流动性是有限的或不完全自由的。这种限制来自许多方面：一是制度方面的限制。在一国之内，出于行政管理的需要，政府对要素流动作出种种限制，如户籍管理制度等。二是区域之间利益关系的限制。基于区域利益的诉求，不同区域不同程度地采取地方保护主义政策，或采取限制资金、技术、人才向外流动的种种措施，以保护地方利益。三是人文环境因素的限制。不同的民族、生活方式以及不同的风俗、习惯、宗教信仰也影响生产要素的流动。总之,生产要素的不完全流动使一国的经济活动不可能形成空间均衡化。但生产要素的不完全流动性只是区域经济存在的一个必要条件,而不是充分条件。

（2）经济活动的不完全可分性。经济活动的不完全可分性由以下因素所决定：①产品生产过程空间分割的非经济性。就某种产品的生产工序而言，许多生产过程（尤其上游阶段产品的生产）可根据操作技术的不同细分为若干个生产工序，基于节约生产成本的考量，这些不同的生产工序不可能在空间上分割开来并布局在不同的地点组织生产。②规模经济。一个企业的生产规模达到一定的程度，可以有效地节省单位产品的成本，提高经济效益，此即企业规模经济。③聚集经济。众多企业聚集在某一地点，可使各个企业共享社会生产条件和辅助行业所提供的专业服务；可使各个企业利用技术的溢出效应，相互模仿和学习，节约企业创新成本；可形成较高效率的地区劳动力市场；可促进企业之间增加相互信任感，节约交易成本；可通过竞争提高企业的生产率。总之，众多企业聚集在某一地点，可以实现聚集经济。④企业节约联系成本。企业在交易过程中需要付出一定的交易成本和空间成本。相关企业在一定地域空间范围内的聚集可有效地节约联系成本。产品生产过程空间分割的非经济性、规模经济、聚集经济、联系成本的节约，促使多种生产要素和经济单位集结在一定地域空间形成经济中心（即城市），经济中心通过其辐射作用影响周边区域的要素组合，进而形成一个缜密有序的经济整体。

（3）空间距离的不可灭性。人类的经济活动离不开地域空间，有空间就有距离，要克服空间距离的限制，必须支付空间成本。尽管随着现代交通、通信的发展，空间距离对人类经济活动的限制越来越少，但只要存在空间距离，仍然要支付一定的空间成本。空间成本产生的根源在于商品和服务的不完全流动性，即商品的交换和服务的提供不能瞬间完成，也不是免费的。主要表现在：①只要存在空间距离，各种货物的运输和服务的提供就必须支付运输成本。②各种货物的运输不能瞬间完成，必须支付存储成本、时间成本和精力成本。③当生产地和消费市场在空间上相互分离时，要完成交易必须支付运输成本和正常的交易成本。这种因空间阻碍而产生的空间成本限制了自然禀赋优势的发挥，经济活动不可能随资源要素的赋存状况均匀或随机地分布，使得经济活动集中在一定的地域空间范围内。

生产要素的不完全流动性、经济活动的不完全可分性和空间距离的不可灭性，形成经济活动的空间差异，共同构成区域经济存在的物质基础。

3. 市场机制作用与政府调控干预作用是区域经济存在的社会经济条件

区域经济既是一个经济范畴，也是一个历史范畴。在自然经济条件下，邻里相望，鸡犬之声相闻，民老死而不相往来；在计划经济条件下，条块分割，城乡分离。尽管人类的经济活动要依托一定的地域空间，空间差异、空间距离也客观存在，但不存在经济学意义上的区域经济。只有在专业化劳动地域分工和商品经济发展的市场经济条件下，市场机制配置资源的经济运行规律才能引导经济活动主体把稀缺而分布又不均衡的经济资源配置到有效的产业部门和优势区位，使具有密切经济技术联系的经济活动在特定的地域空间集中，并吸引周围区域的生产要素和经济主体的聚集，形成区域经济中心、经济腹地和经济网络。尽管如此，市场机制配置资源的功能在某些领域依然存在着“市场失灵”的可能，公共品的供给也不能完全通过市场力量到达特定的经济区域。区域市场秩序的规范以及区域经济运行过程中许多特殊问题的解决，都需要政府通过规划、政策、组织、协调等手段、措施进行有效的调控干预。“看不见的手”（市场机制）和“看得见的手”（政府调控）的作用都是区域经济存在和发展不可缺少的社会经济条件。政府的积极调控干预有利于促使自发的区域经济活动变为自觉的区域经济运行。

1.1.2.3 区域经济主体

区域经济运行是指区域经济系统的运动、变化和发展的动态过程。它包含资源要素的空间配置、区域经济增长、区域产业结构演进、区域空间结构优化、区域之间的分工协作和协调发展等内容。区域经济运行水平是众多区域行为主体决策及其相互作用的结果。

学术界关于区域经济运行的行为主体（简称“区域经济主体”或“区域主体”）类型，有以下三种代表性观点：

（1）二类说。区域经济运行的主体分为微观主体（企业、农户、家庭户及其他经济单位）和政府机构（杜肯堂、戴士根等，2004）。①

（2）三类说。区域经济中的重要行为主体为企业、家庭（居民）和公共机构（政府）（陈秀山、张可云，2003）。②

（3）四类说。区域经济主体是指能够实现一定经济空间（经济区域）组织和运行的最少类别的微观承载对象，包括企业、居民、地方政府、区域协调组织（郝寿义，2007）。③

本书在上述研究成果的基础上，将区域经济运行的行为主体进一步界定为四类：企业、家庭（居民）、地方政府（或区域政府）、第三部门（商会、行业协会等）。

企业、家庭（居民）是区域经济的微观主体和经济运行的最终承担者、推动者。企业是区域经济行为主体中最重要的微观主体。企业的区位选择决策、营销网络决策、库存决策、工资政策及其生产经营活动，不仅影响到区域经济结构和发展水平，而且对家庭（居民）、地方政府两个行为主体也具有直接或间接的影响。家庭（居民）作为区域经济行为主体之一，一方面是商品和服务的最终需求者，另一方面又是劳动力、企业经营者的提供者。地方政府是区域经济运行的主导力量，对区域经济活动进行宏观调控和管理。区域经济运行中的企业、家庭（居民）、地方政府三大行为主体之间的相互关系如图1.1所示。

公共经济学认为，公共经济主体大体可分为政府、私人企业、社区、第三部门和国际组织五类。④ 第三部门亦称非营利性组织，是指除政府部门和以营利为目的的市场部门（企业）以外的组织或部门，包括商会、行业协会、企业家协会、志愿团体等。第三部门与政府部门、市场部门共同构成当代社会的三大支柱，成为当代社会协调运转的不可缺少的组成部分。第三部门作为一种介于政府部门和私营企业部门之间的组织形式，在向社会提供公共产品和公共

---

① 杜肯堂，戴士根，等．区域经济管理学［M］．北京：高等教育出版社，2004：13.

② 陈秀山，张可云．区域经济理论［M］．北京：商务印书馆，2003：6-7.

③ 郝寿义．区域经济学原理［M］．上海：上海人民出版社，2007：10.

④ 黄恒学，等．公共经济学［M］．北京：北京大学出版社，2002：23-53.

服务方面，具有创新优势、贴近基层的优势、灵活优势、效率优势等独特优势。① 第三部门中的商会、行业协会等组织的服务功能突出地表现为：促进企业或行业与政府的沟通；编制行业发展规划引导行业健康发展；加强行业自律，维持市场秩序，维护行业利益等。商会、行业协会等组织现已成为促进区域经济发展以及区域经济合作的一种重要力量。

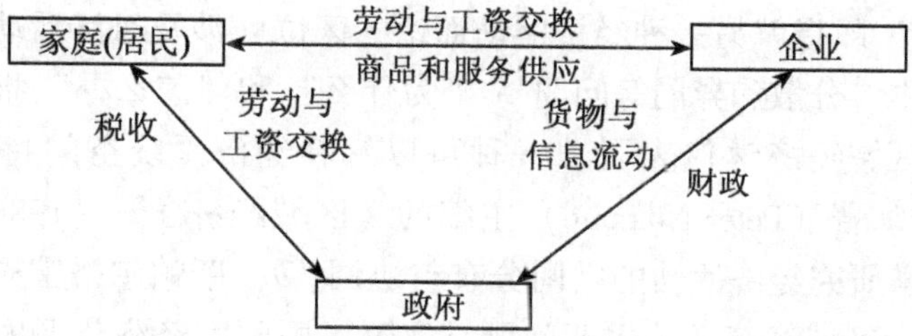

图 1.1　区域经济行为主体之间的作用关系

资料来源：陈秀山，张可云．区域经济理论［M］．北京：商务印书馆，2003：7

1.2　区域经济学的研究对象和内容

1.2.1　中外学者关于区域经济学研究对象和内容的观点

区域经济学作为一门独立的学科，有其特有的、排他性的研究对象和领域。半个多世纪以来，中外许多学者都曾试图对区域经济学的学科内涵做一明确的界定，但由于各自研究的着眼点不同，有关区域经济学的定义多达几十种。

1.2.1.1　国外学者的代表性观点

1. 国外学者关于区域经济学研究对象的代表性观点

国外学者关于区域经济学研究对象的代表性观点，大致可归纳为以下三类：

（1）区域经济学的研究对象为人类经济活动的地理分布和空间组织。著斯（H. O. Nourse）的《区域经济学》（1968）将区域经济学界定为“研究为

① 黄恒学，等．公共经济学［M］．北京：北京大学出版社，2002：47.

人们所忽视的经济空间秩序，研究稀有资源地理分布的学科"。① 理查森（H. W. Richardson）的《区域经济学概论》（1969）认为区域经济学是研究经济学家一直不愿承认的经济的空间组织规律性。② 胡佛（E. M. Hoover）的《区域经济学导论》（1975，1984）认为：区域经济学即空间经济学，其研究对象可概括为"哪里有什么，为什么，又该怎么办"。③ "有什么"即指各类经济活动（工厂、农场和矿山等生产企业、商行、居民户、公共及私立机关）；"哪里"即指就另一种经济活动而论的区位（涉及经济活动空间结构中的邻近、集中、分散和异同等问题）；"为什么"和"怎么办"指经济学家的种种解释：区域经济学代表了"一种可以解释经济系统空间特征的理论框架"。④ 尼茨坎普（Peter Nijkamp）主编的《区域经济学》（1986，1996）认为区域经济学研究经济活动的空间分布与协调。⑤《新帕尔格雷夫经济学大辞典》也指出，区域经济学的主要问题是解释一国国民经济范围内生产与人口的分布状况。⑥

（2）区域经济学的研究对象可分为区内和区际两个层次。杜贝（V. Dubey）在《区域经济学的定义》（1964）一文中认为，区域经济学是"以经济学的观点，研究在资源不均匀分配且不能完全自由流动的世界中，各个地区的差异以及各地区间的关系的科学"。⑦

---

① 参见魏后凯，等．现代区域经济学［M］．北京：经济管理出版社，2006：14-15.

② ［美］哈利·W. 理查森．区域经济学概论［M］．"导言"．李俊，译．北京：海潮出版社，1990：1.

③ HOOVER E M. An introduction to regional economics［M］. New York: Alfred A. Knopf Inc, 1975；［美］埃德加·M. 胡佛．区域经济学导论［M］．王翼龙，译．北京：商务印书馆，1990：6.

④ HOOVER E M, GIARRATANI F. An introduction to regional economics［M］. New York: Alfred A. Knopf Inc, 1984；［美］埃德加·M. 胡佛，弗兰克·杰莱塔尼．区域经济学导论［M］．郭万清，等译．上海：上海远东出版社，1992：1.

⑤ PETER NIJKAMP. Handbook of regional and urban economics, volume 1: regional economics［M］. New York: Elsevier Science Publishers, 1986, 1996；［荷］彼得·尼茨坎普，等．区域经济学（区域和城市经济学手册第1卷）［M］．安虎森，等译．北京：经济科学出版社，2001：1.

⑥ ［英］伊特韦尔，米尔盖特，纽曼，等．新帕尔格雷夫经济学大辞典（第四卷）［M］．陈岱孙，主译．北京：经济科学出版社，1992：124.

⑦ DUBEY V. The definition of regional economics［J］. Journal of Regional Science, 1964, 5 (2): 25-29.

(3) 区域经济学的研究对象为经济活动的空间分布与变化、区域经济增长与发展以及区际经济关系。英国《简明不列颠百科全书》指出，区域经济学是运用一般经济理论和其他经济学科的理论，研究经济活动的空间分布、空间变动及其决定力，区域经济发展和增长及其决定力，区际经济关系和如何解决区际经济发展不平衡问题的综合性应用学科。①

2. 国外学者关于区域经济学研究内容的代表性观点

1987～2007年间，国内引进、翻译出版了6本具有一定代表性的欧美经典区域经济学教科书及手册。即：前苏联学者涅克拉索夫的《区域经济学（理论·问题·方法）》（1978年俄文第二版；东方出版社1987年版中译本）；美国学者理查森的《区域经济学概论》（1969年英文版；海潮出版社1990年版中译本）；美国学者胡佛的《区域经济学导论》（1975年英文第二版；商务印书馆1990年版中译本）；美国学者胡佛、杰莱塔尼的《区域经济学导论》（1984年英文第三版；上海远东出版社1992年版中译本）；荷兰学者尼茨坎普主编、31位欧美学者参编的《区域经济学》（区域和城市经济学手册第1卷，1996年英文第二版；经济科学出版社2001年版中译本）；英国学者阿姆斯特朗、泰勒的《区域经济学与区域政策》（2000年英文第三版；上海人民出版社2007年版中译本）。综观部分欧美经典区域经济学教科书及手册，其理论内容框架体系的设计安排大相迥异，各具特色（见表1.2）。欧美经典区域经济学教科书及手册为中国区域经济学研习者洞察、学习及借鉴西方区域经济学理论与方法提供了优秀的范本。

表1.2　**欧美经典区域经济学教科书、手册的区域经济学理论内容体系**

国别	作者/书名（版次、出版年）	区域经济学理论内容体系
美国	哈利·W. 理查森(Harry W. Richardson)/《区域经济学概论》(1969)	◆匀质区域（区际宏观经济学）：区域收入；区域经济增长 ◆节点区域：区位和集聚；节点体系 ◆规划区域：规划模型；区域规划与全国规划比较；区域规划方法；区域政策方向

① 刘树成，等．现代经济辞典［M］．南京：凤凰出版社，江苏人民出版社，2004：826.

续表

国别	作者/书名（版次、出版年）	区域经济学理论内容体系
美国	艾德加·M. 胡佛（Edgar M. Hoover）、弗兰克·杰莱塔尼（Frank Giarratani）/《区域经济学导论》（第三版，1984）	◆区位及空间组织理论：单个区位决策；转移成本；分散力支配的区位模式；由凝聚力支配的区位模式；土地利用；城市地区的空间结构；城市区位；人口区位 ◆区域及区域发展理论：区域的本质和分类、区域内的经济联系、区域专业化；区域发展的原因及内外因素、区际贸易与要素移动、区际趋同、城市对区域发展的作用、区域目标和政策 ◆城市活动的空间格局变化引发的城市问题
荷兰	彼得·尼茨坎普（Peter Nijkamp）主编/《区域经济学》（区域和城市经济学手册第1卷，第二版，1996）	◆区位分析（现代区位理论）：生产活动区位；家庭区位模型；公共设施区位；空间均衡分析；区域经济动力学 ◆区域经济模型和方法：区域和多区域经济模型；区域、区际间以及多区域投入—产出分析；空间相互作用、运输和区域间商品流动模型；区域经济计量和动态模型；区域经济分析的定性统计模型等 ◆区域经济发展和政策：区域经济学中的多目标决策分析；区域劳动力市场分析；区域能源和环境分析；区域结构的创新与变革；发展中国家的区域政策
英国	哈维·阿姆斯特朗（Harvey Armstrong）、吉姆·泰勒（Jim Taylor）/《区域经济学与区域政策》（第三版，2000）	◆区域收入与就业的决定 ◆区域经济建模的投入—产出法 ◆区域经济差异（新古典主义观点） ◆出口需求模型、聚集和循环累积的增长过程 ◆区际贸易 ◆区际移民 ◆区域失业差异 ◆区域政策：政策工具及政策评价等

资料来源：整理自［美］哈利·W. 理查森. 区域经济学概论［M］. 李俊，译. 北京：海潮出版社，1990；［美］艾德加·M. 胡佛，弗兰克·杰莱塔尼. 区域经济学导论［M］. 郭万清，等译. 上海：上海远东出版社，1992；［荷］彼得·尼茨坎普，等. 区域经济学（区域和城市经济学手册第1卷）［M］. 安虎森，等译. 北京：经济科学出版社，2001；［英］哈维·阿姆斯特朗，吉姆·泰勒. 区域经济学与区域政策（第三版）［M］. 刘乃全，等译. 上海：上海人民出版社，2007.

在美国一些大学开设的区域经济学课程中，其教学内容体系也是各具特色。如：美国宾夕法尼亚州立大学《区域经济学》课程的教学内容主要包括“区域及其度量工具”、“区域的目标”、“历史区域增长和发展形式”、“区域增长理论”、“区域政策”、“区域预测”；美国西弗吉尼亚大学《高级区域经济学》课程的教学内容主要包括“区位和增长”、“迁移、人口估计和预测”、“多部门区域影响模型”、“制度变迁的区域影响”、“地方和区域劳动力市场”、“空间统计”、“地方和区域经济发展”。①

1.2.1.2　中国学者的代表性观点

自20世纪80年代中后期以来，中国学者博采中外区域经济学教科书及区域经济理论、方法之所长，在中国本土化的区域经济学理论体系建设方面做了许多有益的探索。其中贡献卓著者当推中国人民大学、中国社会科学院工业经济研究所和南开大学的区域经济学研究工作者。

中国人民大学的区域经济学研究工作者们先后出版了《区域经济学》（周起业、刘再兴、祝诚、张可云，中国人民大学出版社，1989）、《区域经济理论与方法》（刘再兴主编，中国物价出版社，1996）、《区域经济学原理》（张敦富主编，中国轻工业出版社，1999）、《区域经济学教程》（孙久文、叶裕民，中国人民大学出版社，2003）、《区域经济理论》（陈秀山、张可云，商务印书馆，2003）、《区域经济学》（孙久文主编，首都经济贸易大学出版社，2006）等多种版本的教科书，对区域经济学理论体系做了许多建设性的探索。陈秀山（2002）提出，区域经济学的内容体系主要由区域经济理论、区域经济经验研究（方法）和区域经济政策三部分构成。② 孙久文和叶裕民（2003）认为，区域经济学理论体系可分为区域经济发展理论、区域经济关系理论和区域经济政策理论三部分。③ 孙久文等（2006）又将区域经济学的理论体系进一步表述为区域经济发展理论、区域经济关系理论和区域经济应用工具三部分。④ 张可云（2005）将区域经济学的研究框架表述为区域经济学的基本问题

---

① 魏后凯，等．现代区域经济学［M］．北京：经济管理出版社，2006：2.

② 陈秀山．关于区域经济学的研究对象、任务与内容体系的思考［J］．经济学动态，2002（12）：26-29.

③ 孙久文，叶裕民．区域经济学教程［M］．北京：中国人民大学出版社，2003：17-18.

④ 孙久文，等．区域经济学［M］．北京：首都经济贸易大学出版社，2006：12-13.

(基本概念、学科发展史等)、区域经济发展、区域经济关系和区域经济运行四部分。①

中国社会科学院工业经济研究所的区域经济学研究工作者们在《区域经济学》(陈栋生主编，河南人民出版社，1993)、《现代区域经济学》(魏后凯主编，经济管理出版社，2006) 两本教科书中分别提出了区域经济学理论体系的“三板块说”、“五板块说” (见表1.3)。陈栋生等 (1993) 认为，区域经济学是从宏观角度研究国内不同区域经济发展及其相互关系的决策性科学，具有宏观性、决策性和应用性等显著学科特征；区域经济学的研究内容主要包

表1.3　**中国社会科学院区域经济学学者的区域经济学理论内容体系观**

体系观	作者	代表作（出版年）	区域经济学理论内容体系
三板块说	陈栋生，等	◆《区域经济学》(1993)	◆区域经济发展：区域经济增长；区域产业结构；区域空间结构；区域经济发展战略 ◆区际经济关系：区际经济分工；区际贸易；区际要素流动；区际经济合作 ◆区域经济政策
五板块说	魏后凯，等	◆《现代区域经济学》(2006)	◆经济活动区位：运输成本与集聚经济；区位决策与企业迁移；产业区位理论；国际投资区位；集中、专业化与集群 ◆区域供给与需求：区域产出与要素市场；区域支出、价格与交换 ◆区域经济发展：区域经济增长理论；城市与区域发展；创新、制度变迁与区域发展；人力资本与区域发展；区域经济发展战略 ◆区际经济关系：区域经济差异、区际要素流动、区际分工与贸易、空间相互作用模型 ◆区域政策与管理：区域经济政策、地方政府与公共财政、区域营销与管制

资料来源：整理自陈栋生，等．区域经济学［M］．郑州：河南人民出版社，1993；魏后凯，等．现代区域经济学［M］．北京：经济管理出版社，2006.

① 张可云．区域经济政策［M］．北京：商务印书馆，2005：39-40.

括“区域经济发展”、“区域经济关系”和“区域经济政策”三大部分。魏后凯等（2006）认为，区域经济学是应用经济学观点研究国内不同区域经济的发展变化、空间组织及其相互关系的综合性应用学科，具有区域性、综合性和应用性三大学科特征；区域经济学的研究内容主要包括“经济活动区位”、“区域供给与需求”、“区域经济发展”、“区际经济关系”和“区域政策与管理”五大部分。

南开大学的区域经济学研究工作者们长期致力于区域经济学基础理论探索及区域经济学理论体系建设，先后出版了《区域经济学》（郝寿义、安虎森主编，经济科学出版社，第一版，1999；第二版，2004）、《区域经济学通论》（安虎森主编，经济科学出版社，2004）、《区域经济学原理》（郝寿义，上海人民出版社，2007）等教科书，先后提出了区域经济学理论体系的旧“五板块说”、“六板块说”、新“五板块说”（见表1.4）。郝寿义、安虎森等（1999，2004）认为，区域经济学是研究区域经济活动的自组织和区际经济联系以及与此有关的区域决策的科学，区域经济学的研究内容包括“区域结构”、“区域经济活动自组织”、“区域地域结构（区域空间结构）及其组成单元”、“区际分工与联系”和“区域经济政策”五大部分。安虎森等（2004）认为，区域经济学是研究经济活动的空间分布与协调以及与其相关的区域决策的科学，是应用性、综合性很强的经济学分支学科。其中，“经济活动的空间分布”指产业、消费者、公共设施的区位选择；“经济活动协调”主要指区内

表1.4 **南开大学区域经济学学者的区域经济学理论内容体系观**

体系观	作者	代表作（版次、出版年）	区域经济学理论内容体系
旧“五板块说”	郝寿义、安虎森，等	◆《区域经济学》（1999） ◆《区域经济学》（第二版，2004）	◆区域结构：经济活动的区位；经济活动的空间分工与区域空间的形成 ◆区域经济活动自组织：区域经济增长；区域产业结构 ◆区域地域结构（区域空间结构）及其组成单元：区域空司的地域结构；城市经济、城乡边缘区、乡村经济 ◆区际分工与联系 ◆区域经济政策

续表

体系观	作者	代表作 （版次、出版年）	区域经济学理论内容体系
六板块说	安虎森，等	◆《区域经济学通论》（2004）	◆区域的拓扑性质：区域概念、作为经济组织的区域 ◆经济活动区位：企业间竞争与活动区位选择 ◆区域经济自组织：区域经济增长；区域产业结构；区域环境经济；区域旅游经济 ◆区域空间的地域单元及地域结构演化：区域的地域结构；城市经济、乡村经济 ◆区际分工与联系 ◆区域经济政策
新“五板块说”	郝寿义	◆《区域经济学原理》（2007）	◆区域经济研究的逻辑前提(“要素禀赋与经济空间”）及均质与非均质有机统一的空间分析方法论 ◆经济区域形成理论：区位；区位选择与聚集经济；聚集经济、经济功能区与经济区域形成 ◆区域经济发展理论：区域经济发展的动力与动力机制、区域经济发展模型、区域经济发展的循环规律；区域经济的不平衡发展 ◆区域主体和主体行为理论：基于厂商和居民分析的区域主体与空间经济自组织论；基于地方政府分析的区域主体与空间经济自组织论 ◆区域治理理论：区域治理的参与者；区域治理的运行分析

资料来源：整理自郝寿义，安虎森，等．区域经济学［M］．北京：经济科学出版社，1999；郝寿义，安虎森，等．区域经济学（第二版）［M］．北京：经济科学出版社，2004；郝寿义．区域经济学原理［M］．上海：上海人民出版社，2007.

外经济活动的相互匹配；“区域决策”主要涉及如何组织区域经济（选择何种路径）、所选择路径的支持系统（如何支持所选路径）两大问题。安虎森等（2004）将区域经济学的研究内容概括为“区域的拓扑性质”、“经济活动区位”、“区域经济自组织”、“区域空间的地域单元及地域结构演化”、“区际分工与联系”和“区域经济政策”六大部分。郝寿义（2007）将区域经济学理论体系表述为“区域经济研究的逻辑前提及均质与非均质有机统一的空间分析方法论”、“经济区域形成理论”、“区域经济发展理论”、“区域主体和主体行为理论”、“区域治理理论”五大部分。

1.2.2　本书关于区域经济学研究对象和内容的观点

本书在参考、综合相关研究成果的基础上，将区域经济学的学科含义（即研究对象）进一步表述为：区域经济学是一门运用经济学理论研究一国范围内不同区域经济活动的空间分布、区域经济发展变化、区际经济关系、区域经济运行调控等一般性规律的综合性应用经济学科。

本书将区域经济学的理论内容体系进一步总结归纳为“四板块论”（见图1.2）。①

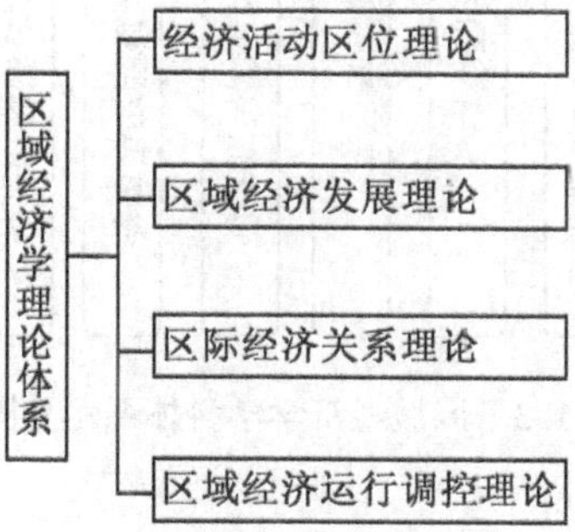

图1.2　区域经济学理论体系示意图

各板块的具体内容如下：

（1）经济活动区位理论。包括古典经济区位理论、现代经济区位理论。

① 吴传清．关于《区域经济学》课程内容体系建设的若干思考．全国区域经济学学科建设第六届年会会务组编．第六届全国区域经济学学科建设年会论文集［C］．天津，2007：149-152.

（2）区域经济发展理论。包括区域经济增长要素理论、区域经济增长模型、区域经济非均衡增长理论、区域经济增长（发展）阶段理论、区域产业结构与组织理论、区域经济空间结构理论等内容。

（3）区际经济关系理论。包括区际经济差异理论、区际要素流动理论、区际贸易理论、区际梯度推移理论、区际产业转移理论、区际经济合作与竞争理论等内容。其中，区际要素流动理论、区际贸易理论、区际梯度推移理论、区际产业转移理论等又可统称为"区际经济传递理论"。

（4）区域经济运行调控理论。包括经济区划理论、区域经济规划理论、区域经济政策理论、区域治理理论等内容。

目前，区域经济学理论体系正处于多学科大渗透、大融合的快速成长期。未来区域经济学学科理论体系将从大融合向大分化方向纵深拓展，并将形成一系列子学科群（见图1.3）。

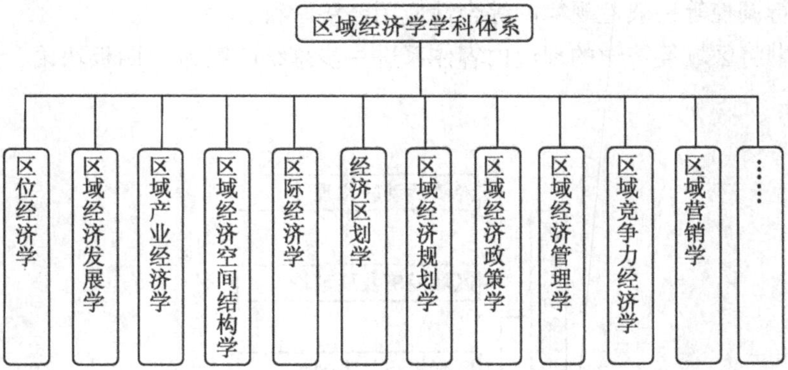

图1.3　区域经济学学科体系示意图

1.3　区域经济学学科发展概况

1.3.1　西方区域经济学学科演进概况

尽管区域经济学是一门相当年轻的经济学科，但西方区域经济理论研究最早可追溯至1826年德国经济学家杜能（J. H. V. Thunen）倡导的经济区位理论。西方区域经济学大体上萌芽于1826年到20世纪40年代，正式形成于20世纪50年代，20世纪50～80年代为第一次发展高潮，20世纪90年代以来再度蓬勃发展，目前正迎来“第二个春天”。

1. 西方区域经济学的萌芽阶段（1826年~20世纪40年代）

西方区域经济学脱胎于经济区位理论，在第二次世界大战以前，西方区位经济理论主要侧重于企业、产业和城市的区位选择、空间行为和组织结构研究，涌现出了一批至今仍然具有理论生命力的经典经济区位理论。诸如：德国经济学家杜能（1826）在《孤立国同农业和国民经济的关系》（简称《孤立国》）中倡导的农业区位理论；德国经济学家韦伯（A. Weber，1909）在《工业区位论》中倡导的工业区位论；克里斯塔勒（W. Christaller，1933）在《德国南部的中心地》中提出的中心地理论；廖什（August Lösch，1939）在《经济空间秩序》中提出的与克里斯塔勒中心地理论类似的中心地理论。此外，瑞典经济学家帕兰德（T. Palander，1935）在《区位理论研究》中提出的市场区竞争区位理论，美国经济学家胡佛（E. M. Hoover）在《区位理论与制鞋、制革工业》（1937）、《经济活动的区位》（1948）中所提出的转运点区位理论等，都具有一定代表性，拓展丰富了工业区位理论。

2. 西方区域经济学的形成和初步发展阶段（20世纪50~80年代）

这一时期西方区域经济学理论研究的重点由微观区位研究转向宏观区位选择、区域经济模型、区域经济发展、区域经济政策研究，欧美学者提出了许多广为流传的经典区域经济发展理论及模型。诸如：胡佛和费雪（E. M. Hoover & J. Fisher，1949）的区域经济增长阶段理论；诺斯（D. C. Nourth）首倡，蒂博特（Tibout，1956）等进一步发展完善的输出基地理论；佩鲁（Francois Perroux，1950，1955）首倡，布代维尔（J. R. Boudeville，1966）等学者进一步拓展的增长极理论；赫希曼（A. O. Hirschman，1958）的区域经济不平衡增长及区际经济传递理论；缪尔达尔（G. Myrdal，1957）首倡，卡尔多（N. Kaldor，1970）、狄克逊和瑟尔沃尔（Dixon & Thirlwall，1975）等进一步发展完善的循环累积因果理论；威廉姆逊（J. G. Williamson，1965）的倒“U”型理论；弗里德曼（J. Friedman，1966，1973）的中心—外围模式；西伯特（H. Siebert，1969）、理查森（H. W. Richardson，1973）的区域经济增长模型，等等。

这一时期西方区域经济学家还出版了一批以“区域经济学”命名的专著和教科书。例如：诺斯（D. C. Nourth）的《区域经济学》（1968）；理查森

（H. W. Richardson）的《区域经济学概论》（1969）、《区域和城市经济学》（1978）和《区域经济学》（1979）；胡佛（E. M. Hoover）的《区域经济学导论》（1971，1975，1984）等。此外，西伯特（H. Siebert）的《区域经济增长：理论与政策》（1969）、理查森（H. W. Richardson）的《区域增长理论》（1973）等专著也具有一定代表性。

3. 西方区域经济学的拓展阶段（20 世纪 90 年代至今）

这一时期无论是在区位理论还是区域经济发展和区域政策等领域，西方区域经济学研究的范围和领域都有纵深扩展，注重实证研究和计量分析成为一种趋势。

在区位理论领域，西方区域经济学研究的重点主要集中在多个企业投资的区位决策；公司总部、地区性总部以及地区办事处的区位决策；研发活动的国际化及其区位选择；企业内部的区位调整问题；跨国投资区位选择等方面。

在区域经济发展领域，西方区域经济学研究的重心已从过去强调规范研究转向注重实证研究，研究的主题日益细化，研究的内容极其广泛，几乎涉及经济发展的所有方面。诸如：运用数量分析方法，按部门、地域单元或因素对区域收入差异的构成进行分解，探索区域失业和通货膨胀差异的成因及其机制；构建各种计量模型，测算区域经济增长的来源、周期性波动及其收敛性，分析出口、外资流入、基础设施建设以及政府政策对区域经济增长的影响；基于经济和文化变迁的视角，探讨人力资本、教育、企业家精神、制度创新对区域经济发展的影响，审察区域经济结构变化的资源配置效果；从聚集经济和专业化的角度，探讨产业集群的形成和影响机制，等等。

在区域经济政策领域，西方区域经济学研究的重点集中在区域经济政策的效应评价、宏观经济政策的区域效应、区域经济政策与产业政策的协调、地方经济政策等方面。

自 20 世纪 90 年代以来，区域管理问题研究渐成西方区域经济学研究的新热点，研究内容与领域主要集中在区域可持续发展、区域营销（Regional Marketing）、区域管治（Regional Governance）等方面。特别是由于以保罗·克鲁格曼（Paul Krugman）等为代表的新经济地理学（the New Economic Geography）学派的倡导和贡献，空间经济问题日益受到经济学界的高度重视。在欧美国家，区域经济学在经历了 20 世纪 50 ~ 80 年代的第一次繁荣期后，目前正在进入第二次繁荣期。

1.3.2 中国区域经济学学科演进概况①

中国本土的区域经济思想渊源悠久。最早可追溯到战国时期的《山海经》、《禹贡》以及西汉司马迁的《史记·货殖列传》等文献中丰富的经济地理思想遗产。孙中山的《建国方略·实业计划》(1919)借鉴西方经济理论,结合中国国情,系统地探讨了中国经济建设问题,其中包含有丰富的区域经济思想遗产,是中国近代史上最具代表性的区域经济思想遗产文献。

国外区域经济理论在中国的传播及应用,大体上经历了西方区位经济理论传播及应用(20世纪30~40年代)、前苏联生产力布局理论传播及应用(20世纪50~70年代)、西方区域经济理论传播、应用及拓展(20世纪80年代至今)三个阶段。

西方区位经济理论在20世纪上半叶传入中国,其中杜能(1826)的农业区位理论在20世纪30年代传入中国;② 韦伯(1909)的工业区位理论在20世纪40年代传入中国。不少学者运用杜能、韦伯的区位理论研究中国产业布局方案。如经济地理学家任美锷借鉴韦伯工业区位理论,在《实业计划中的区位理论》(1942)、《工业区位的理论与中国工业区域》(1944)、《工业区位理论的研究》(1944)等论文中探讨了中国主要工业布局及工业区划方案。③ 20世纪30~40年代可称为中国现代区域经济学的启蒙期。

20世纪50~70年代学术界引进前苏联生产力布局理论,对社会主义生产(力)布局、区域资源条件评价和综合开发等问题进行了长时期的广泛研究,成果丰硕。这一时期可称为中国现代区域经济学的萌芽期。

中国现代区域经济学正式形成于20世纪80年代末。1979年实行改革开

① 本处所述是中国大陆的区域经济学学科演进概况。中国台湾的区域经济学学科发展始于20世纪50年代,80年代已达到相当高的水平,代表性成果是《空间经济学》(经济百科全书第8编,台湾联经出版实业公司1986年版);90年代以来,台湾学者在都市及区域规划(City and Region Planning)、城市行销(City Marketing)、地区行销(Place Marketing)等理论研究方面成果极其丰硕,东吴大学、逢甲大学等大学都开设有《区域经济学》或《城市和区域经济学》本科、研究生学位课程。台湾区域经济学研究队伍主要分为"经济学派"、"地理学派"和"都市及区域规划(设计)学派"。

② 陆大道(1995)指出,杜能的《孤立国》1937年被译成中文传入中国。参见陆大道.区域发展及其空间结构[M].北京:科学出版社,1995:30.

③ 吴传清.论任美锷关于韦伯工业区位理论的研究[J].中南财经政法大学学报,2007(4):27-33.

放国策后，学术界一方面对传统生产力布局理论及实践经验教训进行总结，另一方面不断引进西方区位经济理论、区域经济发展理论和区域经济政策理论，理论界关于区域经济理论及中国现实区域经济问题研究的成果不断涌现。许多学者不仅从不同角度对中国宏观区域经济发展战略提出了种种理论模式（如梯度推移模式、点轴开发模式、网络开发模式等），而且还出版了一大批区域经济学专著和教科书，如程必定主编的《区域经济学》（1989）、周起业等合著的《区域经济学》（1989）等。1989 年孙尚清、陈栋生等发起成立中国区域经济学会。20 世纪 80 年代末期为中国现代区域经济学的形成期。

20 世纪 90 年代以来，中国区域经济学理论研究和学科建设得到空前发展。这主要表现在：（1）区域经济学理论与实践问题研究成果不断涌现。如：区域经济增长要素、区域经济差异、区域经济非均衡协调发展、区域产业集群、城市群（圈）或大都市区、外商投资区位选择、区域治理、区域创新系统、区域营销、区域经济竞争力等成为理论研究热点；“工业化反梯度推移”、“广义梯度推移”等理论成果进一步拓展了梯度推移理论；区际要素流动、区际产业转移理论研究成果不断涌现，进一步拓展了区际经济传递理论；区域经济政策理论等领域研究成果日益丰富。（2）国务院学位委员会 1997 年正式将“区域经济学”列为一级学科“应用经济学”目录之下的二级学科，涵括城市经济学、经济地理学等学科。截至 2007 年底，已有 100 多所高校开设了《区域经济学》学位课程，103 所高校、党校、社会科学院设有区域经济学专业硕士点，10 多所高校、社会科学院设有区域经济学博士点。中国人民大学、南开大学和兰州大学的区域经济学学科被列为国家级重点学科。（3）出版了一批“区域经济学”同名教科书、区域经济理论及实践问题研究专著。仅 1989 ~ 2007年间国内已公开出版的“区域经济学”同名教科书就有 50 多种不同版本。

◎ 复习思考题

1. 概念解释

经济区域；匀质区域；极化区域；规划区域；区域经济；区域经济运行；区域经济主体

2. 简述区域经济学视域中“经济区域”（区域）概念的内涵。

3. 简述经济区域的划分标准。

4. 简述经济区域的构成要素。

5. 简述区域经济存在的客观基础。

◎ 开放性讨论题

1. 如何认识区域经济学学科体系由大融合走向大分化的发展趋势？

2. 如何认识经济区域和行政区域在同一地域范围内并存的“双重区域”现象？

◎ 参考文献

1. [前苏] H. 涅克拉索夫. 区域经济学（理论·问题·方法）[M]. 许维新，许晶心，译. 北京：东方出版社，1987.

2. [美] 哈利·W. 理查森. 区域经济学概论 [M]. 李俊，译. 北京：海潮出版社，1990.

3. [美] 埃德加·M. 胡佛. 区域经济学导论 [M]. 王翼龙，译. 北京：商务印书馆，1990.

4. [美] 艾德加·M. 胡佛，弗兰克·杰莱塔尼. 区域经济学导论 [M]. 郭万清，等译. 上海：上海远东出版社，1992.

5. [荷] 彼得·尼茨坎普，等. 区域经济学（区域和城市经济学手册第1卷）[M]. 安虎森，等译. 北京：经济科学出版社，2001.

6. [英] 哈维·阿姆斯特朗，吉姆·泰勒. 区域经济学与区域政策（第三版）[M]. 刘乃全，等译. 上海：上海人民出版社，2007.

7. [俄] T. M. 克尔日查诺夫斯基. 苏联经济区划问题论文集（1917—1929）[M]. 王守礼，译. 北京：商务印书馆，1961.

8. RICHARDSON H W. Regional and urban economics [M]. London: Penguin Books, 1978.

9. 周起业，刘再兴，祝诚，张可云. 区域经济学 [M]. 北京：中国人民大学出版社，1989.

10. 刘再兴，等. 区域经济理论与方法 [M]. 北京：中国物价出版社，1996.

11. 张敦富，等. 区域经济学原理 [M]. 北京：中国轻工业出版社，1999.

12. 张可云. 区域大战与区域经济关系 [M]. 北京：民主与建设出版社，2001.

13. 孙久文，叶裕民．区域经济学教程［M］．北京：中国人民大学出版社，2003.

14. 陈秀山，张可云．区域经济理论［M］．北京：商务印书馆，2003.

15. 孙久文，等．区域经济学［M］．北京：首都经济贸易大学出版社，2006.

16. 陈栋生，等．区域经济学［M］．郑州：河南人民出版社，1993.

17. 魏后凯，等．现代区域经济学［M］．北京：经济管理出版社，2006.

18. 郝寿义，安虎森，等．区域经济学［M］．北京：经济科学出版社，1999.

19. 郝寿义，安虎森，等．区域经济学（第二版）［M］．北京：经济科学出版社，2004.

20. 郝寿义．区域经济学原理［M］．上海：上海人民出版社，2007.

21. 聂华林，等．发展区域经济学通论［M］．北京：中国社会科学出版社，2006.

22. 聂华林，王成勇．区域经济学通论［M］．北京：中国社会科学出版社，2006.

23. 聂华林，高新才，等．区域发展战略学［M］．北京：中国社会科学出版社，2006.

24. 程必定，等．区域经济学［M］．合肥：安徽人民出版社，1989.

25. 杜肯堂，戴士根，等．区域经济管理学［M］．北京：高等教育出版社，2004.

26. 叶依广，等．区域经济学［M］．北京：中国农业出版社，2006.

27. 陆大道．区域发展及其空间结构［M］．北京：科学出版社，1995.

28. 任保平．区域经济理论、方法与政策［M］．北京：经济科学出版社，2004.

29. 景跃军，王胜今．区域经济理论与方法［M］．长春：吉林大学出版社，2005.

30. 张秀生，等．区域经济理论［M］．武汉：武汉大学出版社，2005.

31. 吴传清，等．马克思主义区域经济理论研究［M］．北京：经济科学出版社，2006.

32. 陈栋生，魏后凯．以马列主义为指导，有分析地借鉴西方区域经济学［J］．开发研究，1989（5）；经济学动态，1989（10）．

33. 魏后凯．西方区域经济学及其发展：西方区域经济学述评（上）［J］．开发研究，1990（2）．

34. 魏后凯．西方区域经济发展理论：西方区域经济学述评（下）［J］．开发研究，1990（5）．

35. 安虎森，邹璇．区域经济学的发展及其趋势［J］．生产力研究，2004（1）．

第2章 经济活动区位理论

“区位”一词源于德语“standort”，英文译为“location”，日文译称“立地”。学术界关于“区位”的内涵有多种解释：或认为区位是指某种事物占据的场所或者空间，是人类行为活动的空间；① 或认为区位特指企业、产业、设施等在空间经济格局的位置；或特指企业、产业的盈利位置或最优的经营位置。② 总之，区位一般指人类经济活动的场所或空间载体。

经济活动区位理论（简称“经济区位理论”或“区位理论”）是研究人类经济活动的最优区位及其空间组织规律的理论，是区域经济学理论体系的重要组成部分。经济区位理论发源于19世纪20年代，传统经济区位理论发展形成了最低成本学派（最小成本学派）③、相互依存学派④、市场学派（最大利润学派）⑤ 等理论流派。在20世纪40年代，经济区位理论作为一门独立、系统的学科（区位经济学）已经形成。第二次世界大战后，经济区位理论沿五条主线不断发展和完善。即：传统农业区位论、工业区位论和中心地论不断推陈出新，促进了新古典区位论的形成和发展；行为区位理论兴盛，不断发展成

---

① 张文忠．经济区位论［M］．北京：科学出版社，2000：1.

② 童旭红．企业区位决策因素分析［J］．现代企业，2004（11）：11-12.

③ 最低（小）成本学派区位论以完全竞争理论为基础，认为企业区位选择的动机是追求最小成本，最小成本点即最佳区位点。其代表人物是杜能（1826）、龙哈特（1882）、韦伯（1909）、俄林（1933）、高兹（1943）、胡佛（1937、1948）等。

④ 相互依存学派区位论以不完全竞争理论为基础，强调需求对区位的影响以及企业区位间的相互依存关系。其代表人物是费特尔（1924）、霍特林（1929）、帕兰德（1935）等。

⑤ 市场学派（最大利润学派）区位论从需求因子出发，认为最佳区位既非成本最小点也非收入最大点，而是利润（收入和成本的差额）最大点。其代表人物是克里斯塔勒（1933）、廖什（1939）等。

为新兴区位理论流派；商业、旅游业等服务业区位、高新技术产业区位、住宅产业区位等产业区位理论以及公共设施区位理论不断丰富发展；跨国家、跨区域投资区位选择理论蓬勃发展；新经济地理学学派的区位选择理论异军突起，掀起区位理论的新浪潮。

经济区位理论历经180多年的发展，其内容体系博大精深。本章基于成本学派、市场学派和行为学派三大学派的视角，以经典作家理论为主线，重点论述杜能的农业区位理论、韦伯的工业区位理论、克里斯塔勒的中心地理论和史密斯和普雷德的行为区位理论。①

2.1　杜能的农业区位理论

2.1.1　杜能农业区位论的产生背景

农业区位理论侧重于研究人类农业经济活动中的空间选择和空间分布规律。德国经济学家杜能（Johan Heinrich Von Thünen，1783～1850）的《孤立国同农业和国民经济的关系》（1826）一书的出版，标志着经济区位理论的诞生。杜能被推崇为经济活动区位理论的鼻祖、农业区位理论的奠基人。

杜能农业区位理论是19世纪初期德国普鲁士社会经济背景下的历史产物。当时德国普鲁士推行的农业体制改革使农民在法律上成为自由农民，可独立支配属于自己的农场，也使贵族成为大土地所有者，并转变为独立的农业企业家，从而产生了以农业企业家和农业劳动者为主体的农业企业化经营模式。在当时普鲁士农业理论领域，经济学家泰尔（A. D. Thaer，1757～1828）的合理农业论占主导地位，认为改变普鲁士农业落后状况的路径在于改三圃式农法为轮作式农法。针对泰尔的合理农业论，杜能试图论证对于各地域而言，并非轮作式农法都一定有利。杜能从一个假想空间（即“孤立国”）出发，探索农业生产方式的一般地域配置原则。杜能本人经营农场十余年所积累的经验及数据，也丰富了其倡导的农业区位理论的内容。杜能的农业区位论是最低（小）

① 张文忠在《经济区位论》（张文忠，科学出版社，2000）、《经济地理学》（李小建，等．高等教育出版社，1999）、《经济地理学（第二版）》（李小建，等．高等教育出版社，2006）、《现代区域经济学》（魏后凯，等．经济管理出版社，2006）等专著和教科书中，对西方经济区位理论作了系统而精练的总结，是迄今为止国内学术界最具代表性的西方区位论思想研究成果。本章主要参考、综合了张文忠的相关研究成果。

成本学派最具有代表性的区位理论之一。

2.1.2　杜能农业区位论的基本内容

1. 基本前提

杜能对其假想的“孤立国”给定了六个假定条件：在肥沃的平原中央仅有一个城市；不存在可用于航运的河流及运河，马车为唯一的交通工具；土质条件一样，任何地点均可耕作；距城市50英里之外是荒野，与其他地区隔绝；人工产品供应来源于中央城市，城市的食物供给来源于周围平原；矿山和食盐坑均位于城市附近。

杜能基于上述前提条件重点分析了两大问题：农业呈怎样的经营状态在空间上发展；合理的农业生产经营方式与距离城市（或市场）的远近存在何种关系。换言之，他分析了为了从土地资源中获取最大的纯收益（地租），农场的经营方式随着距城市中心距离的增加将如何变化，以及在空间上呈现何种形态结构。

2. 形成机制

杜能采用抽象法和演绎法，排除其他要素（如土质条件、土地肥力、河流等）的干扰，侧重探讨距城市（或市场）距离的不同对农业生产方式配置的影响。

在运费与距离、重量成比例，运费率因作物不同而不同，农产品的生产活动是追求地租收入最大化的合理活动等前提条件下，杜能给出了一般地租收入公式：

$$R = PQ - CQ - KtQ = (P - C - Kt)\ Q$$

式中：R 为地租收入；P 为农产品的市场价格；C 为农产品的生产费用；Q 为农产品的生产量（等同于销售量）；K 为距城市（市场）的距离；t 为农产品的运费率。

对同样的农作物而言，地租收入随距市场距离的增加而减少。当地租收入为零时，即使耕作技术可能，经济上也不合理，此时即为某种作物的耕作极限。市场点的地租收入和耕作极限点连接的曲线被称为地租曲线。每种作物都有一条地租曲线，其斜率大小取决于运费率，不易运输的农作物的地租曲线一般斜率较大，反之则较小。杜能利用关于所有农业生产方式的土地利用测算结果，得出各种方式的地租曲线高度及斜率（见图 2.1）。农产品的生产活动是以地租收入最大化为目标的，因此，农场主一般选择能获取最大地租收入的农作物进行生产，从而形成了农业土地利用与生产布局的杜能圈结构。

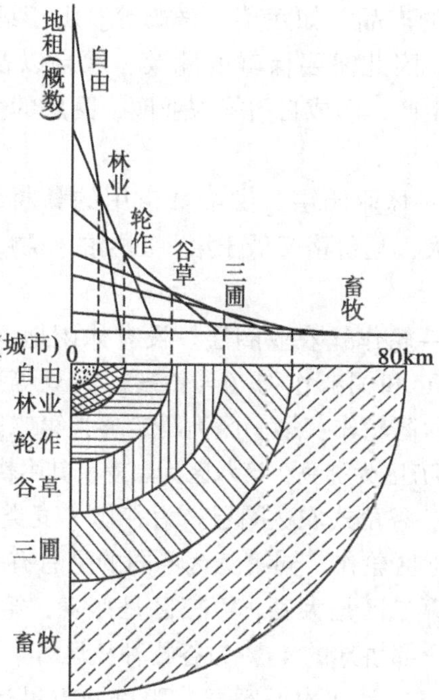

图 2.1　杜能圈圈层结构示意图

资料来源：［日］协田武光．立地论读本（I）［M］．东京：大明堂，1983．转引自李小建主编．经济地理学（第二版）［M］．北京：高等教育出版社，2006．

3. 农业生产的空间组织结构

杜能将农业生产的空间组织模式表述为："一般地说，近郊应该种植这样的产品：相对于其价值来说是笨重而体积大的东西，往城市运输费用很大，从远地供应这些产品不合算；再则就是易于腐烂，必须新鲜消费的产品。……离城市越远的地方总是逐渐地从事那样的产品：相对于其价值来说，只要求较小的运输费用的东西。……城市四周将形成一些界限相当分明的同心圈，每个同心圈内有各自的主要产品。"①这种同心圈结构称为“杜能圈”，它由里向外依次为自由式农业、林业、轮作式农业、谷草式农业、三圃式农业、畜牧业等农业圈层。

（1）第一圈层——自由式农业圈层。距离城市最近的农业地带，主要生产或种植易腐、难运的产品，如蔬菜、鲜奶等。由于运输工具为马车，速度慢，又缺乏冷藏技术，因此需要保鲜的蔬菜、水果以及易腐产品（如鲜奶）等选择距城市最近处生产，形成自由式农业圈，圈层的大小取决于城市人口的规模。

（2）第二圈层——林业圈层。供给城市用的薪材、建筑用材、木炭等，由于重量和体积均较大，且价格又低于第一圈层的作物，因此，在接近城市的第二圈种植。

（3）第三圈层——轮作式农业圈层。没有休闲地，在所有耕地上种植农作物，以谷物（麦类）和饲料作物（马铃薯、豌豆等）的轮作为主要特色。杜能提出每一块地的六区轮作：第一区为马铃薯，第二区为大麦，第三区为苜蓿，第四区为黑麦，第五区为豌豆，第六区为黑麦，其中耕地的50%种植谷物。

（4）第四圈层——谷草式农业圈层。为谷物（麦类）、牧草、休耕轮作圈层。杜能提出地块的七区轮作。同第三区不同的是总有一区为休闲地，七区轮作的第一区是黑麦，第二区是大麦，第三区是燕麦，第四、五、六区为牧草，而第七区为休闲地，全部耕地的43%为谷物种植区。

（5）第五圈层——三圃式农业圈层。距离城市最远的谷作农业圈，也是最粗放的谷作农业圈层。三圃式农业将农户附近的块地分为三区，第一区是黑麦，第二区是大麦，第三区是休闲地，三区之间进行轮作，即为三圃式轮作制度。远离农户的地块则为永久牧场，全部耕地仅有24%为谷物种植区。

（6）第六圈层——畜牧业圈层。畜牧业圈层是杜能环的最外圈，生产谷麦作物仅用于自给，而生产牧草用于养畜，以畜产品如黄油、奶酪等供应城市。畜牧业圈层之外的地租为零，为无人利用的荒地。

杜能圈结构模式的实质是，强调合理的农业生产空间组织结构是以城市为中心的同心圈结构。

孤立国条件下的杜能圈是一种完全均质条件下的理论模式。杜能本人也意识到完全的“孤立国”在现实中很少存在。因此，他在考察河流、小城市、

① ［德］约翰·冯·杜能．孤立国同农业和国民经济的关系［M］．吴衡康，译．北京：商务印书馆，1986：19-20.

谷物价格、土质等影响作用的基础上，对上述同心圆结构作了进一步修正。

在孤立国内，若存在一条可以通航的河流，由于航运价格大大低于马车运费，由此导致同心圆结构模式转变为沿河流伸展的狭长形分布模式（见图 2.2）。在孤立国内有一个大城市及其他小城市的情况下，小城市周围的农场需供应小城市农产品，同时小城市需供应周围地区农业生产资料，从而形成以小城市为中心的独立模式。此外，当土质一定，城市谷物价格在一定范围内变动时，随谷物价格降低，商业性谷物种植范围明显向城市中心缩小，而畜牧圈的面积扩大。当城市谷物价格一定，土质在一定范围内变动时，随土质的劣化及单产的降低，谷作农业圈的范围缩小，而畜牧圈的面积扩大。

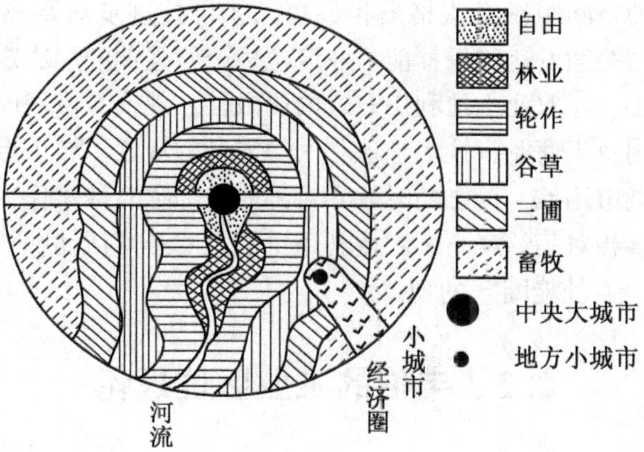

图 2.2　修正后的杜能圈模式示意图

资料来源：[德] 约翰·冯·杜能. 孤立国同农业和国民经济的关系 [M]. 吴衡康，译. 北京：商务印书馆，1986：312. 略有变动。

2.1.3　杜能的农业区位论简评

杜能农业区位理论对后世经济区位理论发展产生了深远的影响：一是理论研究方法的创新，杜能所倡导的抽象研究法给韦伯、克里斯塔勒等区位论者以极大的影响和启发；二是杜能首次将空间摩擦对人类经济活动的影响加以理论化和体系化，其研究不仅仅停留在农业的土地利用上，对城市土地利用亦具有重要指导意义。后世的工商业区位理论分析，特别是空间相互作用、中心城市地域结构等理论分析，无不以杜能的理论为出发点。

中外学者从实证检验、理论应用、理论拓展等视角对杜能农业区位理论做了大量的研究，公认该理论具有极高的应用价值。如李瑜等（2007）① 以杜能农业区位理论为指导，提出了西部退耕还林区的农业产业布局规划方案，主张以县城核、乡镇点为城市工业、乡镇企业、农产品加工及市场交易集聚中心，周围构建以某一类农作物为主的农业圈层结构，由里向外依次布局。即：第一地带为园艺蔬菜带（温室、蔬菜等）；第二地带为普通农业带（豆类、马铃薯等）；第三地带为牧草及养殖带；第四地带为经济林带；第五地带为森林带。

杜能农业区位理论也存在一定的局限性：①自然条件的非现实性。杜能的农业区位论是建立在自然条件的非现实性基础上的。②商品性生产的单一性。现实农业生产中广泛存在着自给性生产，不一定以利润最大化为目标，可能以产量最大化为目标，也可能强调多品种非多样化生产，从而导致杜能圈模式与现实农业生产的空间组织结构格局相偏离。③科技进步对距离因素制约的挑战。技术进步与交通发达使得杜能农业区位理论所强调的起决定性作用的距离因素的制约变小。④农业土地利用方式的局限性。现代城市周围的土地利用存在农业土地利用及工商业、住宅土地利用等混杂的现象。城市近郊农民因农地转化为住宅等城市用地，可能随时放弃耕种或转为临时性耕作，而远离城市的农民则可能从事相对集约度高、农业利用价值大的经营活动，从而可能出现农业生产方式呈"逆杜能圈"的现象。

2.2 韦伯的工业区位理论

2.2.1 韦伯工业区位论的产生背景

继杜能农业区位理论后，以20世纪初西欧工业（特别是钢铁和机器制造工业）蓬勃发展为背景，以探讨成本或运费为主旨的工业区位理论应运而生。其先驱者是龙哈德（W. Launhardt，1882），集大成者为德国经济学家阿尔弗雷德·韦伯（Alfred Weber，1868～1958）。韦伯在《工业区位论：区位的纯理论》（1909）一书中，以工业（制造业）生产活动为研究对象，论述了工业生产活动的区位选择原理，创建了系统的工业区位理论体系。韦伯被誉为工业区位理论的奠基人，其工业区位理论也是成本学派最具有代表性的区位理论之一。

① 李瑜，郑少锋．农业区位论与西部退耕还林区农业产业布局研究［J］．农业现代化研究，2007（2）：147-150.

2.2.2　韦伯工业区位论的核心概念和理论前提

韦伯在其工业区位论中提出了一系列概念，其中，最核心的是“区位因子”的概念。

1. “区位因子”概念

韦伯首创“区位因子”（或译称“区位因素”）概念，认为区位因子是指“经济活动发生在某个特定点或若干点上，而不是发生在其他点所获得的优势”。① 他将“优势”解释为：“优势是成本的节约，即在这个点上工业生产一定产品比其他地方生产的成本都低，在一个地方实现一定工业产品的整个生产过程和分配过程比其他地方更为廉价。”②

区位因子分为一般因子和特殊因子。一般因子是与所有工业有关的区位因子，如运费、劳动力、地租等；而特殊因子为只与特定工业有关的因子，如空气湿度等。一般区位因子按其作用方式又可分为区域性因子和集聚、分散因子。促使工业企业向特定地点布局的区位因子为区域性因子，如运费和劳动力，区域性因子决定工业区位的基本格局。因集聚利益（相关工业集聚以及相关设施的有效利用）向某一地点集聚，或因集聚导致地价上升而向其他地点分散的，则称之为集聚、分散因子。集聚、分散因子将会引致由区域性因子所决定的工业区位格局发生偏移。

判别一般区位因子的具体方法是考察影响工业生产与分配全过程的成本因素。工业产品从生产到分配过程中所产生的一般费用或成本包括：布局场所的土地费、固定资产（不动产与设备）费、获取加工原料、动力和燃料费、劳动力成本、物品运费（运输成本）、资本利率、固定资产折旧率。③ 其中，固定资产折旧率、利率没有区位意义；土地费（地租）在考虑集聚、分散因素前被认为是一样的，不宜作为一般性区位因子；固定资产费主要反映在购入价格上，一般不与区位发生直接关系。因此，只剩下原料、动力和燃料费、劳动

---

① ［德］阿尔弗雷德·韦伯．工业区位论［M］．李刚剑，等译．北京：商务印书馆，1997：32.

② ［德］阿尔弗雷德·韦伯．工业区位论［M］．李刚剑，等译．北京：商务印书馆，1997：32.

③ ［德］阿尔弗雷德·韦伯．工业区位论［M］．李刚剑，等译．北京：商务印书馆，1997：41.

力成本、物品运费三种影响所有工业的一般区位因子。由于原料、动力和燃料费用的地区差异可转换为运费的差异，因而影响所有工业的一般区位因子最终被确定为运费和劳动力成本两种。

2. 理论前提

韦伯工业区位理论是建立在原料基地、消费地基地和劳动力基地三个基本假定条件基础上的。① 即：已知原料供给地的地理分布；已知产品的消费地与规模；劳动力存在于多数的已知地点，且不能移动，各地的劳动力成本是固定的，在这种劳动力水平下可得到的劳动力是无限的。

在上述三个假定条件下，韦伯采用抽象分析法分三个阶段逐步构建其工业区位理论体系：

第一阶段，运费指向论。不考虑运费以外的一般区位因子，即假定不存在运费以外的成本区域差异，运费是影响工业区位的唯一因子。由运费指向形成工业区位基本格局。

第二阶段，劳动力成本指向论。考察劳动力成本对由运费所决定的工业区位基本格局的影响，即考察在运费和劳动力成本同时作用下所形成的最小费用区位。劳动力成本指向使由运费指向所决定的工业区位基本格局发生第一次偏移。

第三阶段，集聚指向论。考察集聚、分散因子对由运费指向和劳动力指向所决定的工业区位基本格局的影响。集聚指向使由运费指向和劳动力成本指向所决定的工业区位基本格局再次偏移。

2.2.3 韦伯工业区位论的基本要点

1. 运费指向论

运费指向论侧重论述在原料产地和消费地给定条件下的运费（运输成本）最小区位选择。

（1）运费决定因素。韦伯认为，运费主要取决于运载重量和运载距离，②

① ［德］阿尔弗雷德·韦伯．工业区位论［M］．李刚剑，等译．北京：商务印书馆，1997：47-48.

② ［德］阿尔弗雷德·韦伯．工业区位论［M］．李刚剑，等译．北京：商务印书馆，1997：50.

其他因素（运输方式、货物的性质等）均可换算为重量和距离。工业生产与分配中的运载重量主要来源于原料（包括燃料）以及最终产品的重量。

（2）原料指数和区位重量。韦伯按原料的空间分布特点，将工业生产所需原料分为广布原料和地方原料。① 前者指在任何地方都存在的原料（如普通砂石等），后者指在特定场所才存在的原料（如铁矿石、煤炭、石油等）。广布原料对工业区位影响极小，区位论研究中一般只考虑地方原料。韦伯根据地方原料转化为产品过程中的重量变化特点，又将地方原料划分为纯原料和粗原料：② 纯原料指在转化为产品过程中重量没有损耗、完全转化为产品的原料，粗原料指在生产过程中损耗掉一部分或全体重量的原料（如炼铁原料铁矿石、燃料煤炭）。韦伯把相对于产品重量地方原料重量所占的比例称为原料指数，即地方原料重量/产品重量；把在整个工业生产和分配过程中需要转移的每单位产品的总重量称为区位重量，区位重量 =（地方原料重量 + 产品重量）/产品重量 = 原料指数 + 1。

（3）运输指向定律。韦伯根据原料指数和区位重量提出了一般性工业区位的运费指向定律（又称最小运费原理）。即：①原料指数 < 1，区位重量 < 2 时，地方原料重量 < 产品重量，在产品消费地布局比在原料地布局运费节约要大，属消费地指向性区位。②原料指数 > 1，区位重量 > 2 时，属原料指向区位。③原料指数 = 1，区位重量 = 2 时，该原料为纯原料，属自由指向区位。即原料地、消费地以及两者之间的任何一点运费都相同。

（4）区位三角形的运费最小点。在生产过程中，原料地为两个，与消费地不在一起时，其区位图形为一个三角形，即区位三角形（见图 2.3）。三角形是最基本的区位图形结构，由龙哈德（1882）首创，韦伯对其进行了完善。韦伯采用“范力农构架”（Varignnon Frame）以确定区位（见图 2.4）。根据韦伯的运费指向论，工厂应在运费最小点。韦伯假定运费只与距离和重量有关，运费最小点 P 应是 M_1、M_2 和 C 的重力中心。当原料地为多个，并与消费地不在一起时，其区位图形则为多边形（区位多边形），其运费最小点仍为该多边形的重力中心。

① ［德］阿尔弗雷德·韦伯．工业区位论［M］．李刚剑，等译．北京：商务印书馆，1997：58-59.

② ［德］阿尔弗雷德·韦伯．工业区位论［M］．李刚剑，等译．北京：商务印书馆，1997：59.

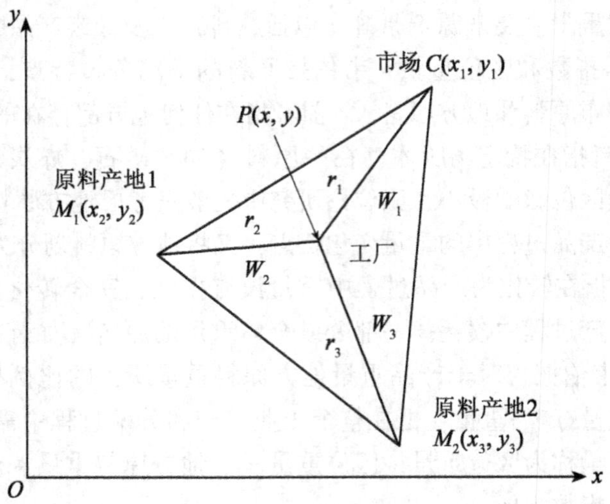

图 2.3　区位三角形模式图

资料来源：魏后凯，等．现代区域经济学［M］．北京：经济管理出版社，2006：85.

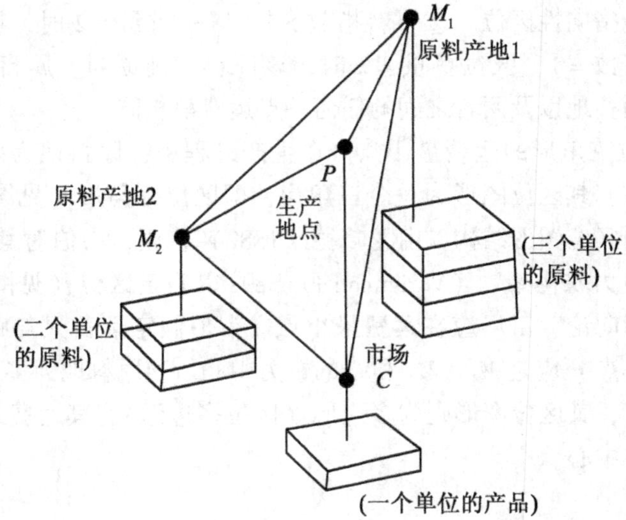

图 2.4　范力农构架

资料来源：李小建，等．经济地理学（第二版）［M］．北京：高等教育出版社，2006：71.

2. 劳动力成本指向论

韦伯工业区位论中的劳动力成本是指生产每单位产品所支付的工资或薪金，它主要反映在地区间的工资水平、劳动能力的差异上。韦伯劳动力成本指向论的思路是：工业区位由运费指向转为劳动力成本指向仅限于可能产生的节约大于为此追加的运费的情形，即在低廉劳动力成本地点布局带来的劳动力成本节约额比由最小运费点移动产生的运费增加额大时，劳动力成本指向才占主导地位。

(1) 基于等运费曲线的劳动力成本指向分析。韦伯借鉴“等温线”的地理学概念倡导“等运费线”概念，对劳动力成本指向进行了分析（见图 2.5）。等运费线是从运费最小点（P）移动而产生的运费增加额相同点的连线，以 P 为中心有无数条等运费线，与低廉劳动力供给地 L 的劳动力成本节约额相等的运费增加额相对应的线称为临界等运费线。L_1 在等运费线的内侧，即增加运费低于节约的劳动力成本，工厂区位移向 L_1 处；相反，L_2 在临界等运费线的外侧，即增加运费大于节约的劳动力成本，工厂区位不会转向 L_2 处。

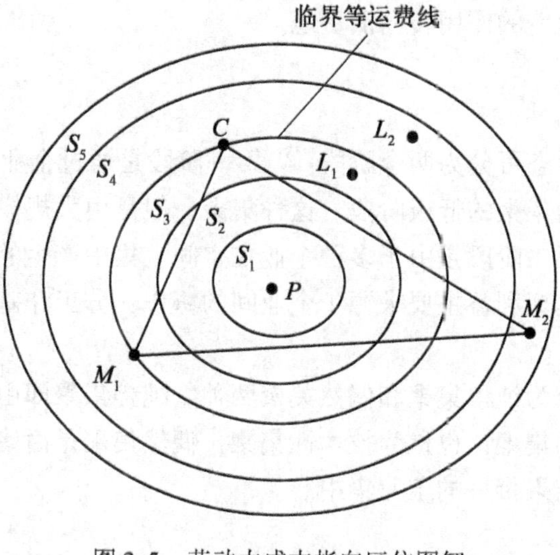

图 2.5　劳动力成本指向区位图解

资料来源：[德] 阿尔弗雷德·韦伯著. 工业区位论 [M]. 李刚剑，等译. 北京：商务印书馆，1997：205. 略有改动。

（2）决定劳动力成本指向的劳动力成本指数和劳动力系数。韦伯倡导“劳动力成本指数”概念以判断工业受劳动力成本指向的影响程度。劳动力成本指数即每单位重量产品的平均劳动成本。劳动力成本指数大，则从最小运费区位移向低廉劳动力区位的可能性就大，反之则小。但劳动力成本指数并非劳动力成本指向的决定因素，因为尽管某产品的劳动力成本指数高，但若该产品生产所需区位重量非常大，则运费最小区位也不会偏移。韦伯又倡导“劳动力系数”概念以表示劳动力成本的吸引力。劳动力系数指每单位区位重量的劳动力成本，即劳动力系数＝劳动力成本/区位重量。“劳动力系数越高，依照劳动力指向的倾向就越强烈。”① 即劳动力系数越高表示工业就会愈加向少数劳动力廉价地集中，劳动力系数小则表示运费最小区位的指向性强。

（3）决定劳动力成本指向的环境条件。在现实条件下，劳动力成本指向受到人口密度、文明程度和运输价格等环境条件的影响。如在人口稀疏的区域，工业区位主要倾向于运费指向；而在人口稠密的区域，则主要倾向于劳动力成本指向。

（4）技术进步与劳动力成本指向的关系。韦伯认为，技术进步会产生两种相反的倾向。一是运输工具的改善会降低运费，劳动力成本的指向将变强；二是机械化会带来劳动生产率的提高，降低劳动力系数，导致在劳动力供给地布局的工业会因运费的作用转向消费地。

3. 集聚指向论

集聚的演化形态可分为两个阶段：② 第一阶段是通过企业扩张促使工业的地方集中化，此为集聚的低级阶段。这种集聚一般是由大规模生产的规模经济优势所引发的；第二阶段是由于多种企业在空间上集中产生的集聚，此为集聚的高级阶段，其集聚利益主要来源于企业间的协作、分工和基础设施的共同利用等。

集聚类型可分为纯粹集聚和偶然集聚两种。纯粹集聚即由技术性和经济性的集聚利益产生的集聚，也称为技术性集聚；偶然集聚是由诸如运费指向和劳动力成本指向的结果带来的工业集中。

---

① ［德］阿尔弗雷德·韦伯．工业区位论［M］．李刚剑，等译．北京：商务印书馆，1997：107.

② ［德］阿尔弗雷德·韦伯．工业区位论［M］．李刚剑，等译．北京：商务印书馆，1997：118-120.

分散因子与集聚结果相关，是集聚的反作用，这种反作用的方式和强度与集聚的大小有关。其作用主要是消弭由于集聚带来的地价上涨引致的原料保管费、劳动力成本等成本费用的上升。

集聚利益对运费指向性区位、劳动力成本指向性区位具有重要的影响。韦伯认为，当集聚节约额大于因运费或劳动力成本指向带来的生产费用节约额时，便产生集聚。

2.2.4　韦伯的工业区位论简评

韦伯的工业区位论是经济区位论的重要基石之一。其进步性主要体现在：第一，韦伯首次将抽象和演绎的方法运用于工业区位研究中，建立了系统化的工业区位理论体系，为后世区位论学者提供了研究工业区位的方法论和理论基础。第二，韦伯理论的最大贡献之一是最小费用区位原则，即费用最小点就是最佳区位点。继他之后的许多区位论者的理论仍脱离不开这一经典法则，仅仅是在其理论基础上的修补而已。第三，韦伯理论不仅仅局限于工业布局，对其他产业布局也具有指导意义。特别是他的指向理论，已超越了原有的仅论及工业区位的范围，而发展成为经济区位布局的一般原理。

由于理论与现实之间存在客观差距，韦伯的工业区位理论也存在一定的局限性。即：第一，运费制度的非现实性。现实中的运费制度是区段增加且是远距离递减；运费率因原料、产品的不同而不同，而非统一运价体系；运费也因运输方式不同而不同。第二，完全竞争条件的非现实性。随着远离工厂，运费增加，其结果是产品销售价格会上升，导致需求减少，企业收入必将受到影响，企业家不仅关注最小成本的节约，更多的是追求利润最大化。第三，企业性经营多关注利润最大化的区位。工厂经营可细分为生计性经营和企业性经营两种。生计性经营一般为小规模作坊式经营，而企业性经营则是大规模的工厂式经营。生计性经营极少关注最小成本，也不会为最小费用指向所左右；而企业性经营则更重视利润的最大化。第四，技术和交通运输的发展削弱了运费与劳动力成本的指向作用。本来属于原料地和劳动供给地指向的区位类型现在已变为消费地指向区位类型，特别是一些尖端技术工业布局受地域束缚极小，工业区位的选择范围很广。在这种条件下，工业区位出现了新的指向类型，如临空型、临海型和高智能型等区位类型，这些类型的工业区位无法直接套用韦伯的区位理论。

2.3 克里斯塔勒的中心地理论

2.3.1 克里斯塔勒中心地理论的产生背景

进入20世纪，城市化进程不断加快，城市在整个社会经济中逐渐占据主导地位，成为工业、交通的集中点，商业、贸易和服务行业的聚集点。许多经济学家、社会学家和地理学家将研究的重点聚焦于城市的形态、空间分布和等级规律等。20世纪20年代以后，区位论研究者进一步拓展了韦伯的工业区位理论，促使区位理论由成本学派向市场学派发展。即区位论由立足于单一企业转向立足于城市，由着眼于成本或运费最低发展为追求市场的扩大。市场学派区位论研究者认为，市场开拓成为企业生存的关键，市场因素成为影响企业区位选择的新型决定性因素，成本最小不一定利润最大，提出了以市场为中心、以利润最大化为目标的区位理论。德国地理学家克里斯塔勒（Walter Christaller，1933）、经济学家廖什（August Lösch，1939）是市场学派的集大成者，其中又以克利斯塔勒的中心地理论（又称城市区位理论）影响最为深远。

在克里斯塔勒（1893～1969）的《德国南部的中心地——关于具有城市职能聚落的分布与发展规律的经济地理学研究》（1933）① 一书问世前，已有许多学者对中心地的等级和职能进行了零星的研究，② 但都缺乏完整的理论体系。克里斯塔勒完成了对零散的中心地研究的系统化与理论化，是中心地理论的奠基人。克里斯塔勒在大量实地调研的基础上，运用演绎法探讨中心地的空间秩序，提出聚落分布呈三角形、市场地域呈六边形的空间组织结构，分析了中心地规模等级、职能类型与人口的关系，以及基于市场、交通和行政三原则形成的中心地系统空间模型。

2.3.2 克里斯塔勒中心地理论的基本内容

2.3.2.1 基本概念

1. 中心地

中心地是周围区域的中心，即指向周围区域的为消费者提供各种商品和服

① 中译本书名为《德国南部中心地原理》。

② 张文忠．经济区位论［M］．北京：科学出版社，2000：251.

务的地点。它或是一个城市，或是一个镇，或是一个大的居民集聚点，或是一个商业或服务业的中心。

2. 中心性

中心性即指中心地对周围区域的相对重要程度，亦即中心地发挥中心职能的程度。从定量分析的视角而言，中心性 = 为中心地供给和提供的商品与服务总量 - 中心地为自身供给和提供的商品与服务总量。可见中心性表现为中心地为其周围区域供给和提供的商品与服务总量。

3. 货物的供给范围

由中心地供给的货物能到达多大的范围实际上是一个距离的概念。当消费者光顾中心地购买货物时，它是指消费者从居住地到中心地的移动距离；当由商店送货时，它是指发送货物的移动距离。双方都有一个经济许可的界限，超出这一界限必然会带来经济的不合理。消费者一般会比较要购买的商品价格与其到光顾中心地的交通费，如果后者费用相对太大，就会放弃在该中心地购买；同样经营者也会尽量避免远距离的发送。克氏将货物的供给范围的最大极限称为货物供给范围的上限或外侧界限，将供给货物的商店能够获得正常利润所需要的最低限度的消费者范围称为货物的供给下限或内侧界限。上限和下限的范围正好相等时，企业在中心地布局可得到正常利润；下限小于上限的范围时，企业在中心地布局能够得到超额利润；相反，当上限小于下限的范围时，企业在该中心地布局得不到正常利润。

4. 中心地的等级性

克氏认为，中心地的等级和中心职能是相互对应的。最低等级的中心地具有最低的中心职能，而比其高一级的中心地不仅具有自己固有的职能，同时也兼有最低中心地的中心职能，依此类推，最高级的中心地具备所有等级的中心职能。同时，同一等级的中心地以一定的间隔布局。

2.3.2.2　基于中心地三原则的中心地系统空间模型

克氏认为，中心地的空间分布形态受市场因素、交通因素和行政因素的制约，形成不同的中心地系统空间模型。

1. 市场原则与中心地系统

克氏认为，市场原则是建立中心地系统的基础，其基本前提为：第一，中心地分布的区域为自然条件和资源状况相同且均质分布的平原。人口均匀分布，且居民的收入、需求和消费方式均相同。第二，具有统一的交通系统，且同一规模的所有城市，其交通便利程度一致，运费与距离成正比。第三，消费者都利用离自己最近的中心地，即就近购买，以减少交通费。第四，相同的商品和服务在任何一个中心地价格和质量都相同，消费者购买商品和服务的实际价格等于销售价格加上交通费。在上述假定条件下，初始时每个中心地的市场区域都为半径相等的圆形地域，任何一个中心地都与6个和自己相同等级的中心地为邻。无论哪一级的中心地，每3个相邻中心地的市场区域之间都存在着一个空白区（如图2.6(a)的阴影部分）。空白区得不到该级中心地（B级中心地）的服务或没有包含在该级中心地的市场区域中，这时就会在空白区出现一个次一级中心地(K级中心地)以满足空白区居民的消费。同样每3个相

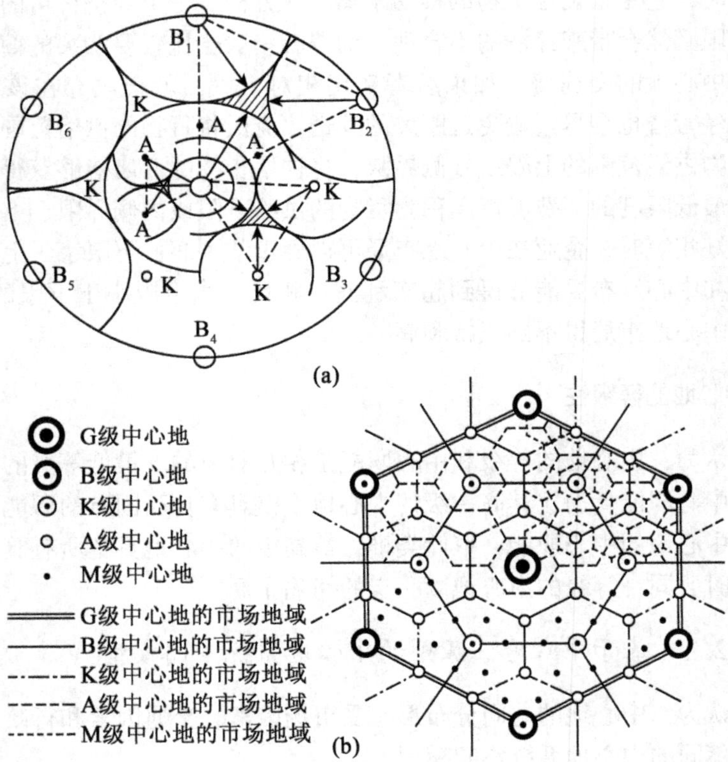

图2.6 基于市场原则形成的中心地系统

资料来源：[德] 沃尔德·克里斯塔勒．德国南部中心地原理 [M]．常正文，王兴中，等译．北京：商务印书馆，1998：75、83.

邻的K级中心地之间也会出现一个空白区，比K级中心地低一级的中心地A在此布局。依此类推，不同等级的中心地就逐渐形成。各级中心地从上到下组成一个有规律递减的多级六边形空间模型，此时所有中心地达到了空间均衡（图2.6（b））。六边形结构从数学角度看，其市场地域面积是仅次于圆形的最优结构。每个中心地成为比自己高一级的中心地所组成的六边形的一个顶点。

克氏认为，中心地的市场区域规模呈现按一定比例变化的规律。即各中心地的市场区域是其低一级的中心地市场地域的3倍。如图2.6（b）所示，B级中心地的市场区域包含着1个完整的K级中心地的市场区域（中心部），在其周围还有6个部分是由1/3的K级中心地的市场区域组成。这样1个B级中心地市场区域等于1+（1/3）×6=3个K级中心地的市场区域。依此类推，各等级中心地的市场区域比例关系为1，3，9，27，81，…。因此，在市场原则基础上形成的中心地系统也称为$K=3$的中心地系统。

克氏认为，各等级中心地之间存在一定的数量关系，即一个m级中心地包括几个$m-1$，$m-2$，$m-3$，…，i（$1<i<m$）级中心地。图2.6（b）中，每个$m-1$级中心地（如K级中心地）包含在3个等距离的m级中心地（如B级中心地）中，这样，每个m级中心地（如B级中心地）共包含着6个类似$m-1$级中心地（如K级中心地）。即m级中心地在自己的市场区域内包含着1/3×6=2个$m-1$级中心地。一个m级中心地包含了6个$m-2$级个中心地（A级中心地）。一个m级中心地内完整地包含了12个$m-3$级中心地（M级中心地）；且与自己同一等级中心地的每一条边界线上共拥有2个$m-3$级中心地，因而一个m级中心地拥有12+2×1/2×6=18个$m-3$级中心地。由此可得到各级中心地的数量关系为1，2，6，18，54，…。即区域内低级中心地数量为高一级中心地数量的3倍。

总之，基于市场原则形成的克氏中心地系统具有三大特点：一是中心地具有等级性，且各级中心地与其中心职能相对应；二是中心地按照一定的规则分布，一般是三个中心地构成的三角形的重心是低一级中心地布局的区位点；三是各等级间的中心地数量、距离和市场区域面积呈几何级数变化。

2. 交通原则与中心地系统

基于交通原则形成的中心地系统的特点是：各个中心地布局在两个比自己高一级的中心地的交通线的中点，即$m-1$（$m>1$）级中心地布局在两个m级中心地连线的中点（见图2.7）。因此，如果在同一级的中心地间铺设一条交通线，那么在这条交通线上布局着比它等级低的所有中心地。克氏论证了交通原则基础上形成的各等级中心地的市场区域规模与中心地数量的比例关系。各等级中心地的市场区域关系为1，4，16，64，256，…，也称为 $K=4$ 的中心地系统。各等级中心地的数量关系为1，3，12，48，192，…。

3. 行政原则与中心地系统

行政原则基础上形成的中心地系统不同于市场原则和交通原则作用下的中心地系统，前者的特点是低级中心地从属于一个高级中心地，其理由是在行政区域划分时，尽量不把低级行政区域分割开，使它完整地属于一个高级行政区域。如图2.8所示，m 级中心地的市场区域大致包含了7个 $m-1$ 级中心地的市场区域，且 m 级中心地的市场区域内拥有6个 $m-1$ 级中心地。因此，各等级的中心地的市场区域数为1，7，49，343，…，也称为 $K=7$ 的中心地系统。中心地间的数量关系为1，6，42，294，2058，…。

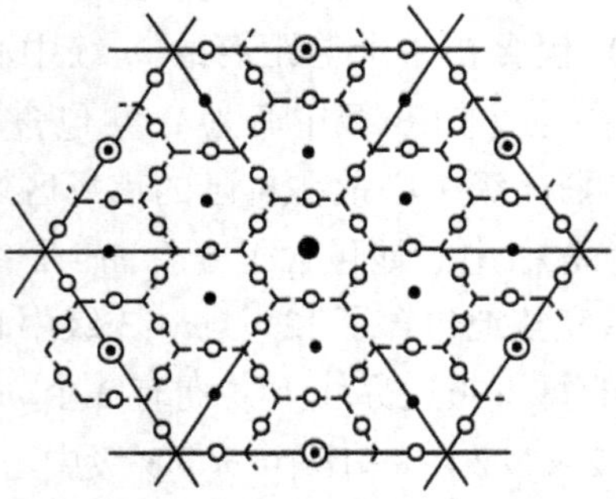

图2.7　基于交通原则形成的中心地系统

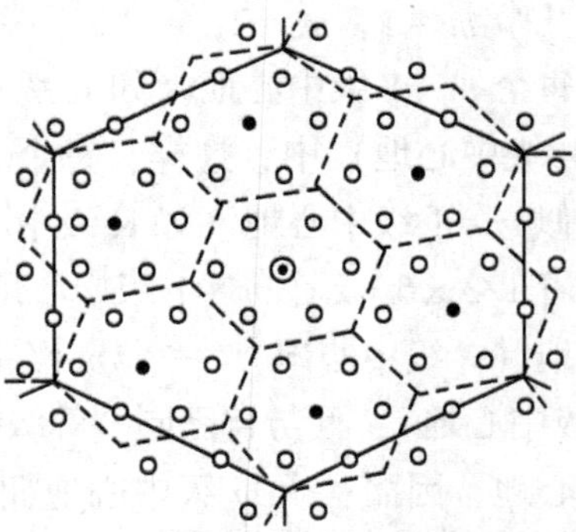

图2.8　基于行政原则形成的中心地系统

资料来源：[德] 沃尔德·克里斯塔勒. 德国南部中心地原理 [M]. 常正文，王兴中，等译. 北京：商务印书馆，1998：93、99.

4. 市场、交通和行政三原则的适用条件

在三原则中，市场原则是基础，交通原则和行政原则可视为对市场原则基础上形成的中心地系统的修改。三原则具有各自的适用条件：市场原则适用于由市场及其市场区域构成的中世纪的中心地的商品供给；交通原则多适用于新开发区、交通过境地带或聚落呈线状分布的区域，在文化水平高、工业人口多（人口密度高）的区域，交通原则比市场原则的作用更大；行政原则比较适用

于国家具有绝对统治权威或以行政组织为基础的社会，另外在自给性强、与城市分离的山间区域内形成的以某一中心地为核心的自给区域，行政原则的作用相对较强。

克氏强调，高级中心地要求有远距离的交通支撑，因此，高级中心地按交通原则布局，而中级中心地布局的行政原则作用较大、低级中心地布局用市场原则解释较为合理。

2.3.3　克里斯塔勒中心地理论简评

克里斯塔勒中心地理论的理论意义和实践意义主要表现在：

（1）克氏中心地理论是城市地理学和商业地理学的理论基础。克氏中心地理论在城市等级划分研究，城市与腹地间相互作用研究，城市内和城市间的社会和经济空间模型研究，城市的区位、规模和职能研究，零售业和服务业的区位布局、规模和空间模型研究等领域均具有重要的理论指导意义。

（2）克氏中心地理论是区域经济学的理论基础之一。克氏中心地理论中有关中心地与市场区域（类似经济腹地）关系的论述，对研究区域经济空间结构具有重要的理论借鉴意义。

（3）克氏中心地理论是区域开发规划、城镇体系规划实践的重要理论及方法工具。

尽管克里斯塔勒的中心地理论对区位经济学、城市经济学、城市地理学、商业地理学、区域（城市）规划学等学科理论的发展贡献巨大，但它也存在诸多的局限性。主要表现在：

（1）重货物供给范围的上限分析而轻货物供给范围的下限分析。克氏只重视货物供给范围的上限分析，即中心地的布局是按照上限大小来决定的。虽然他也提出了货物供给范围的下限，但论之不详。

（2）K 值不可能一成不变。克氏中心地系统空间模型中的 K 值在基于不同原则形成的各中心地系统中是固定不变的，事实上，由于区域的各种条件作用，所形成的区域空间结构模型各等级的变化用一个固定的 K 值无法概括。

（3）“经济人”假设失之精确。克氏把消费者视作“经济人”，认为消费者首选离自己最近的中心地，但在现实中，消费者的行为是多目标的，消费者更倾向于在高级中心地进行经济或社会行为活动。这样会导致高级中心地的市场区域范围扩大，使中心地系统结构发生变形。

（4）忽视了集聚利益。事实上，同一等级或不同等级的设施集中布局会产生出集聚利益。

(5) 克氏的中心地理论对需求的增加、交通的发展和人口的移动引发中心地系统发生变化缺乏论述。

继克里斯塔勒之后，德国经济学家廖什在《经济空间秩序》(1939)① 一书中也提出了与克氏极其相似的中心地模型。克里斯塔勒和廖什的中心地模型是中心地理论研究和实践应用的基础，中外许多学者在此基础上，对中心地理论做了大量的验证、拓展和完善，从国土规划、空间整治规划、城镇体系规划、区域开发规划等方面丰富了中心地理论的应用领域。

2.4 史密斯和普雷德的行为区位理论

以杜能、韦伯、克里斯塔勒、廖什等为代表的传统经典经济区位理论均假定经济活动的行为主体是“经济人”，即完全掌握所有环境的全部信息，且具有正确的决策能力。而现实中的经济行为主体不可能完全掌握周围环境的知识和信息，其决策能力也是有限的。因此，经济活动的经营者或参与者都并非是以实现费用最小化或利润最大化为目标而行动的“经济人”，而往往是基于某种满足的目标按照“最小努力原理”寻找某一满意区位的“满意人”。“满意人”假设由行为地理学派首创，强调区位选择行为的目标不是最佳化，而是最大满足化。美国地理学家史密斯（D. M. Smith）、普雷德（A. Pred）等从“满意人”概念假设出发，探讨行为因素对区位决策的影响作用，构建了较为系统的行为区位理论。

① 《经济空间秩序》是德国经济学家廖什（又译为“勒施”，1906～1945）的代表作，德文版1939年首版，1943年再版，1962年第三版。该书德文版书名为《经济空间秩序——经济财货与地理间的关系》；英译本书名为《区位经济学》；俄译本书名为《经济的地理配置》；日译本书名为《经济立地论》。该书内容由理论分析和实证研究组成，理论部分涉及区位论（工业区位、农业区位和城市区位）、经济区论（经济区、市场区、市场网状组织）和贸易论三部分。中心地理论只是其庞大理论体系中的一小部分。参见［德］奥古斯特·勒施．经济空间秩序——经济财货与地理间的关系［M］．王守礼，译．北京：商务印书馆，1995：1-10.

2.4.1　史密斯的盈利空间界限理论

史密斯（1966，1971）① 将韦伯的空间费用曲线与廖什的空间收入曲线相结合，通过收入的空间边界分析确定“最佳区位”、“接近最佳区位”或者“次最佳区位”,② 构建了盈利空间界限理论。其基本原理为：能够得到最大利润的区位是总收入超过总费用金额最大的地点。这一原理主要通过空间费用曲线（Space Cost Curve）和空间收入曲线（Space Revenue Curve）反映（见图 2.9）。

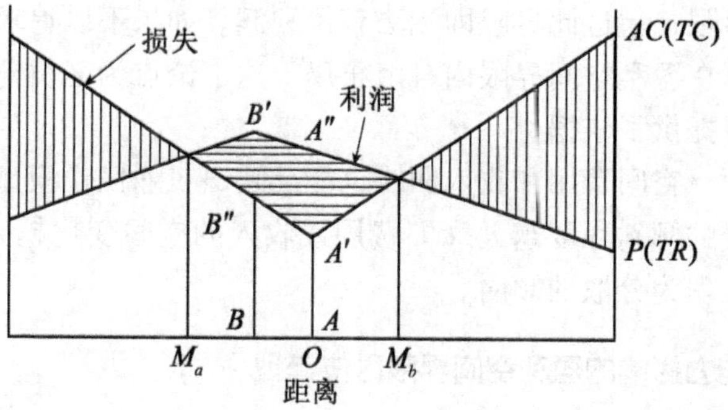

图 2.9　盈利空间界限的区位模型

资料来源：SMITH D M. Industrical location：an economic geographical analysis［M］. New York：John Wiley and Sons，1971.

1. 盈利空间界限区位模型

在空间的任意一点每生产一单位产品的费用由曲线 *AC*（平均费用）或 *TC*（总费用）表示，该曲线即空间费用曲线，*A'* 表示费用极小点。在空间的任意一点每一单位产品的收入由曲线 *P*（价格）或 *TR*（总收入）表示，该曲线即

---

① SMITH D M. A theoretical framework for geographical studies of industrial location［J］. Economic Geography，1966，142：86-113；SMITH. D M. Industrical location：an economic geographical analysis［M］. New York：John Wiley & Sons，1971.

② 这一理论由英国地理学家劳斯顿（E. M. Rawstron，1958）首倡，后由史密斯进一步发展成为系统化的区位理论。参见魏后凯，等．现代区域经济学［M］．北京：经济管理出版社，2006：90.

空间收入曲线，B'表示收入最大点。M_a 和 M_b 表示平均费用和价格正好相等的区位。M_a 和 M_b 以内的范围收入大于费用，为盈利区域。M_a 和 M_b 表示利润的可能性边界。M_a 和 M_b 以外范围收入低于费用，为亏损区域。在 M_a 和 M_b 之间，P 和 AC 间的垂直距离表示生产各单位产品的平均利润，若把上述平均费用和价格用总费用和总收入表示，则总收入（TR）和总费用（TC）间的垂直距离表示总利润。在盈利区域内，A 点的生产费用最低，B 点的收入最大。但由于区位 A 的空间收入和空间费用曲线的垂直距离比区位 B 大，即 $A''\sim A'$ 之间的距离大于 $B''\sim B'$之间的距离，因此 A 为最佳区位。

总之，总收入和总费用的空间变化既能形成利润最大的最佳区位，也能形成利润的空间界限，超过此界限即无法获得利润。如果不以追求利润最大化为目标，企业则可在盈利空间界限内自由布局。这一论点为区位论研究向最满意行为区位论发展提供了依据。

史密斯认为，空间费用和收入曲线也能反映出工业区位模型的形态，费用曲线或收入曲线的倾斜程度越大（即费用或收入的空间变化越大），工业越集中；反之，则表现为分散的倾向。

2. 企业家能力影响的盈利空间界限区位模型

史密斯认为，企业家经营能力的不同也会引致盈利空间界限区位的变化（见图 2.10）。如企业家的经营能力强、水平高，则总费用会降低，反之则上

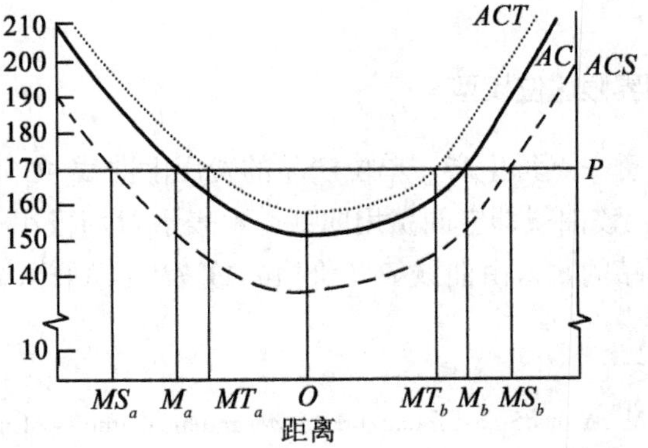

图 2.10　企业家能力与盈利空间界限区位模型的变化

资料来源：SMITH D M. Industrical location：an economic geographical analysis [M]. New York：John Wiley and Sons，1971.

升。假定空间收入曲线为直线 P（当空间收入曲线不为直线时亦适用），AC 曲线表示所有企业的平均空间费用曲线，ACS 曲线表示经营能力强的企业的空间费用曲线，ACT 曲线表示经营能力差的企业的空间费用曲线。可见，经营能力强的企业获得利润的空间范围要比其他同类企业的范围大。因此，优秀企业家不仅在最佳区位能获得较大的利润，且区位选择的空间范围也相对较大。

3. 政府调控政策影响的盈利空间界限区位模型

史密斯认为，政府的区位补贴或高额税收等区位调控政策也会引致盈利空间界限区位的变化（见图 2.11）。国家为了促进落后区域的开发，对在某些指定区域布局的企业给予各种政策优惠以吸引企业的投资；或为了限制在某些区域进一步发展工业而制定一些区位投资限制政策以减少工业的集聚，结果出现本来亏损的区位却能盈利，而应盈利的区位却亏损的现象。图中的 EF 本应是亏损区位却也能获得利润，而 GH 本来利润最高，但在此布局下必然出现亏损。

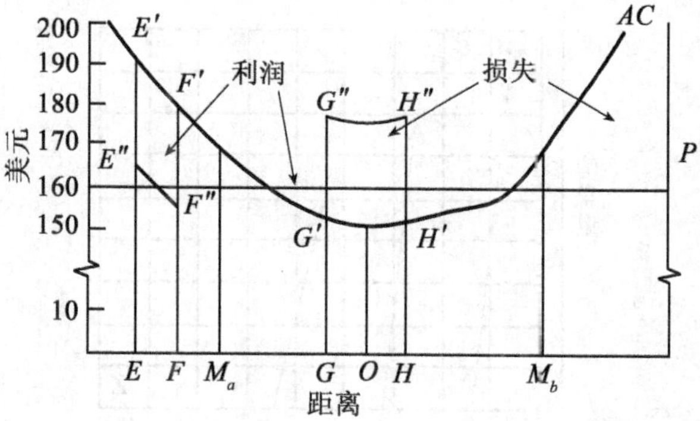

图 2.11　政府作用与盈利空间界限区位模型的变化

资料来源：SMITH D M. Industrical location: an economic geographical analysis [M]. New York: John Wiley and Sons, 1971.

史密斯的盈利空间界限理论指出，尽管追求利润最大化的区位是总收入超过总费用值最大的地点，但企业家的区位选择决策行为还受到其他某些非经济性因素的作用影响。如：企业创建者的出生地、企业家的模仿或群居性、满足企业家特殊偏好需求的服务设施（娱乐设施和交际场所），等等。当最大利润区位不能满足这些需求时，企业家有可能放弃最佳区位，转而选择接近最佳区位且又能满足其偏好需求的区位。

2.4.2 普雷德的行为区位理论

普雷德在《行为与区位》(1967)① 一书中阐述了行为因素对区位决策的影响作用，构建了其行为区位理论体系。他认为，经济活动区位是从事经济活动的行为主体（“满意人”）的决策结果，是决策者基于所掌握的信息量，对信息进行判断、加工后所作的决定；作出何种区位决策以及区位决策是否合理，均取决于在决策时点的信息占有量以及决策者的信息运用能力。

普雷德运用行为矩阵研究区位决策，强调不完全信息和非最佳行为对区位选择的影响作用。行为矩阵由信息水平轴（纵轴）和信息运用能力轴（横轴）构成，信息水平轴表示各决策者在进行区位决策时所拥有信息的数量与质量，信息运用能力轴则表示决策者运用信息的能力。各决策者均处于行为矩阵中的不同位置（见图 2.12）。在行为矩阵中，决策者的位置越接近右下方表明其拥

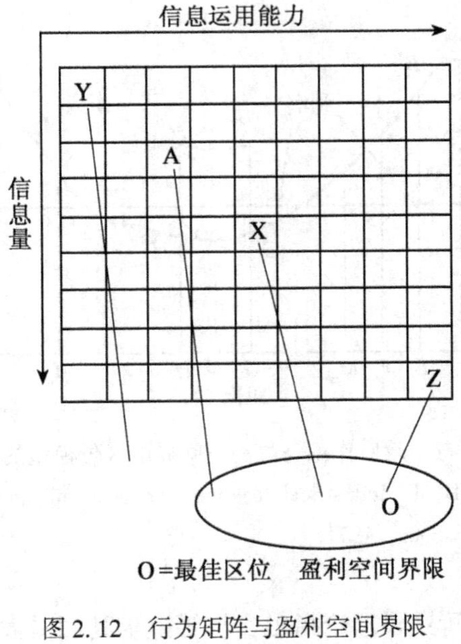

图 2.12　行为矩阵与盈利空间界限

资料来源：PRED A. Behaviour and location: foundations for a geographic and dynamic location theory [M]. Lund: C. W. K. Gleerup, 1967.

① PRED A. Behaviour and location: foundations for a geographic and dynamic location theory [M]. Lund: C. W. K. Gleerup, 1967.

有的信息量越多，信息质量越高，决策时越有接近最佳区位的可能；决策者的位置越接近左上角表明其拥有的信息量越少，信息质量越低，决策时选择最佳区位的可能性越小。如：位于行为矩阵左上角的决策者 *Y* 几乎不拥有有关区位的信息，且缺乏对信息的运用能力，*Y* 所选择的区位不可能是最佳区位，且位于盈利空间界限之外；位于行为矩阵右下角的决策者 *Z*，拥有全部的有关区位的信息，且具有极强的信息运用能力，*Z* 所选择的区位一定是最佳区位；*Y*、*Z* 是两个极端，现实中往往大多数决策者更多地处于 *A*、*X* 或其他中间位置，因不拥有完全的信息、不具备较强的信息运用能力，即使是以谋求最佳区位为目标，其选择的区位也仅仅只是在盈利空间界限内甚至是在盈利空间界限外。*X* 是一般的决策者，其选择的区位会在盈利空间边界内，但因其缺乏充分的信息量和处理能力，选择最佳区位点的可能性极小。位于行为矩阵左上角的决策者 *A*，因其仅掌握的信息有限，且信息运月能力较差，其选择的区位一般在盈利空间边界外，只有在偶然情况下才可能落在盈利空间界限内选择到最佳区位点。

行为矩阵并非一成不变，随着时间的推移，区位决策者不仅能够获取更多的知识经验，而且模仿他人的能力也会提高。随着关于最佳区位信息量的增多以及运用能力的增强，决策者会对初期错误的区位决策进行反省并不断修正，决策者在行为矩阵中的位置也不断地从左上方向右下方移动，从而促使区位决策趋于合理化。

◎复习思考题

1. 概念解释

区位；区位因子；中心地；中心性；运费指向性；劳动力成本指向论；集聚指向论

2. 简述成本学派区位论、市场学派区位论和行为学派区位论的区别。
3. 简述杜能农业区位理论的基本内容。
4. 简述韦伯倡导的“区位因子”概念的内涵。
5. 简述韦伯工业区位理论的基本内容。
6. 简述克里斯塔勒中心地理论的基本内容。
7. 简述史密斯盈利空间界限理论的基本内容。
8. 简述普雷德行为区位理论的行为矩阵分析方法及主要结论。

◎ 开放性讨论题

1. 运用经济活动区位理论分析一个区域应如何基于企业、产业的区位偏好开展“招商引资”（或引资营销）工作。

2. 运用史密斯盈利空间界限理论分析区际企业迁徙、产业转移的动因及其动力机制。

◎ 参考文献

1. ［德］约翰·冯·杜能. 孤立国同农业和国民经济的关系［M］. 吴衡康，译. 北京：商务印书馆，1986.

2. ［德］奥古斯特·勒施. 经济空间秩序：经济财货与地理间的关系［M］. 王守礼，译. 北京：商务印书馆，1995.

3. ［德］阿尔弗雷德·韦伯. 工业区位论［M］. 李刚剑，等译. 北京：商务印书馆，1997.

4. ［德］沃尔德·克里斯塔勒. 德国南部中心地原理［M］. 常正文，王兴中，等译. 北京：商务印书馆，1998.

5. 高进田. 区位的经济学分析［M］. 上海：上海人民出版社，2007.

6. 张文忠. 经济区位论［M］. 北京：科学出版社，2000.

7. 刘继生，张文奎，张文忠. 区位论［M］. 南京：江苏教育出版社，1994.

8. 杨吾扬. 区位论原理：产业、城市和区域的区位经济分析［M］. 兰州：甘肃人民出版社，1989.

9. 陆大道. 区位论及区域研究方法［M］. 北京：科学出版社，1988.

10. 陈振汉，厉以宁. 工业区位理论［M］. 北京：人民出版社，1982.

11. 魏后凯，等. 现代区域经济学［M］. 北京：经济管理出版社，2006.

12. 李小建，等. 经济地理学（第二版）［M］. 北京：高等教育出版社，2006.

13. 李小建，等. 经济地理学［M］. 北京：高等教育出版社，1999.

14. 杨吾扬，梁社进. 高等经济地理学［M］. 北京：北京大学出版社，1997.

15. 宋家泰，顾朝林. 论地理学现代区位研究［J］. 地域研究与开发，

1987（2）：1-9.

16. 刘继生．行为区位论的初步研究［J］．人文地理，1992（3）：40-47.

17. 徐梅．当代西方区位选择理论研究的新进展：从古典区位论到新古典区位论［J］．贵州财经学院学报，2004（5）：71-75.

18. 涂妍，陈文福．古代区位论到新古典区位论：一个综述［J］．河南师范大学学报（哲学社会科学版），2003（5）：38-42.

19. 陈文福．西方现代区位理论述评［J］．云南社会科学，2004（2）：62-66.

20. 金相郁．20 世纪区位理论的五个发展阶段及其评述［J］．经济地理，2004，24（3）：294-298、317.

21. 李茗芳．近 20 年来产业区位的研究进展［J］．亚热带资源与环境学报，2007，2（2）：86-93.

22. SMITH D M. A theoretical framework for geographical studies of industrial location［J］. Economic Geography，1966，142：86-113.

23. SMITH D M. Industrical location：an economic geographical analysis［M］. New York：John Wiley & Sons，1971.

24. PRED A. Behaviour and location：foundations for a geographic and dynamic location theory［M］. Lund：C. W. K. Gleerup，1967.

第3章
区域经济增长理论

“经济增长”（Economic Growth）与“经济发展”（Economic Development）既有区别又有联系。区域经济增长即指一区域在一定时期商品和劳务的产出（Output）增长，它是区域经济发展的前提和基础。区域经济发展不仅包括区域经济增长，而且还包括区域产业结构及空间结构优化、区域科技进步、区域社会福利及文教卫生条件改善等。本章重点阐述区域经济增长要素、区域经济增长模型、区域经济不平衡增长、区域经济增长（发展）阶段等理论内容。

3.1 区域经济增长要素理论

区域经济增长是多种影响因素相互作用的过程。对区域经济增长要素的分析，是研究区域经济增长的起点（郝寿义、安虎森等，1999、2004）。① 区域经济增长要素理论主要涉及区域经济增长要素的分类、区域经济增长要素的功能等内容。

3.1.1 区域经济增长要素的分类

基于不同的视角，采用不同的分类标准，可将区域经济增长要素划分为不同的类型。国内学者提出的区域经济增长要素分类方法可归结为以下三类：

1. 基于各种要素性质、特征和作用的差异视角的分类

根据区域经济增长诸要素的性质、特征和作用的不同，将其分为“区域性因素”和“一般性因素”两类（见表3.1）。一般性因素是国家和区域共有

---

① 郝寿义，安虎森，等．区域经济学［M］．北京：经济科学出版社，1999：121；郝寿义，安虎森，等．区域经济学（第二版）［M］．北京：经济科学出版社，2004：133.

的增长因素，反映区域经济增长的共性特征；区域性因素是区域特有的增长因素，反映区域经济增长的个性特征。

表 3.1　　区域经济增长的一般性因素和区域性因素

学者（年份）	一般性因素	区域性因素
程必定等（1989）；陈栋生等（1993）	一般性因素包括：劳动投入量、资金投入量和技术进步	两种表述： 1. 区域性因素包括：区域资源配置的改善（区域产业结构优化），区域经济中心的发展（经济中心经济聚集能力和辐射能力），区域经济的组织与管理的改进（企业等微观组织与管理的改进、区域经济宏观组织与管理的改进、国家的区域政策）。 2. 区域性因素包括：城市化水平、资源禀赋与配置、国家投资的区位偏好等。

资料来源：整理自程必定，等．区域经济学［M］．合肥：安徽出版社，1989：301-317；陈栋生，等．区域经济学［M］．郑州：河南人民出版社，1993：37-38.

按此分类标准，也可将区域经济增长诸要素分为“供给面要素（生产要素）”，“需求面要素”和“作用于供、求方面的要素”三类（陈秀山、张可云，2003）。① 供给面要素包括劳动、资本和土地等；需求面要素包括私人的消费需求和公共的消费需求、私人的投资需求和公共的投资需求；作用于供、求方面的要素包括技术进步、空间结构、产业结构、基础设施体系、国家产业政策和区域政策、政治体制、社会体制、法律、意识形态、文化历史传统等。

按此分类标准，还可将区域经济增长诸要素表述为六类（郝寿义、安虎森等，1999、2004）：② 自然条件和自然资源（恒常要素）、劳动力要素（资源）、资本（物质资本）、技术条件（技术进步、创新）、结构变化（产业结构变化、就业结构变化、企业组织结构变化）、制度安排（区域经济政策、体

① 陈秀山，张可云．区域经济理论［M］．北京：商务印书馆，2003：155-156.

② 郝寿义，安虎森，等．区域经济学［M］．北京：经济科学出版社，1999：120-142；郝寿义，安虎森，等．区域经济学（第二版）［M］．北京：经济科学出版社，2004：134-153.

制、政策和法规、道德、伦理、观念和习惯等）。

2. 基于各种要素的区域来源视角的分类

根据区域经济增长要素的区域来源，将其分为“内部因素”和“外部因素”两类（见表3.2）。内部因素反映区域经济增长的潜力和自我发展能力；外部因素反映外部环境条件对区域经济增长的影响。

表3.2　**区域经济增长的内部因素和外部因素**

学者（年份）	内部因素	外部因素
于宗先等（1986）	内部因素包括： ● 供给面要素（生产要素的供给）：劳动、资本、技术 ● 需求面要素（消费与投资） ● 区域空间结构	外部因素包括： ● 区域间要素迁移（流动）：劳动的迁移、资本的流动、技术知识的传播 ● 区域间贸易：区域间贸易障碍（区域间距离、区域间运输成本）、区域间需求（区域外部对本区域财货之需求）
陈栋生等（1993）	内部因素包括：区内生产要素的供给、消费和投资需求、区域的空间结构	外部因素包括：区际要素流动、区际商品贸易、区域外部需求、国家区域政策

资料来源：整理自［台］于宗先，等．空间经济学［M］．台北：联经出版事业公司，1986：140-142；陈栋生，等．区域经济学［M］．郑州：河南人民出版社，1989：37.

3. 基于各种因素与社会生产过程的相关程度视角的分类

根据区域经济增长诸要素与社会生产过程的相关程度，将其分为“直接影响因素”和“间接影响因素”两类（陈栋生等，1993）。①

直接影响因素即“生产的因素”，是指直接参与社会生产过程的因素，包括劳动力、资本和技术。直接影响因素对区域经济增长起着决定性的作用。间

① 陈栋生，等．区域经济学［M］．郑州：河南人民出版社，1993：37.

接影响因素即指通过直接影响因素对社会生产过程间接发生作用的因素，包括自然条件和自然资源、人口、科技、教育、经营管理、产业结构、对外贸易、经济技术协作、经济体制和经济政策等。间接影响因素一般通过改善生产条件、劳动力和生产资料的质量来影响区域经济的增长。

总之，影响区域经济增长的要素是多元的。区域经济增长要素分析应重点关注以下三大内容：

（1）生产要素分析。即分析劳动力、资本、技术等生产要素对区域经济增长的决定性影响作用。

（2）制度要素分析。制度分析是新制度经济学倡导的一种具有相当强解释力的分析方法。对一个区域而言，制度可分为正式制度（体制、法规、政策、组织、规划等）和非正式制度（道德、伦理、观念、风俗习惯或文化传统、企业家精神等）。制度供给的有效性是影响区域经济增长速度及质量的重要因素。

（3）结构要素分析。西方区域经济增长理论研究的侧重点是区域经济增长的动力机制及其区际差异问题，产业结构及空间结构一般被置于其理论框架之内，作为影响区域经济增长过程的一个变量（魏后凯，1990）。①影响区域经济增长的结构要素分析可分为微观层次的企业组织结构分析、中观层次的产业结构和空间结构分析、劳动就业结构分析等。区域经济学尤其应重视分析区域产业—空间结构要素对区域经济增长速度和质量的影响作用。

3.1.2　区域经济增长要素的功能

区域经济增长取决于多种因素相互作用的合力，这些因素对区域经济增长的作用各不相同，但又相互联系。如何区分各因素对区域经济增长的贡献，是一个重要而又困难的论题。区域经济增长要素理论一般侧重分析主要要素对区域经济增长的影响作用（于宗先等，1986；陈栋生等，1993；郝寿义、安虎森等，1999、2004）。②

① 魏后凯．西方区域经济发展理论——西方区域经济学述评（下）［J］．开发研究，1990（5）：54-59.

② 于宗先，等．空间经济学［M］．台北：联经出版事业公司，1986：140-142；陈栋生，等．区域经济学［M］．郑州：河南人民出版社，1993：38-42；郝寿义，安虎森，等．区域经济学［M］．北京：经济科学出版社，1999：120-142；郝寿义，安虎森，等．区域经济学（第二版）［M］．北京：经济科学出版社，2004：134-153.

（1）自然条件和自然资源要素。广义的自然条件包括自然资源在内，狭义的自然条件即指自然地理位置、地质条件、水文条件、气候条件等。狭义的自然条件作为环境因素，间接对区域经济增长产生作用。自然条件和自然资源作为区域经济增长的物质基础，是影响区域经济增长的基本要素，具体表现为对劳动生产率的影响、对区域产业结构的影响、对区域初始资本积累的影响等，亦即首先影响区域经济的投入结构，进而影响区域产出结构。

（2）劳动力资源要素。劳动力资源即指区域内人口总体中所具有的劳动力的总和，是存在于人的生命体中的一种经济资源。劳动力资源的数量、质量是决定区域经济增长的重要因素。区域劳动力资源丰富，即为该区域经济增长提供了最基本的条件；劳动力资源缺乏，则直接影响区域经济增长所需人力资源的供给。劳动力资源对区域经济增长的作用主要表现在：劳动力投入量的增加，可提高区域经济的产出水平；影响生产要素投入的结构，劳动力资源丰富区域适宜发展劳动力密集型产业，而劳动力资源短缺、资金充裕区域则适宜发展资本密集型产业，从而促进生产要素优化配置；劳动力素质（即劳动者具有的体质、智力、知识和技能的总和）的提高必然导致劳动生产率的提高以及产出的增加；有序的劳动力空间流动有利于促进劳动力资源的重新配置，在一定程度上促进劳动力流入区、流出区经济增长。

（3）资本要素。资本是一种相对稀缺的生产要素，资本形成对经济增长具有决定性影响。资本存量的多寡，特别是资本增量形成的快慢，往往成为促进或阻碍区域经济增长的基本要素。资本的主要形成路径为：储蓄（私人、企业、政府储蓄）转化为投资，进而形成物质资本（机器、设备、厂房、基础设施等）。区域经济增长并非单纯取决于储蓄和可投资资源的供给，而是主要取决于对这些资源合理利用的程度。资本的有效配置包括资本的时间配置和资本的空间配置。经济要素禀赋的差异、经济要素流动的强弱、经济要素技术水平的差异等直接影响资本的配置效率。

（4）技术要素。技术是指解决生产、生活实际问题的手段、方法的总和，既包括知识、经验等软技术，又包括工具、装备等硬技术。技术要素已成为经济增长的重要内生变量，技术进步对区域经济增长的影响日趋跃居主导地位，区域的技术能力已成为区域经济增长的核心要素。技术进步对区域经济增长的影响主要表现在：不同的技术条件决定了各种要素在经济活动中的结合方式；技术进步不断改变劳动手段（主要表现为生产工具，尤其是机器设备）和劳动对象；技术进步能促进劳动力素质的提升；技术进步能促进产业结构的优化升级。

（5）区际贸易因素。基于区域外部需求的区际贸易有广义和狭义之分。广义的区际贸易既包括一国范围内区域间的国内贸易，也包括区域跨国界的国际贸易；既包括区际商品贸易（商品输入和输出），也包括区际服务贸易（如旅游业等）。区际贸易也是影响区域经济增长的重要因素，对区域经济增长具有乘数效应。①

（6）结构要素。区域内企业组织结构调整、产业结构优化配置及产业组织结构优化、空间结构的合理有序等，都是促进区域资源优化配置的重要途径，是促进区域经济增长的重要因素，影响区域经济的稳定增长。

（7）制度安排。政府通过正式制度安排（体制、政策、法规、组织、规划）可改变区域的要素供给特征和要素配置效率，影响区域经济增长速度。区域非正式制度安排（道德、伦理、观念、风俗习惯或文化传统、企业家精神）的差异引致区域制度创新能力的差异，进而影响区域经济增长速度和质量。

3.2　区域经济增长模型

3.2.1　新古典区域经济增长模型

新古典经济增长理论侧重从供给的角度阐述经济增长的动因，并主要着眼于长期。

新古典区域经济增长模型是以索洛（Robert M. Solow，1956）② 的新古典经济增长模型为基础发展而来的，并且满足新古典经济增长模型的重要假设。即：总量生产函数为规模收益不变的一阶齐次方程，劳动力和资本间具有可替代性且可自由流动。

新古典区域经济增长理论认为，区域的经济增长取决于区域内的资本、劳动力和技术进步。其数学模型可表述为：

---

① 产生于 20 世纪 50 年代的输出基础理论是关于区域经济增长动力的经典理论，该理论强调区外需求是决定区域经济增长的最重要的因素，区域输出产业部门是区域经济增长的“引擎”。胡佛认为，需求和供给都是区域经济增长的决定因素，区域经济增长的动力不仅是输出产业，而且还包括减少区域货币流出的其他产业。参见［美］埃德加·M·胡佛．区域经济导论［M］．王翼龙，译．北京：商务印书馆，1990：248-253.

② SOLOW R M. A contribution to the theory of economic growth［J］. Quaterly Journal of Economics，1956，70（1）：65-94.

$$y_i = a_i k_i + (1 - a_i) l_i + t_i$$

$$k_i = \frac{s_i}{v_i} \pm \sum_j k_{ji}, j \neq i$$

$$l_i = n_i \pm \sum_j m_{ji}, j \neq i$$

$$k_{ji} = f(r_i - r_j)$$

$$m_{ji} = f(w_i - w_j)$$

其中，y_i 是产出增长率，k_i 是资本增长率，l_i 是劳动力增长率，t_i 是技术进步率；a_i 为资本产出弹性，$1 - a_i$ 为劳动力产出弹性，s_i 为储蓄率，v_i 为资本产出率；k_{ji}代表从 j 区域流动到 i 区域的资本存量，m_{ji}代表从 j 区域迁移到 i 区域的劳动力数量；r_i、r_j 分别为 i 区域和 j 区域的资本回报率，w_i、w_j 则分别为 i 区域和 j 区域的实际工资率。从模型中可见，在市场经济条件下，资本劳动率提高会引起该区域工资率提高及资本收益率降低，从而导致劳动力从区域外流入，而资本从区域内流出。从长期而言，区域间的经济差距将趋于缩小。

新古典区域经济增长理论模型单纯从供给的角度阐释区域经济增长的动因及差异，忽略了需求因素对经济增长的潜在贡献。

3.2.2 区域输出基础模型

凯恩斯主义强调有效需求是决定社会总产出和经济增长的重要因素。输出基础理论（Export Base Theory，又译作“输出基地理论”、“出口基础理论”）是以凯恩斯主义理论为基础的、一种侧重从需求角度阐述区域经济增长动因的经典理论。

美国经济学家诺思（Douglas C. North，1955）基于美国经济史分析角度，指出区域经济增长的动力来自于外部需求的拉动，区域外部需求的增加是区域经济增长最为关键的初始决定因素。① 蒂伯特（Charles M. Tiebout，1956）②等进一步拓展、完善了诺思的理论，建立解释区域经济增长动力的输出基础理论。输出基础理论将经济部门划分为两大部门，即基础部门（Basic Sectors，包括所有的区域外部需求导向的产业活动）和非基础部门（Non-basic Sectors，

---

① NORTH D C. Location theory and regional economic growth [J]. Journal of Political Economy, 1955, 63 (3): 243-258.

② TIEBOUT C M. Exportsand regional economic growth [J]. Journal of Political Economy, 1956, 64 (2): 160-164.

包括所有的区域内部需求导向的产业活动），强调一个区域经济的增长取决于输出导向型基础部门的增长，区域外部需求的扩大是区域经济增长的基本动力。

输出基础理论可由如下经济关系等式表示：①

$$E = D + X$$

$$Y = D + M，或 D = Y - M$$

$$M = mY \ (m < 1)$$

其中，E 为区域内总支出，Y 为区域内总收入；D、M、X 分别为区域内需求（由非基础部门提供）、进口和出口（由基础部门提供）；m 则为边际进口倾向。在市场均衡的条件下，可以得到：

$$Y = E 且 M = X$$

通过替代得到：

$$Y = (1/m)\ X$$

输出基础乘数为：

$$\mathrm{d}Y/\mathrm{d}X = 1/m$$

输出基础理论认为，基础部门产量的增加将通过乘数效应直接引起区域经济的增长。相对于新古典区域经济增长理论，它既强调了需求因素的作用，又未忽视区域经济的供给面，但其突出缺陷是未对区域出口需求的决定因素进行系统的解释。

3.2.3　区域循环累积因果模型

循环累积因果理论（Cumulative Causation Theory，又译称“累积因果理论”）是基于瑞典经济学家缪尔达尔（Gunnar Mydral，1898～1987，1974 年诺贝尔经济学奖得主）在《经济理论与不发达区域》（1957）② 一书中倡导的循环累积因果原理，不断发展形成的一种区域经济增长理论。循环累积因果原理认为区域经济增长是集聚经济引发的外部经济利益的循环累积因果过程的结果，强调市场力量的作用通常倾向于扩大而不是缩小区域间的差距。卡尔多

① 陈秀山，张可云．区域经济理论［M］．北京：商务印书馆，2003：134-135.

② MYRDAL G. Economic theory and underdeveloped region ［M］. London：Duckworth，1957.

(Nicholas Kaldor，1970)① 继承了缪尔达尔的思想，提出了一个具体的累积因果理论模式。之后狄克逊和瑟尔沃尔（Dixon & Thirlwall，1975)② 对这一模式进一步发展完善，强调出口导向的区域经济增长的自我累积过程。

卡尔多强调集聚经济、报酬递增、要素流入等产生的利益的循环累积对区域经济增长的影响，并将这些因素融合在其倡导的“相对效率工资”概念之中。卡尔多循环累积因果理论模式的数学表达公式为：

$$u_i = f_1 (y_i), f'_1 > 0$$

$$\frac{w_i}{u_i} = f_2 (u_i), f'_2 < 0$$

$$y_i = f_3\left(\frac{w_i}{u_i}\right), f'_3 < 0$$

$$w_i = \overline{w}$$

其中，u_i 是 i 区域的劳动力生产率指数、y_i 是 i 区域的产出增长率、w_i 是 i 区域的货币工资指数、w_i/u_i 即为效率工资，且 $\overline{w}$ 是全国货币工资指数。该模型描述了这样一个区域经济增长的累积因果关系：产出增长率的上升导致了生产率的提高，生产率的提高自然会带来有效工资的下降，有效工资的下降又使得该区域具有竞争优势，从而导致产出增长率的进一步上升，这种累积因果运动会不断循环下去。

狄克逊和瑟尔沃尔进一步发展了卡尔多的理论模式，尤其强调区域产出增长与其输出部门竞争力之间相互交替作用的正反馈机理，从而将累积因果过程纳入模型。他们认为，在区域发展过程中，技术进步加快或资本/劳动力比率的提高，将会加快区域劳动生产率的增长速度，强化区域出口产品的价格竞争优势，促进输出部门的扩张。而输出部门的扩张会极大地促进区域整体的产出增长，并通过加大研发力度或购买新机器设备等方式，为技术进步加快或资本/劳动力比率的提高提供重要支撑。这样，区域经济增长就形成了持续的、互为因果的自我累积过程（见图 3.1）。

① KALDOR N. The case for regional Policies [J]. Scottish Journal of Political Economy, 1970, 17 (3): 337-348.

② DIXON R J, THIRLWALL A P. A model of regional growth rates differences along Kaldorian lines [J]. Oxford Economic Papers, 1975, 27 (2): 201-214.

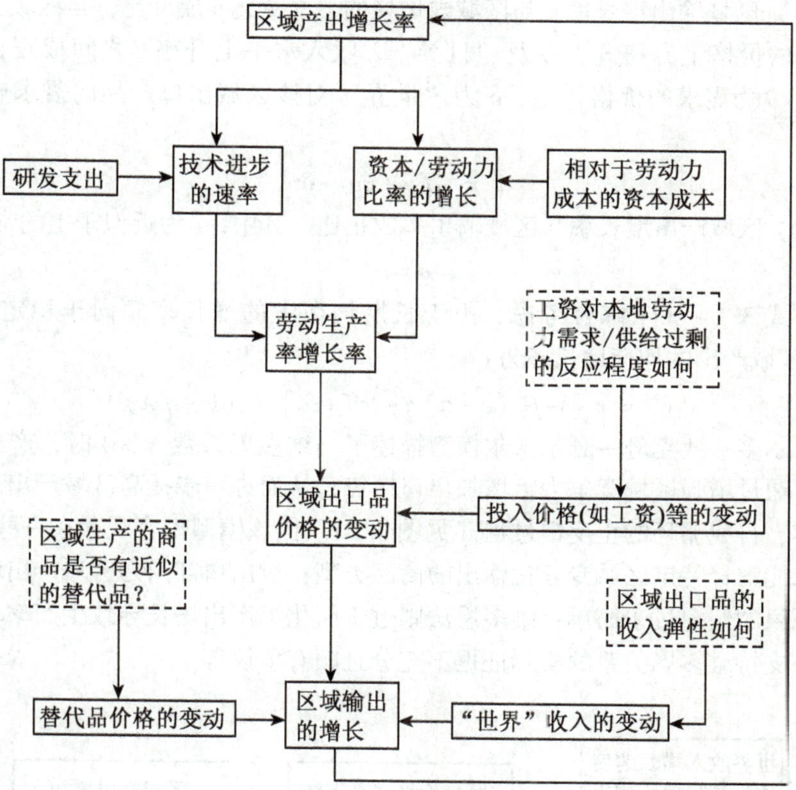

图 3.1　卡尔多-狄克逊-瑟尔沃尔模型示意图

资料来源：[英] 哈维·阿姆斯特朗，吉姆·泰勒. 区域经济学与区域政策（第三版）[M]. 刘乃全，等译. 上海：上海人民出版社，2007：80.

该模型主要包含四个基本函数关系：

（1）劳动生产率增长率 q 与区域产出增长率 y 之间的线性关系，又称维多恩法则（Verdoorn Law）。式 3.1 中，α 为生产率的自主增长，λ 为维多恩系数，$0 < \lambda < 1$。它表明，劳动生产率的增长主要取决于滞后一期的产出增长，以及部分自主性因素，而且产出增长率越高，劳动生产率增长越快。

$$q = \alpha + \lambda y_{-1} \tag{3.1}$$

（2）区域价格增长率 p 与劳动生产率增长率 q 之间的关系。其中，c 为区域内成本的上涨变化，取决于模型外部因素。它表明，生产成本的增加将会推动区域价格的上涨，而劳动生产率的提高则相反。

$$p = c - q \tag{3.2}$$

(3) 区域输出增长率 x 与区域内价格的上涨变化 p 成反比，与区域主要竞争对手的价格上升率 p_f，以及“世界”① 收入水平上升率 z 之间成正比。其中，β、θ 为需求的价格弹性，δ 为“世界”对该区域出口产品的需求收入弹性。

$$x = -\beta p + \theta p_f + \delta z \tag{3.3}$$

(4) 区域产出增长率与区域输出率成正比。其中，r 为近似于 1 的常数。

$$q = rx \tag{3.4}$$

将式 3.1 ~ 3.4 综合考虑，由于长期均衡中的增长率倾向于稳定（$y = y_{-1}$），区域产出的均衡增长率为：

$$y^* = r\,[\,-\beta\,(c-\alpha)\,+\theta pf+\delta z\,]\,/\,(1-r\beta\lambda)$$

卡尔多—狄克逊—瑟尔沃尔模型描述了当维多恩系数 $\lambda > 0$ 时，产出的任何增长通过增强区域竞争力，增加出口销售，从而进一步提高区域产出这一不断积累、自我循环的正反馈过程（见图 3.2）。但该模型也客观存在一些缺陷。如：未能解释特定区域专业化输出的商品类型；对出口部门是区域产出增长的唯一源泉的假定过于简单；维多恩法则过于简化了产出增长导致生产率增长的过程；支持维多恩关系的实际证据不充分且颇有争议等。

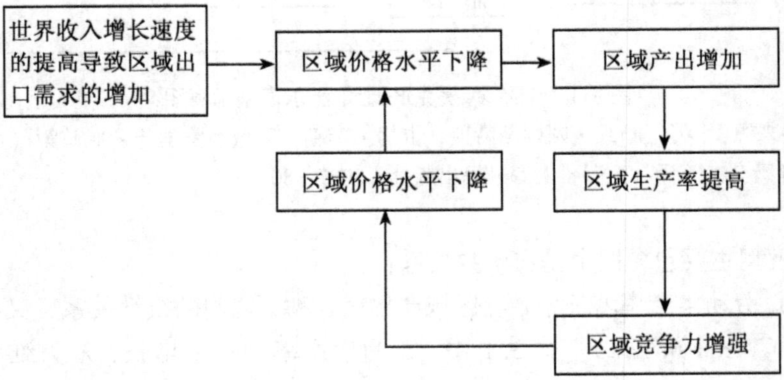

图 3.2　卡尔多-狄克逊-瑟尔沃尔描述的世界收入增长率上升诱发的累积增长过程

资料来源：［英］哈维·阿姆斯特朗，吉姆·泰勒．区域经济学与区域政策（第三版）［M］．刘乃全，等译．上海：上海人民出版社，2007：82.

① 此处“世界”主要指区域出口产品的市场或潜在市场。

3.2.4　希伯特的区域经济增长模型

希伯特（H. Siebert，1969）① 试图整合供给和需求两个方面以解释区域经济增长问题。其区域经济增长理论可用如下模型加以阐释：

$$dY_t = \min\{(dO_t + dM_t), (dD_t + dX_t)\} + dW_t$$

其中，dY_t 为区域经济增量，dO_t 为区域内总产出增量，dM_t 为区域进口增量，dD_t 为区域内总需求增量，dX_t 为区域出口增量；dW_t 为区域的福利效果（Welfare Effects），指因区域间贸易条件改变，该区域的福利得失。当（$dO_t + dM_t$）>（$dD_t + dX_t$）时，区域增长由该区域总需求、出口和福利效果决定；反之，当（$dO_t + dM_t$）<（$dD_t + dX_t$）时，区域增长则由区域总产出、进口和福利效果决定。

希伯特讨论了区域内总需求、进口和出口增量以及福利效果的决定因素。区域内总需求增量是由区域内的资本增量、劳动增量和技术进步的函数决定的。

$$dD_t = f(dK_{t-1}, dL_{t-2}, dT_{t-1})$$

其中，dK_{t-1}、dL_{t-1} 和 dT_{t-1} 分别为区域内的资本增量、劳动增量和技术进步，而影响资本增量、劳动增量和技术进步等的函数关系式此处从略。除了贸易障碍以外，进口增量主要由区域内经济增长引起，而出口增量由区域外经济增长引起。

$$dM_t = f(dY_t, g_t)$$

$$dX_t = f(dY_t^*, g_t)$$

其中，dY^* 代表区域外的经济增长增量，g_t 为贸易障碍。福利效果 dW_t 则可表示为贸易条件变动之增函数：

$$dW_t = f(dP_t)$$

其中，dP_t 为区域贸易条件。希伯特的区域经济增长模型明显地将国家层面的分析方法引入到了区域经济增长分析中。从模型中可见，希伯特模型运用了国际贸易和国民经济核算的部分理论，并综合了供给和需求、区域内经济因素和区域外经济因素而得到了一个综合性的区域经济增长理论模型。因此，国家经济理论的函数关系是否适用于区域经济，还有待于印证。②

① SIEBERT H. Regional economic growth：theory and policy [M]. Scranton：International Textbook co.，1969.

② 于宗先，等. 空间经济学 [M]. 台北：联经出版事业公司，1986：136-139.

3.2.5 理查森的区域经济增长模型

理查森（H. W. Richardson，1973）① 的区域经济增长理论模型则是在新古典区域增长理论的模型基础上融合了空间结构。该理论模型的总生产函数表达式为：

$$y = [ak + (1-a)l]^{\alpha} + t$$

该总生产函数对新古典总产出函数作了适当的修订，使其适用的范围更广。当 $\alpha > 1$ 时，该生产函数反映了规模报酬递增；$\alpha < 1$ 时为规模报酬递减；$\alpha = 1$ 时，则为规模报酬不变。此外，总生产函数中的资本增长率是由如下函数关系决定的：

$$k = b_1A + b_2y - b_3K - b_4K - b_4CV_Z + b_5(R - \overline{R})$$

其中，k 为资本增长率，A 为聚集经济，y 为区域经济增长率，K 为区域资本存量，CV_Z（Coefficient of Variation）为该区 Z 个都市中心每一单位面积资本存量的相关系数，R 为该区资本报酬率，$\overline{R}$ 为全国资本报酬率。影响劳动增长率的因素的相互关系可由如下方程式表示：

$$1 = b_6n + b_7A + b_8F + b_9(W - \overline{W})$$

其中，l 为劳动增长率，n 为自然人口增长率，A 为聚集经济，F（Location Preference）为区位偏好，W 和 $\overline{W}$ 分别为该区工资率和全国工资率。区位偏好又是由聚集经济、主导城市人口潜力和工资率差异等因素引起的，其函数关系如下：

$$F = b_{10}A - b_{11}\left(\frac{1}{V_{N1}}\right) + b_{12}H + b_{13}(W - \overline{W}) + b_{14}TC$$

其中，A 为聚集经济，$1/V_{N1}$ 为该区主导城市人口潜力的倒数，H 为居于该区的平均时间长度，$W - \overline{W}$ 为工资率差异，TC 为迁移成本。促使技术进步的函数式为：

$$t = b_{15}A + b_{16}k + b_{17}G_{N1} + b_{18}q\bar{t}$$

其中，G_{N1} 为该区首位城市在全国都市体系中的排名，q 为该区和其他区联系的程度，$\bar{t}$ 则为全国技术进步率。

理查森将空间不平衡增长与由区域要素流动所导致的均衡增长过程结合起来。前者通过聚集经济、人口潜力的倒数和首位城市的地位等聚集变量影响资本、劳动力、技术进步在空间上的聚集，从而造成了区域间的不平衡发展及区

① RICHARDSON H W. Regional growth theory [M] London: MacMillan, 1973.

域的增长；后者则利用区域间工资率差异、资本报酬率差异以及区域资本存量的大小等变量，运用新古典增长理论来研究区域的均衡发展。总之，区域增长是集中与分散两股力量综合作用的结果，但区域内聚集经济被认为是决定区域经济增长的关键因素。①

总之，理查森的区域经济增长理论着重探讨了空间结构及其关系对区域经济增长的影响。

3.3 区域经济不平衡增长理论

3.3.1 区域经济不平衡增长理论的滥觞

区域经济差异一直是区域经济学研究的核心论题之一，也是世界各国经济发展过程中的一个普遍性问题。均衡（平衡）与非均衡（不平衡）是贯穿于区域经济发展过程中的矛盾统一体，不平衡增长或发展是区域经济的一般规律。②

基于新古典经济学的新古典区域经济均衡增长理论强调，在市场经济条件下，资本、劳动力和技术的自由流动将导致区域经济增长趋于均衡。这种理论虽然逻辑严密，但舍弃了区域空间的主要特征（即克服空间距离会发生转移成本），忽略了规模经济与集聚经济、技术进步、市场缺陷和制度因素，具有明显的局限性。

发端于20世纪40年代的发展经济学平衡增长理论，诸如罗森斯坦—罗丹（Paul N. Rosenstein ~ Rodan，1943）的大推进理论、纳克斯（Ragnar Nurkse，1953）的贫困恶性循环论、尼尔森（R. R. Nelson，1956）的低水平均衡陷阱论、莱宾斯坦（H. Leibenstein，1957）的临界最小努力命题论等，应用于区域经济中，形成了区域经济平衡增长理论，强调产业部门间的平衡发展、同步发展，以及区域间或区域内的平衡发展、同步发展。

区域经济学中的经典区域经济不平衡增长理论是对新古典区域经济均衡增长理论和发展经济学平衡增长理论的一种扬弃。经典区域经济不平衡增长理论发端于现代区域经济学学科正式形成及早期发展的20世纪50～60年代，在

① 于宗先，等．空间经济学［M］．台北：联经出版事业公司，1986：139-140.

② 徐滇庆．不平衡发展是区域经济的一般规律［N］．经济学消息报，1997-05-30（2）．

20世纪70～80年代不断拓展。20世纪90年代以来，中外学者对区域经济不平衡增长理论又作了进一步的丰富拓展，区域经济收敛与发散理论、区域经济非平衡协调发展理论、区域经济后发优势理论等蓬勃发展。

传统经典区域经济非均衡增长理论的倡导者以佩鲁、布代维尔、缪尔达尔、赫希曼、威廉姆逊、弗里德曼等欧美学者为代表（见表3.3），他们通过理论分析或实证研究，批驳了区域经济均衡（平衡）增长理论，主张区域经济不平衡增长是一国区域经济发展过程的一般规律。区域经济不平衡增长理论大体上可分为两类：无时间变量的区域经济不平衡增长理论，如增长极理论、循环累积因果理论、地理上的二元经济结构理论等；有时间变量的区域经济不平衡增长理论，如倒U型理论和钟型理论等。本节重点阐述增长极理论、倒U型理论和钟型理论。①

表3.3　**20世纪50～80年代西方经典区域经济非平衡增长理论**

学者（国籍）	理论名称／代表作（年份）	理论要点
佩鲁（法）	（产业）增长极理论／《略论增长极的概念》（1955）；《发展极概念在经济活动一般理论中的新地位》（1988）	佩鲁的增长极论要点：提出“增长极”概念，认为增长并非同时在任何地方出现，它以不同强度首先出现在增长点或“增长极”，然后通过不同的渠道扩散，且对整个经济具有不同的终极影响；增长极是推进型单元，而推进型单元主要是推进型企业；增长极是产业关联上的增长极
布代维尔（法）	（区域）增长极理论／《区域发展问题》（1966）	布代维尔的增长极论要点：提出区域增长极概念，认为一个区域增长极是指区位在一个城市区，并在其影响范围内引导经济活动进一步发展的一系列推进型产业

① 有关缪尔达尔的循环累积因果原理、地理上的二元经济结构理论的阐述另见第三章第二节、第六章第二节；有关赫希曼的区域经济不平衡增长理论、区际经济传递理论的阐述另见第六章第二节；有关弗里德曼的中心—外围理论的阐述另见第五章第二、四节。

续表

学者（国籍）	理论名称 / 代表作（年份）	理论要点
缪尔达尔（瑞典）	循环累积因果原理；地理上的二元经济结构理论 / 《经济理论与不发达地区》（1957）	缪尔达尔的观点：不发达国家经济发展中存在经济发达区域和不发达区域并存的“地理上二元经济结构”，市场力量的作用通常倾向于增加而不是减少区际不平等，应采取政府干预的方法刺激不发达区域经济发展。“二元经济结构”的成因源于“循环累积因果关系”。即：由于集聚经济的存在，发达区域会因市场的作用而持续、累积地加速增长，并同时产生扩散效应（Spread Effect）和回波效应（Backwash Effect），前者对不发达区域有利，后者对不发达区域不利；由于前者远小于后者，在不平衡的互动过程中，发达区域越来越繁荣，不发达区域越来越衰落
卡尔多（英）	循环累积因果理论模式 /《区域政策案例分析》（1970）	卡尔多的观点：强调集聚经济、报酬递增、要素流入等产生的利益的循环累积对区域经济增长的影响，并将这些因素融合在其倡导的“相对效率工资”（货币工资与生产率指标之比）概念之中；发达区域因集聚经济存在产生规模报酬递增，其产出和生产增长率提高，致使相对效率工资下降，而相对效率工资下降又导致区域产出增长率提高，促使高速增长区域进一步增长
狄克逊、瑟尔沃尔（英）	循环累积因果模型《区域增长率差异的卡尔多曲线模型》（1975）	狄克逊和瑟尔沃尔的观点：根据卡尔多的思想，进一步提出具体的循环累积因果模型
赫希曼（美）	区域经济不平衡增长理论；区际经济传递理论 /《经济发展战略》（1958）	①经济进步并不同时在每一处出现，而一旦出现，强有力的因素必然会使得经济增长围绕最初出发点集中 ②发达区域与不发达区域之间存在着“极化效应”（Polarized Effect）和“涓滴效应”（Trickling-down Effect），前者是发达区域对落后区域经济资源的吸引，后者是发达区域对落后区域的经济辐射，从而形成区际间经济传递 ③从长期看，涓滴效应总会大于极化效应，从而可以通过非均衡发展策略缩小区际差距

续表

学者（国籍）	理论名称／代表作（年份）	理论要点
弗里德曼（美）	核心（中心）—边缘（外围）理论／《区域发展政策——委内瑞拉案例研究》（1966）；《极化发展的一般理论》（1967）《城市化、规划和区域发展》（1973）	①核心区是具有较高增长倾向的区域，边缘区是其发展途径受控于且依附于核心区的区域，核心区和边缘区共同构成一个完整的二元空间结构 ②核心区通过支配效应、信息效应、心理效应、现代化效应、联动效应和生产效应等六种反馈机制强化其对边缘区的支配地位，并通过核心区的扩散效应引导边缘区发展，二者边界变得模糊，最终走向区域经济一体化
威廉姆逊（美）	倒U型理论／《区域不平衡与国家发展过程》（1965）	经济增长与区域平衡之间呈现倒U型曲线形态。即：在国家经济发展的初期阶段，随着总体经济增长，区域差异逐渐扩大，继而区域差异保持稳定；经济进入成熟增长阶段后，区域差异将随着总体经济增长而逐渐下降
阿朗索（美）	钟型理论／《五种钟型曲线》（1980）	在经济发展的早期，经济增长往往趋向于扩大区际间的不平衡；当经济发展到一定程度后，经济增长放缓，趋向于区际间的平衡发展

资料来源：1. PERROUX F. Note sur la notion des pôles de croissance [J]. Economie Appliqué, 1955 (1-2): 307-320.

2. PERROUX F. The pole of development' new place in a general theory of economic activity [G] //HIGGINS B and SAVOIE D, eds. Regional Economic Development: Essays in Honour of Francois Perroux. Boston: Unwin Hyman, 1988.

3. BOUDEVILLE J R. Problems of regional economic planning [M]. Edinburgh: Edinburgh University Press, 1966.

4. MYRDAL G. Economic theory and underdeveloped region [M]. London: Duckworth, 1957.

5. KALDOR N. The case for regional policies [J]. Scottish Journal of Political Economy, 1970, 17 (3): 337-348.

6. DIXON R J, THIRLWALL A P. A model of regional growth rates differences along kaldorian lines [J]. Oxford Economic Papers, 1975, 27 (2): 201-214.

7. HIRSCHMAN A O. The strategy of economic development [J]. New Haven: Yale Unversity Press, 1958.

8. FRIEDMANN J. Regional development policy: a case study of Venezuela [M]. Cambridge, Mass: MIT Press, 1966; FRIEDMANN J. A general theroy of polarized development [M]. Los Angeless: UCLA, 1967; FRIEDMANN J. Urbanization, Planning, and Regional Development [M]. Beverly Hills, Calif; Sage Publication, 1973.

9. WILLIAMSON J G. Regional inequality and the process of national development: A description of the patterns [J]. Economic Development and Cultural Change, 1965, 13: 3-45.

10. ALONSO W. Five Bell Shaped Curves [J]. Papers of the regional science association, 1980, 45: 5-16.

3.3.2 增长极理论

3.3.2.1　佩鲁的增长极理论

法国经济学家佩鲁（Francois Perroux，1903～1987）在论文《经济空间：理论与运用》（1950）① 中将经济空间划分为计划空间、极化空间、匀质空间三种类型，从极化空间入手，首倡“极”的概念，论述了“极”的形成和作用机制。继而在论文《略论增长极的概念》（1955）② 中，倡导“增长极”的概念，指出经济增长首先出现在“增长点”或“增长极”，然后通过不同的渠道扩散，影响整个经济增长。在《20 世纪的经济》（1961）③ 一书中，佩鲁对增长极理论做了更充分、教科书式的阐述。与此同时，欧美学者也对佩鲁的增长极理论作了许多新的诠释和拓展。针对增长极理论的发展过程中出现的增长极概念被简单化、被滥用现象，佩鲁在论文《发展极概念在经济活动一般理

① PERROUX F. Economic space: theory and application [J]. Quarterly Journal of Economics, 1950, 64: 89-104.

② PERROUX F. Note sur la notion des pôles de croissance [J]. Econimie Appliqué, 1955 (1-2): 307-320;［法］弗朗索瓦·佩鲁. 略论增长极概念［J］. 李仁贵，译. 经济学译丛，1988（9）：67-72.

③ 参见郭熙保，陈澍. 西方发展经济学中的地区不平衡发展理论［J］. 教学与研究，1998（5）：34-40.

论中的新地位》(1988)[①] 中辨析了“增长极”和“发展极”两个概念，进一步丰富了增长极理论的内涵。

1. 经济空间论域中的“极”概念

“经济空间”概念是佩鲁增长极理论的基点。所谓经济空间，是指“存在于经济元素之间的经济关系”,[②] 这种经济空间是对经济关系（主要是产业关系）的抽象概括，而不是普遍意义上的地理空间。佩鲁将经济空间分为计划空间、作为受力场的极化空间和匀质空间三类。“计划空间”是由原材料、劳动力、资本等的供应者和购买者之间经营计划联系的空间。“匀质空间”是指内部经济变量等值的空间，如同一市场价格下的厂家、同一人均收入的城市等。佩鲁着重分析了作为受力场的极化空间。“极化空间”由一些中心（焦点或极）组成，每一中心都具有自己的吸引和排斥范围的场，并与其他中心交会。这种空间中心即所谓的“极”，它通过极化（吸引）不断积聚自身的发展并通过扩散（排斥）带动受力场附近区域发展。基于经济空间论域中的“极”概念，佩鲁提出了“增长极”概念。

2. 增长极论视域中的“推进型产业”、“关键产业”和“推进型单元”概念

在经典文献《略论增长极概念》(1955) 中，佩鲁从产业关联及相互依存的角度系统阐述了其增长极理论，他关注的重点是在经济空间中具有支配效应和创新效应的产业和产业综合体，这些产业和产业综合体具有带动国民经济增长的作用。他指出，经济的增长以不同强度首先出现在增长点或增长极上，然后通过不同的渠道扩散，而且对整个经济具有不同的终极影响。佩鲁从推进型产业与经济增长、产业综合体与经济增长、增长极的增长与国民经济的增长三个方面阐释了增长极理论。

(1) 推进型产业与经济增长。佩鲁将“推进型产业”、“被推进型产业”

---

① 该论文写于1985年，后收入希金斯等1988年编辑出版的《区域经济发展：纪念佩鲁论文集》(Higgins B and Savoie D, eds. Regional economic development: essays in honour of francois perroux. Boston: Unwin Hyman, 1988)。该文中译文参见 [法] 弗朗索瓦·佩鲁. 发展极概念在经济活动一般理论中的新地位 [J]. 张立球，译. 经济译文，1990 (6): 34-39.

② PERROUX F. Economic space: theory and application [J]. Quarterly Journal of Economics, 1950, 64: 89-104. 转引自李仁贵. 区域经济发展中的增长极理论与政策研究 [J]. 经济研究，1988 (9): 63-70.

概念界定为：当增加某一产业的产出（或增加购买生产性服务）时，若能增加另外一个或数个产业的产出（或投入），则前者可称为“推进型产业”，后者可称为“被推进型产业”。佩鲁将增长极与推进型产业联系起来，认为推进型产业的增长速度要高于工业产值和国民经济总值的平均增长速度，推进型产业是经济成长中最富有活力的产业，它不仅对被推进型产业施加影响，而且还影响经济总量的增长。

（2）产业综合体与经济增长。佩鲁引入了“关键产业”（Key Industry）、“非竞争性产业综合体体系”和“地域聚集”概念。他认为，那种能使整个国民经济总产出的增长远远超过它自身产出的增长的产业可称为“关键产业”；推进型产业与被推进型产业往往通过经济联系建立起非竞争性的产业综合体体系，但由于产业综合体属于寡头垄断形式的组合，因而内部之间存在着寡头竞争或毁灭性冲突，并由此将诱发出被推进型产业的扩张和增长；关键产业或非竞争性的产业综合体体系由于在地域上的聚集而带来特定的经济后果，地理上聚集起来并处于增长中的综合产业极由于相互邻近和相互的接触，使其经济活动地位得到强化。

（3）增长极的增长与国民经济的增长。佩鲁认为，国民经济的增长是以相对活跃的集合体（推进型产业、地理上聚集的产业和活动极）和相对被动的集合体（被推进型产业和依存于地理上聚集的一些活动极的地区）的组合，前者引致后者的增长现象。

佩鲁继承了熊彼特的创新理论，认为经济增长的主要动力是创新，而创新总倾向于集中在推进型产业。因此，佩鲁的“增长极”是指极化空间中的推进型产业或关键产业，该产业能增加另外一个或数个产业的产出或投入，并通过对被推进型产业的影响来实现经济增长。

事实上，佩鲁在经典文献《略论增长极的概念》（1955）中并未对“增长极”概念作明确的界定。直到1961年，佩鲁才在论文《区域推进型企业和推进型区域》中明确提出“增长极是在特定环境中的推进型单元”。[①] 这种推进型单元是与周围经济环境相结合、对另外的经济单元施加不可逆或部分不可逆影响、产生支配效应的推进型单元，包括大型企业和企业集团。为此，他引入了“区域推进型企业”和“推进型区域”等概念，这事实上是佩鲁的增长极

① PERROUX F. La firme motrice dans une region, et la region motrice. Cahiers de l'ISEA, Série l., 1961（9）：17-21. 转引自李仁贵．增长极理论与政策研究［D］．武汉大学博士论文，2005：24.

理论从抽象的经济空间走向现实地理空间的初步探讨。

(1) 区域推进型企业。佩鲁构建了一个理论模型，区域中大企业（即区域推进型企业）的总产值占区域内总产值的60%，而众多独立的小企业只占40%，是作为被推进型企业而存在的。大企业通过预期和创新行为，将对整个区域的供给与需求产生较大的影响：大企业所不断追加的投资具有带动性，它能引起流量规模和生产系数结构或区域消费预算的变化。在较长时间内，区域推进型企业将通过引发一些与其自身活动或区域内其他活动有较强互补性的新活动来改变区域经济增长率。

(2) 推进型区域。一个区域之所以成为推进型区域，通常是由于三个因素的作用：城市聚集体、引进后适应环境的推进型产业、新兴产业。当具备这些经济特征的区域的经济增长使得其他区域的消费和投资增长率持续提高时，该区域相对于其他区域即为具有推进型效益的区域。推进型区域可以引起其他区域的净投资和净消费的增加。

佩鲁非常重视创新在增长极中的作用。具有创新效应是推进型单元的最大特点。在完全竞争的环境中，追求利润最大化是所有经济单元的共同目的，但只有创新才是实现利润最大化的根本途径。“创新把不同的或追加的变量引入积极的代理人和一群代理人的经济视野和计划之中，它具有不稳定的效应”。①因此，并非所有的厂商和产业都具有创新功能，只有“成功的创新”性厂商和“领头产业”，在一定的经济空间中对其他厂商和产业才具有支配诱发和推进的功能，产生“支配效应”和“扩散效应”。

3. “增长极”概念的拓展②

自佩鲁的“增长极”（Growth Pole）概念问世后，在欧美学者的研究文献中又频繁出现“发展极”（Development Pole）等相关术语。佩鲁最初对“增长极”与“发展极”等概念未作明确的区分，还时常混用。但随着研究的深入，佩鲁在晚年所发表的《发展极概念在经济活动一般理论中的新地位》(1988) 一文中，不仅对“增长极”与“发展极”概念进行了明确的区分，而

① [法] 弗朗索瓦·佩鲁．略论增长极概念 [J]．李仁贵，译．经济学译丛，1988(9)：67-72.

② 此处内容参考、综合了李仁贵的研究成果。参见李仁贵．增长极理论的形成与演进评述 [G] //顾海良、颜鹏飞，等．经济思想史评论（第一辑）[M]．北京：经济科学出版社，2006：209-233.

且还引入“增长诱发型单元”、“发展区”、“发展轴”、“一体化”、“一体化轴”等概念，对其进行了进一步的拓展。

（1）增长极与发展极。在佩鲁看来，“增长极是能引起其他集（Set）增长的集；发展极是能引起经济和社会结构相互作用的集，它能提高区域整体的复杂程度并扩大它的多元效应”。① 佩鲁坚持认为，不能把发展极理论仅仅看作是区域政策的一种工具，他建议人们在制定区域政策时不妨把抽象经济空间中的发展极概念应用到具体的地理空间中进行分析。

（2）增长诱发型单元。在佩鲁看来，一家富有生机的企业或经济单元，在某种环境下，在或长或短的一个时期内，总是要对另一家企业或经济单元施加某种诱发效应。具有这类效应的企业或经济单元即被称为“增长诱发型单元”（Growth-Inducing Units）。

（3）发展区与发展轴。佩鲁指出，当几个发展极相互联结和相互施加互惠诱发影响，并对其单位施加这种影响时，那么一个发展区（Development Areas）就形成了。当发展极系统的出现和激增受惠于有形、无形通讯轴的结果时，发展轴（Development Axes）就形成了。

（4）一体化极、一体化区、一体化轴。佩鲁认为，满足下列两个条件的发展极将成为一体化极（Integration Pole），这两个条件分别为：与区域经济或全国经济之间必须有因果关系；能保障全体人口至少逐步地能从发展极递增的收入或产量反叛中获得剩余。他指出，尽管每个发展极并非都是一个一体化极，可每个一体化极却都是一个发展极。一体化极也可以划分为一体化区（Integration Areas）和一体化轴（Integration Axes）等形式。

（5）发展极和极化区的基本效应。佩鲁将发展极和极化区的基本效应表述为：其一，投资效应（Investment Effects），即一个系统或子系统的总投资是诱发增长投资和受诱发投资之和；其二，生产效应（Production Effects），即全部增量产品都是获自初始受诱发投资的产品之和；其三，收入效应（Income Effects），即增量产品引起的递增工资和递增利润，以及增量工资和利润所引起的增量储蓄；其四，贸易差额效应（Balance Effects），即增量产品将使总产品增加，由此可获得进出口增加，从而能产生出口贸易差额的净效应。

总之，佩鲁的增长极理论所关注的主要是增长极的功能结构特点，尤其是产业间的关联效应。在佩鲁看来，增长极只是一种分析企业和产业如何出现、

---

① ［法］弗朗索瓦·佩鲁．发展极概念在经济活动一般理论中的新地位［J］．张立球，译．经济译文，1990（6）：34-39.

增长，以及停滞和消失的工具。缺乏对增长极的负效应的分析和在地理空间的应用，成为了佩鲁增长极理论在具体应用中的一大缺陷。也正因为如此，在佩鲁之后，众多追随者对增长极理论进行了多方面的补充和完善。

3.3.2.2 西方学者对增长极理论的拓展

经济增长不可避免地要与地理空间发生联系，而佩鲁本人对增长极的论述却是产业间联系。忽视增长极的地理空间特征，成为佩鲁增长极理论在实际应用中的一大缺陷。佩鲁的得意门生、法国经济学家布代维尔（J. R. Boudewille, 1966）最早将佩鲁的增长极概念地理化。① 他借鉴佩鲁的经济空间的划分方法，把区域划分为匀质区域、极化区域和计划区域三种类型。在布代维尔看来，极化空间主要体现要素的相互依存性，这一概念与城市等级概念紧密相关，特别适合于研究城市中心及其外围的相互关系。这样，极化区域可以因此定义为地理空间中的连续异质地域，这种地域中的不同部分通过围绕区域重心（城镇或极）而相互补充和相互依存。自此，增长极概念既涉及地理空间的极化，又牵涉到功能空间的极化。众多学者对于增长极的理解随着各人所强调方面的不同而相应地有不同的定义，并逐渐形成了两大增长极理论流派。即：强调推进型产业和企业的“功能学派”增长极理论；强调地理空间极化的“地理增长极”理论。

1. 功能学派增长极理论

功能学派增长极理论往往把地理空间的增长极看成是具有抽象经济空间的一个区域节点，并重视推进型产业对区域的影响，主张在落后区域建立大型推进型工业，以此作为增长极来推动周围区域的经济发展。该学派代表人物及其主要观点见表3.4。

功能学派增长极理论强调增长极的产业“极化效应”，即推进型产业的建立或产品的增加会导致原区域中未曾配置的其他产业活动的出现。如布代维尔（1966）指出，由推进型产业所诱导的经济活动，会投入到推进型产业的“上游”（Upstream）供应者，或者作为其产品的“下游”（Downstream）使用者，即推进型产业可以对其他产业产生后向或前向联系效应。布代维尔实际上已经指明了极化区域累积增长的每个必备条件：极化区域内的主导产业及其创新，

① BOUDEVILLE J R. Problems of regional economic planning [M]. Edinburgh: Edinburgh University Press, 1966: 2.

主导产业与相关产业存在于极化区域内。

表 3.4　　**功能学派增长极主要代表人物和观点**

代表人物	主要观点
达万 (L. E. Davin，1959)	增长极是在某种产业凭借它能引起的货物和收入的流动，促进技术上与该产业有联系的多种产业的发展和增长（技术极化）时，依靠它增进的收入决定第三产业的繁荣（收入极化），或通过引起新产业某种逐渐集中促成区域收入的增加，且借助于找到某几种要素或生产设施的前景，而把这种集中引向某一地方（心理极化和地理极化）时形成的。
布代维尔 (1966)	增长极是城市区域配置的不断扩大的工业综合体，通过里昂惕夫乘数效应和极化效应对区域经济产生影响。即推进型产业可以对其他产业产生后向或前向联系效应，各种劳务和资本等要素得以优化配置。从而随着整个产业的扩张，这一地区变得对投资更有吸引力，形成地区产业的累积增长。
麦克龙 (McCrone，1969)	增长极是由相关工业组成的某种工业综合体，其内各部门在区位上彼此邻近，因而在经济上都能得到相当的好处。
范内斯特 (Vanneste，1971)	增长极可以被定义为集中于地理空间内的各种经济要素的集合，它们可以维持经济的持续增长。
拉苏恩 (J. R. Lasuen，1971)	增长极是围绕着特定的主导部门而发展起来的，通过投入产出关系而紧密联系的，并在地理上又聚集在一起的产业群；主导产业及其相关联的产业群可以比极以外的产业以更快的步伐创新和发展。
赫曼森 (T. Hermansen，1972)	只有那些含有推进型企业，必然在推进型产业中技术领先、具有创新意识，处于支配地位并能够对它们的环境施加强烈影响和在很长时间段内形成持续增长的大型企业，才能被视为地理上的增长极。

资料来源：整理自李仁贵．增长极理论的形成与演进评述［G］//顾海良，颜鹏飞，等．经济思想史评论（第一辑）．北京：经济科学出版社，2006：209-233.

2. 地理学派增长极理论

地理学派增长极理论基本抛开了佩鲁增长极理论中的产业概念，而将增长极作为地理空间中的一个实体（即城镇或城市）看待。该学派代表人物、机构及其主要观点见表3.5。

表3.5　　　**地理学派增长极代表人物、机构及主要观点**

代表人物	主要观点
尼科尔斯（V. Nichols，1969）	增长极是经济活动的城市中心，它自身给增长的制约大到这样一种程度：增长能够扩散到该增长极所在的区域。
帕尔（J. B. Parr，1973）	增长极是经济活动的城市中心，它自身给增长的制约达到这样一种程度：增长能够扩散到该增长极所在的区域，并最终扩散到所在国家的整个欠发达区域。
欧洲自由贸易联合会（EFTA，1968）	增长中心是一个城市核心连同其按照可以接受的上班里程划定的周围地区，其人口和经济活动与收入水平都能实现自动增长，或者都可望实现潜在增长（或在必要时可通过政府干预方式予以促进），其增长所产生的利益很可能惠及周围各地区。

资料来源：整理自李仁贵．增长极理论的形成与演进评述［G］//顾海良，颜鹏飞，等．经济思想史评论（第一辑）．北京：经济科学出版社，2006：209-233.

一般认为，地理学派增长极理论的最早阐述者是美国经济学家赫希曼（A. O. Hirschman）。他在其代表作《经济发展战略》（1958）中指出："经济进步并不同时在每一处出现，而一旦出现，强有力的因素必然会使得经济增长围绕最初出发点集中。"① 他认为，对于任何具有较高收入水平的经济而言，它必定而且将会在一个或几个区域实力中心首先发展，而在发展过程中，增长点或增长极出现的必要性意味着增长在区际间的不平等是增长本身不可避免的伴生物和条件。这种观点可基本看作是佩鲁的增长极理论在区域中的直接翻

① ［美］赫希曼．经济发展战略［M］．曹征海，潘照东，译．北京：经济科学出版社，1991：65.

版，此处所说的“增长极”或“增长点”基本上指的是极化空间（或极化区域）中的节点，即城市等地理单元。因此，“增长极”对区域经济增长的影响就变成了城市中心对周围腹地的影响。

此后，增长极理论被引入区域规划之中，进一步发展成为以城市为中心的区域（地理）增长极理论。如英国经济学家彼拉德在《工业化与欧洲经济》(1973)① 中提出了“发疹过程论”，即工业化过程类似“发疹”，它会从一个区域“感染”到另一个区域。这实际上是主张以城市的扩张带动落后区域的发展。

后期区域（地理）增长极理论转而强调城市作为一国或一个区域的发展极和发展中心的作用，而不仅仅注重城市在推动区域经济增长时的作用。胡佛认为，城市在区域发展和全国发展中能起到引路作用，主要表现为“大城市有相对世界性的特点，是一个区域了解外部世界的窗口”，“城市除发挥区际联系功能外，还仅仅由于是同一区内其余地区人们汇集的地方，人口密度和生活条件与农村地区有天壤之别，能够迅速融化周围腹地固执保守的传统与观点，使人们的生活方式中，工作的计划性和组织化加强，货币化交易和非个人的作用加强”，所以在发展过程中起到了重要作用。②

随着增长极向城市的空间极化理论的转换，它在城市群、城市圈等发展实践中又得到新的运用。由此，增长极既可以指一个区域的推进型产业，也可以指一个具有极化和扩散作用的城市，或者指建立有相互关联产业的城市群、城市圈。

3.3.2.3　中国学者对增长极理论的拓展

增长极理论在中国的传播始于20世纪80年代初期，主要标志是孙晓光(1982)③、于洪俊和宁越敏（1983)④ 等关于增长极理论的评介。自80年代中后期开始，国内学术界关于增长极理论的系统评介成果渐多。其中，李仁贵关于西方增长极理论的演进与发展专题的论文是国内这一领域最为系统的研究

---

① 参见于建玮，等．经济发展辞典［M］．成都：四川辞书出版社，1989：443.

② ［美］埃德加·M. 胡佛．区域经济学导论［M］．王翼龙，译．北京：商务印书馆，1990：273-274.

③ Garrison. J. 区域经济增长极核理论简介［J］，孙晓光，译．经济学译丛，1982（1）．

④ 于洪俊，宁越敏．城市地理概论［M］．合肥：安徽科技出版社，1983：564-566.

成果。① 国内学者对增长极理论的拓展主要表现在两大方面：

（1）基于增长极理论提出了一系列新理论模式。20世纪80年代中后期，以增长极理论为基础，陆大道（1984）提出点轴系统理论，魏后凯（1988）提出网络开发理论模式。② 20世纪90年代以来，国内学者从地理和产业两大层面对增长极理论又作了进一步的拓展。在地理增长极方面，以姚士谋等（1992，2001，2006）、高汝熹、罗明义（1998）③ 等城市圈、城市群理论研究成果为基础，许多学者将增长极理论与城市群（都市圈）理论相结合，倡导城市群（都市圈）实为一种新型空间（地理）增长极：赵旭（1994）在城市增长极理论的基础上提出三角增长极理论，④ 陆玉麒（1998）提出了双核模式理论，⑤ 段进（1999）融合增长极与城市空间发展理论，构建了城市增长极

---

① 李仁贵在1985～2005年间一直致力于国外增长极理论文献的收集、整理、翻译和研究，先后完成、发表了一系列成果。代表性译文有：［法］弗朗索瓦·佩鲁．略论增长极概念［J］．李仁贵，译．经济学译丛，1988（9）：67-72；［英］哈里·理查森．增长点战略［J］．李仁贵，译．经济学译丛，1989（6）；［英］查尔斯·哥尔．增长极概念及其初始意义［J］．李仁贵，译．经济译文，1990（3）：1-4；［法］马克·佩努伊．增长点·增长极·增长轴［J］．李仁贵，译．开发研究，1997（1）：28-29。期刊论文有：李仁贵．区域经济发展中的增长极理论与政策研究［J］．经济研究，1988（9）：63-70；李仁贵．增长极思想在世界各地的实践透视［J］．甘肃社会科学，1995（4）：56-58；李仁贵．西方区域发展理论的主要流派及其演进［J］．经济评论，2005（6）：57-62。学位论文有：李仁贵．区域经济发展中的增长极理论与政策研究［D］．北京：中国人民大学生产布局专业（西方生产布局导论方向）硕士学位论文，1988；李仁贵．增长极理论与政策研究［D］．武汉：武汉大学西方经济学专业（发展经济学方向）博士学位论文，2005.

② 点轴系统理论最早见于陆大道在1984年10月全国经济地理和国土规划学术讨论会（乌鲁木齐）上所作的《二〇〇〇年我国工业布局总图的科学基础》的报告，该报告正式文本发表于《地理科学》1986年第2期。此后20余年间，陆大道对点轴系统理论作了不断的丰富和完善。魏后凯在《区域开发理论研究》（载《地域开发与研究》1988年第1期）中，基于增长极理论、点轴系统理论，进一步提出了网络开发理论模式。

③ 姚士谋，等．中国城市群［M］．合肥：中国科学技术大学出版社，1992；姚士谋，等．中国城市群（第二版）［M］．合肥：中国科学技术大学出版社，2001；姚士谋，等．中国城市群（第三版）［M］．合肥：中国科学技术大学出版社，2006；高汝熹，罗明义．城市圈域经济论［M］．昆明：云南大学出版社，1998.

④ 赵旭．区域开发中的"三角增长极"初步探讨［J］．国土开发与整治，1994，4（3）：30-36.

⑤ 陆玉麒．区域发展中的空间结构研究［M］．南京：南京师范大学出版社，1998.

实现空间增长的基本模型。① 在产业增长极方面，部分学者基于产业集群与产业增长极的比较研究，倡导产业集群实为产业增长极，强调依托产业集群培育产业增长极，借此带动产业集群区域和周边区域经济发展。

（2）关于增长极选择方法的研究。杨开忠（1987）结合中国实际情况，从既成增长极的认定和新增长极的选择等视角，提出地区增长极选择方法论。② 李小建和苗长虹（1993）倡导了一套产业增长极的选择基准及其评价方法，认为增长极选择应遵循一定的步骤，即：第一，从国民经济发展的整体出发，针对区域的性质确定推进型产业；第二，从促进推进型产业迅速发展的环境条件和其最大区域带动作用出发，确定推进型产业中的推进型单元（企业）配置的区位；第三，根据推进型产业的区位，确定增长极。③ 另有部分学者在增长极选择的数理模型分析方面也作了诸多的尝试。④

3.3.3　威廉姆逊的倒 U 型理论

自缪尔达尔、赫希曼等学者倡导的区域经济不平衡增长理论问世后，西方学术界不仅围绕这一理论展开了持久的大论战，而且许多学者对西方市场经济国家区域经济差距演变轨迹也进行了实证研究。其中，最著名、影响最深远的实证研究结论是美国经济学家威廉姆逊（J. G. Williamson，1965）提出的倒 U 型理论（Reversed U—shaped Theory）。⑤

早在 20 世纪 50 年代末，美国经济学家伊斯特林（R. A. Easterlin，1958）就曾对美国区域之间的经济增长过程作过深入的实证分析，结果表明，自 1880 年以来美国区域经济增长表现为一个均衡化的过程。⑥ 威廉姆逊（1965）受伊斯特林实证研究成果的启发，根据世界 24 个国家的横截面数据和 10 个国家的时间序列数据，对国家不同发展阶段区域经济不平衡增长的变化趋势进行

---

① 段进．城市空间发展论［M］．南京：江苏科学技术出版社，1999.

② 杨开忠．论我国地区发展战略的抉择——兼论地区增长极的选择［J］．开发研究，1987（6）：15-19.

③ 李小建，苗长虹．增长极理论分析及选择研究［J］．地理研究，1993（3）：45-53.

④ 代表性文献有：杜俊涛，陈迅，雷森，王亚娜．增长极理论的模型化研究［J］．重庆大学学报（自然科学版），2002，25（4）：103-106．刘朝明，蹇明．区域增长极的理论模型及其应用创新研究［J］．经济学动态，2006（6）：56-63.

⑤ WILLIAMSON J G. Regional inequality and the process of national development：a description of the patterns［J］．Economic Development and Cultural Change，1965（13）：3-45.

⑥ 参见宋栋．对我国区域经济研究的几点思考［J］．经济评论，1998（3）：66-69.

了系统的实证分析，揭示了一国经济发展中区际经济差异变动的长期一般趋势，提出了"国家发展水平与区域不平衡之间存在着有机联系"这一重要结论，即：在国家经济发展的初期阶段，区域间经济增长差异逐渐扩大，即倾向于不均衡增长（即发散）；之后随着经济增长，区域间不平衡程度将趋于稳定；当国民经济发展进入成熟阶段后，区域间经济增长差异则渐趋缩小，即倾向于均衡增长（即收敛）。由于区域间经济增长差异的演变轨迹呈倒"U"字分布（见图3.3），因此，上述结论称为倒U型理论或倒U型假说。

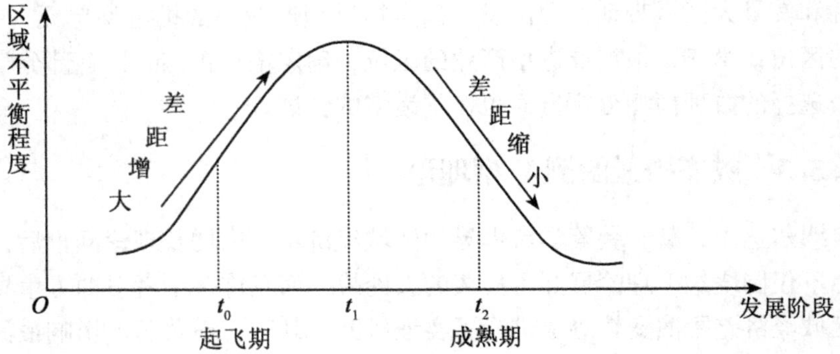

注：t_1 之前都为起飞期，t_1 之后为成熟期。

图3.3　威廉姆逊倒U型曲线图

威廉姆逊对产生上述演变轨迹的原因进行了阐释。在国民经济发展的早期阶段（t_0-t_1 点），少数区域由于拥有优势资源或优势区位等有利因素得到优先发展，而其他区域尚不具备起飞的条件。受下列因素影响，区域间经济增长差异呈扩大之势。

（1）区际劳动力迁移存在巨大障碍。由于迁移成本昂贵，落后区域的劳动力难以支付昂贵的迁移费用。劳动力迁入区和迁出区之间也存在着结构性障碍。发达区域需要的是具有专门技术、管理才能及教育程度颇高的劳动力，而落后区域希望迁出的是那些在本地无发展机会、缺乏一技之长的劳动力。

（2）由于发达区域的先发优势所产生的巨大聚集力，对资本、技术、劳动力等生产要素的吸引力大，再加之落后区域资本市场发育不健全、投资风险高、缺乏具有创新意识和能力的企业家人才等，所以，资金、人才由落后区域流向发达区域。

（3）国家初期的经济发展目标是追求全国经济高速增长，因此，政府的公共投资倾向于具有良好发展条件的发达区域，贸易、关税等优惠政策也偏向于保护发达区域的产业。

（4）由于早期发展阶段的交通通信业不发达，区际联系不畅通，所以，区域间连锁效应（Interregional Linkage Effects）的缺乏导致发达区域的技术、产业、社会变革思想等的波及效果传递甚缓，无法影响落后区域的发展。

上述四个方面的影响，会加快早期经济发展起飞阶段区域间经济增长不均衡程度扩大的速度。在接近 t_1 点时，区域间经济增长差距的扩大速度减缓。至 t_1 点后，国民经济发展进入成熟阶段，区域间经济增长差异渐趋缩小，倾向于均衡增长。其具体成因表现在：

（1）随着国民经济实力的增强，交通、通信等基础设施得到改善，落后区域投资机会增多，发达区域产业发展达到拥挤程度后开始向外扩散。由于昂贵的运输成本转为下降、迁移费用减低、选择性迁移消失，隐藏性失业劳动力有能力迁出，再加之发达区域的劳动力市场亦趋于饱和，有技能的劳动力开始回流至发展程度较低的落后区域。

（2）发达区域因拥挤而出现聚集规模不经济，水电、土地价格上涨，环境污染加剧，投资效益下降，资本开始从发达区域倒流至落后区域。

（3）国家经济发展目标由经济高速增长目标（即效率目标）转向福利目标（即公平目标），政府政策开始对区域发展失衡谋求补救之道，公共投资倾向于落后区域，优惠政策也偏向于支持落后区域的发展。

（4）在市场机制的作用下，区域间连锁效应增强，发达区域对落后区域的辐射作用增强，其波及效果有足够的力量影响落后区域的发展。

根据以上分析，促使区际经济增长差异呈倒“U”型变动趋向的决定因素可归结为：人口迁移成本；投资收益率；国民经济发展目标；区域之间的连锁效应。

威廉姆逊的倒 U 型理论提出之后，在学术界产生了极大的反响。不少学者通过实证研究支持威廉姆逊的理论。美国区域经济学家阿朗索（W. Alonso，1980）在倒 U 型理论的基础上进一步提出了“钟型理论”（Bell Shaped Theory）。① 当然，也有不少学者对威廉姆逊的理论提出了质疑。如印度经济学家帕特奈克（S. C. Patnaik，1981）指出，由于支持早期发展阶段趋异的经济数据不足，所选择的发展中国家缺乏代表性，以及各国使用的收入概念不一致，

① Alonso W. Five bell shaped curves [J]. Papers of the Regional Science Association, 1980, 45: 5-16.

所以，威廉姆逊倡导的区际经济差距趋于缩小的结论不具备普适性。① 中国学者自 20 世纪 80 年代以来也对威廉姆逊的理论进行了长时间的讨论和验证。魏后凯（1995）认为，从总体的一般趋势而言，第二次世界大战后发达国家的区际经济差异大多趋于不断缩小，而发展中国家的区际经济差异则大多趋于不断扩大，这说明从长期的一般趋势看，威廉姆逊的倒 U 型假说是存在的。② 饶会林（1999，2005）在理论推导上对威廉姆逊的倒 U 型曲线作了发展与完善，提出了双 S 曲线模型（见图 3.4）。③

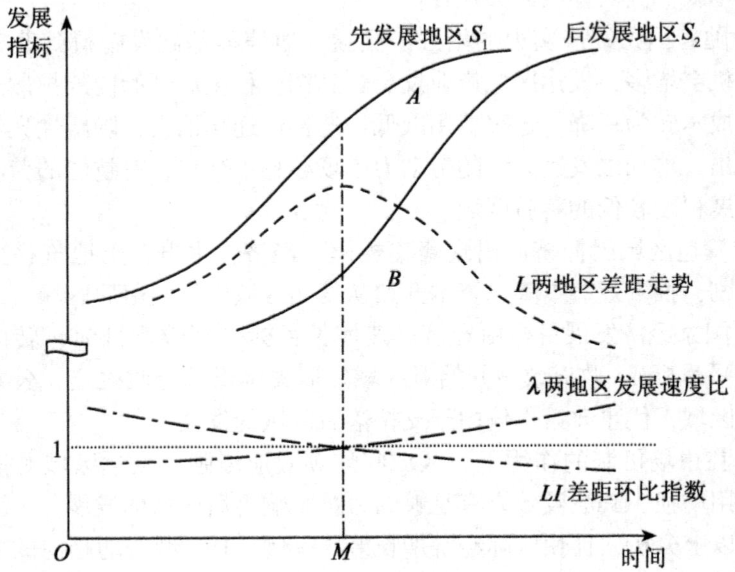

图 3.4　双 S 曲线及倒 U 型曲线推导图

资料来源：饶会林．区域发展差距走势的理论与方法分析——对倒 U 字型观点的评价与发展［J］．青岛科技大学学报（社会科学版），2005，21（1）：13-18.

---

① 参见武友德．不发达地域经济成长论［M］．北京：中国经济出版社，2000：50.

② 魏后凯．区域经济发展的新格局［M］．昆明：云南人民出版社，1995：67.

③ 饶会林．城市经济学（下）［M］．大连：东北财经大学出版社，1999：711-715；饶会林．区域发展差距走势的理论与方法分析——对倒 U 字型观点的评价与发展［J］．青岛科技大学学报（社会科学版），2005，21（1）：13-18；饶会林，陈福军，董藩．双 S 曲线模型：对倒 U 型理论的发展与完善［J］，北京师范大学学报（社会科学版），2005（3）：123-129.

S 曲线原理常见于国内外大多数城市经济学、城市地理学著作，它揭示了城市的发展和整个区域的城市化是一个由缓慢到快速再到缓慢发展的过程。双 S 曲线所反映的是一前一后两个发展起来的区域按慢—快—慢速度发展所形成的组合关系的规律。从图 3.4 可直观地看出 S_1 与 S_2 的纵坐标差距所揭示的原理。即在 M 点之前，同一横坐标上的点所对应的纵坐标差距由小到大，呈逐渐扩大的趋势；而在 M 点之后，这种差距转而由大到小，呈逐渐缩小趋势。如果经过 M 点的横坐标的垂线分别与 S_1 和 S_2 相交于 A 和 B，则在数学上很容易证明，线段 AB 为 S_1 和 S_2 之间距离的最大值。

3.3.4　阿朗索的钟型理论

阿朗索（W. Alonso，1980）经过系统的实证研究，提出钟型理论用以阐述区际经济增长差距的变化轨迹。①

钟型曲线（Bell Shaped Curves）看似描述统计分布的正态曲线，亦像一大钟（见图 3.5）。图中横轴代表时间，纵轴代表经济增长率。其主要内容如下：②

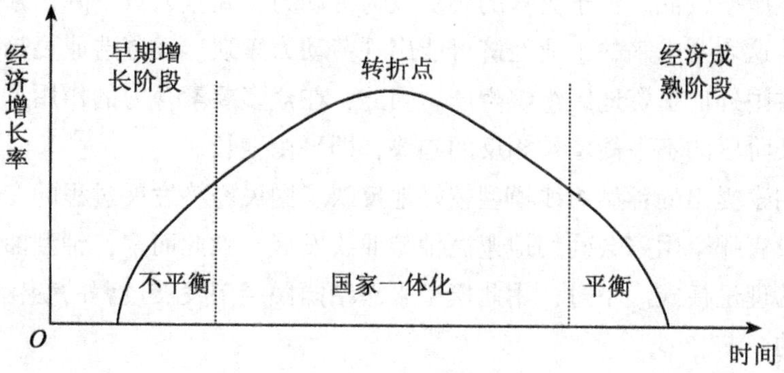

图 3.5　阿朗索的钟型曲线图

---

①　ALONSO W. Five bell shaped curves［J］. Papers of the Regional Science Association, 1980（45）：5-16.

②　张可云是国内最早评介钟型理论的学者。参见：张可云．三种区域经济发展理论介绍［J］．生产力研究，1990（4）：70-72、52；张可云．区域大战与区域经济关系［M］．北京：民主与建设出版社，2001：333-335；张可云．区域经济政策——理论基础与欧盟国家实践［M］．北京：中国轻工业出版社，2001：203-204；张可云．区域经济政策［M］．北京：商务印书馆，2005：76-77.

（1）在国民经济早期发展阶段，各区域的经济增长是不平衡的，存在富庶区域与贫困区域。社会不平等也很突出。由于某一个或几个大城市增长极快，高速城市化是早期发展阶段的突出特点。

（2）在国民经济发展过程的某一点上，经济增长达到转折点，社会不平等、区域不平衡和地理集中的趋势达到高峰，之后便开始反其道而行之。转折期即意味着全国经济一体化。当国民经济高度一体化时，资本、劳动力在地理上更具流动性，从而导致区际经济增长趋于平衡。全国各区域的技术、信息差距缩小，距离近作为区域优势的作用日益减小，全国性的运输改善不只是为某些区域而是为所有区域带来好处。城市化更普遍，不再仅限于少数大中心，许多在国民经济一体化以前不曾受青睐的区域获得了新的发展机会。这些机会在国民经济一体化阶段对进一步实现区际经济平衡增长起了重大作用。

（3）在国民经济成熟阶段，经济增长速度放慢，社会不平等减少，区际经济增长趋于平衡。各种影响因素主要表现在：①向大城市集中的人口日益减少，因为越来越多的城市连接成大城市集团，小城市和农村地区人口规模增长。②从制造型经济向服务型经济转化意味着整体经济增速放慢，因为服务型经济的生产率较低。由于更多的妇女成为劳动力，儿童人数下降，未来的劳动力减少，这表明未来的工业经济可能出现劳动力短缺。③制造业更趋于资本集约化或在国外低工资地区组织生产。因此，在众多要素合力的作用下，出现与早期增长阶段的不平衡增长相反的趋势，即平衡增长。

阿朗索提出的钟型曲线模型较好地反映了国民经济发展过程的变化次序模式，但没有哪个国家会确切地遵循钟型曲线发展，就此而言，钟型曲线是一种理想化的理论模式。不过，用此模型来总结国民经济发展过程的变化特征，则是实用的。

3.4 区域经济增长（发展）阶段理论[1]

区域经济的成长从来不是匀速直线运动，而是呈阶段性循序演进。区域经

[1] 如果严格地按照“区域经济增长”和“区域经济发展”概念的科学内涵衡量，不少区域经济学、经济地理学家倡导的“区域经济增长（成长）阶段”理论实质上应称为“区域经济发展阶段”理论。基于此，本书折中地通称为“区域经济增长（发展）阶段”理论。

济由不发达到发达是一个漫长的演化过程。在这一过程中，区域要素供给、产业结构、空间结构乃至资源配置方式均具有明显的阶段特征。区域经济增长（发展）阶段理论即通过对区域资源要素配置、经济增长、产业结构及空间结构演化等方面作用机制的分析，探究区域经济由低级到高级、由贫穷到繁荣的阶段性规律。基于所分析的区域类型特点，区域经济增长（发展）阶段理论可分为一般区域经济增长（发展）阶段理论和特殊区域生命周期理论两大类。

3.4.1　一般区域经济增长（发展）阶段理论

西方学者提出的一般区域经济增长（发展）阶段理论繁多，其中，最具代表性的是胡佛—费雪的区域经济增长五阶段论、弗里德曼的区域经济发展四阶段论①。中国学者自 20 世纪 90 年代以来也相继提出了众多富有理论特色的一般区域经济增长（发展）阶段理论。

1. 胡佛—费雪的区域经济增长五阶段论

美国区域经济学家胡佛（E. M. Hoover）和费雪（J. Fisher）在《区域经济增长研究》（1949）一文中最早倡导了区域经济增长阶段论。该理论认为，任何区域的经济增长都存在着“标准阶段次序”，具体包括五个阶段：②

（1）自给自足经济阶段。此为区域经济增长的初始阶段。其特征表现为：区域产业几乎全为农业，区域人口绝大部分为农业人口；区域经济呈明显的封闭性，区域间经济联系甚少；经济活动均随农业资源呈均匀分布。

（2）乡村工业兴起阶段。随着交通运输业以及贸易的发展，乡村工业崛

① 美国区域发展与区域规划专家弗里德曼（J. R. Friedman）在《区域发展政策》（1966）一书中将发展经济学、国际经济学中以国家尺度为研究对象的“中心—外围”理论引入到一国范围内的区域经济分析领域，提出了区域经济学中的中心—外围理论模式，根据工业产值在国民生产总值中所占比重的不同，将区域经济发展划分为前工业、过渡、工业化和后工业化四个阶段，具体内容详见本书第五章第四节。

② 胡佛和费雪的《区域经济增长研究》（*Research in Regional Economic Growth*）最早刊载于美国国家经济研究局 1949 年出版的《经济增长问题探索》（*Problems in the Study of Economic Growth*）。于宗先等（1986）、魏后凯（1990）、李仁贵（1990）最早将该理论引介到中国台湾、大陆知识界。参见：于宗先，等．空间经济学［M］．台北：联经出版事业公司，1986：134；魏后凯．西方区域经济发展理论：西方区域经济学述评（下）［J］．开发研究，1990（5）：54-59；李仁贵．区域开发中的成长阶段理论评介［J］．开发研究，1990（5）：51-54.

起并在区域经济发展中发挥重要作用；由于乡村工业的原料、市场、劳动力仍来源于农业区域，其分布也与农业人口分布相对应。

（3）农村生产结构转换阶段。随着区际贸易的扩大，区域农业生产方式逐渐发生变化，由粗放型农业向集约型、专业化农业转变，由畜牧养殖转向果蔬、乳酪、园艺生产。

（4）工业化阶段。随着人口的增长、农业生产发展到相当规模后引致规模报酬的递减、采掘工业生产效益的下降，区域被迫谋求工业化。工业化阶段一般分为前后两期，前期立足于农林产品生产，发展食品加工、木材加工、纤维纺织加工业等；后期发展钢铁、石油冶炼业、金属材料加工制造业、化学工业、建材工业等。

（5）服务业输出阶段（成熟阶段）。此为区域经济增长最后阶段，区域实现了为出口服务的服务业专业化生产，向区域外输出资本、熟练技术人员和为欠发达区域提供专业化服务，专业性服务的输出逐渐成为区域经济增长的驱动力。

胡佛—费雪的区域经济增长阶段理论是对传统经济区位理论的一种扩展，是对大多数欧洲国家区域经济发展历史过程的经验总结，所揭示的是在技术变化条件下区域产业结构变化的一般规律。该理论强调，任何区域的经济发展都必须经历两个相辅相成的成长过程，即：一方面，区域经济必须经历由自给自足的封闭型经济向开发型的商品经济转变的历史过程，在这一转变过程中，运输成本下降起着关键作用，区际贸易发挥着重要作用；另一方面，区域经济必须完成由第一产业向第二产业到第三产业的过渡，实施区域工业化战略是完成这一转变的关键，由农业、采掘业等初级产业向以制造业为中心的次级产业过渡，是维持区域经济持续发展的唯一途径。

胡佛—费雪的区域经济增长阶段理论也存在着明显的缺陷：该理论只是对区域经济发展的状态描述，没有涉及对区域经济发展的动力机制及其原因的解释；在理论的应用层面上，也并非每一个区域的经济发展都必须经历这样的“标准阶段次序”。

2. 陈栋生、魏后凯的区域经济成长（增长）四阶段论

陈栋生、魏后凯等在《区域经济学》（陈栋生等，1993）①、《西部经济崛

① 陈栋生，等．区域经济学［M］．郑州：河南人民出版社，1993：30-36.

起之路》(陈栋生等，1996)①、《现代区域经济学》(魏后凯等，2006)② 等书中均倡导区域经济成长（增长）四阶段论。该理论认为，区域经济的成长（增长）是一个渐进的过程，可分为待开发（不发育）、成长、成熟（发达）、衰退四个阶段（见图 3.6）。

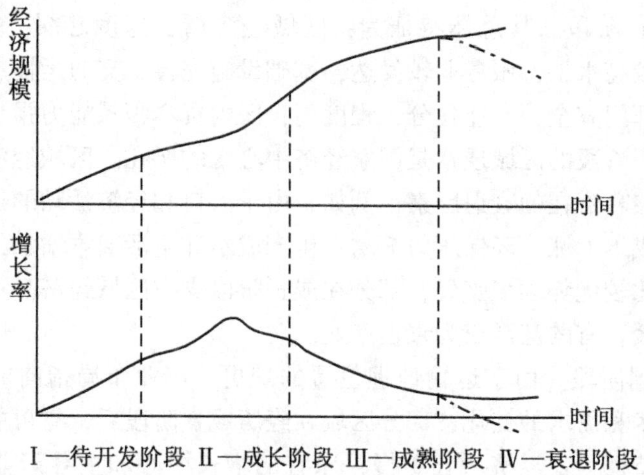

图 3.6　区域经济成长阶段与经济增长关系示意图

（1）待开发（不发育）阶段。此为区域经济增长的初始阶段。其总体特征为：区域经济处于未开发或不发育状态，生产力水平低下，生产方式落后；产业结构单一，农业所占比重极高；商品经济极不发达，市场规模狭小，经济增长缓慢，长期停滞在自给自足甚至自给不能自足的自然经济状态中；自我资金积累能力低下，缺乏自我发展能力；各种经济活动在空间上呈散布状态。处于这一阶段的区域经济发展途径为：将外部资金、人才、技术输入和区域内条件有机结合，形成自我发展能力，启动区域经济增长。

（2）成长阶段。当区域经济跨过工业化的起点且呈较强增长势头时，标志着区域经济发展进入成长阶段。其总体特征为：区域经济高速增长，经济总量规模迅速扩大；产业结构急剧变动，工业逐渐超过农业成为区域经济的主导部门；商品经济发育成长，市场规模不断扩大，区域专业化分工迅速发展，优

① 陈栋生，魏后凯，陈耀，刘楷. 西部经济崛起之路［M］. 上海：上海远东出版社，1996：124-126.

② 魏后凯，等. 现代区域经济学［M］. 北京：经济管理出版社，2006：250.

势产业已形成或处于形成过程中；人口和产业活动迅速向城市集聚，形成启动区域经济发展的增长极或增长中心；伴随区域经济总量增长和结构性变化，区域社会文化观念也相应嬗变。促进区域经济发展从不发育阶段进入成长阶段的实现途径有：外部推动型、国家投入型、自身积累型和边贸启动型。

（3）成熟（发达）阶段。区域经济经过成长阶段的高速增长后逐步进入成熟（发达）阶段。其总体特征为：区域经济增长速度趋缓，并渐趋稳定；工业化达到较高水平，服务业较发达，基础设施完善，交通运输、信息已形成网络；生产部门齐全，专业化分工程度高；区内资本积累能力强，人力资本丰富。处于这一阶段的区域通常是国家经济中心区的所在。区域经济发达、繁荣的背后也存在着潜在的衰退因素，例如，由于人口和经济活动的过度集中，地价、劳动力成本上涨，环保压力渐增；生产成本和生活成本增加，导致许多产业、产品的比较优势逐步丧失，部分在成长阶段支撑区域经济高速增长的主导产业增速减缓，有的甚至沦为衰退产业。

（4）衰退阶段。由于运输地理位置的变更、产业布局指向的变化、资源的枯竭、技术和需求的变化，部分区域在经历成熟阶段后，有可能转入衰退阶段。其总体特征为：经济增长缓慢，原有的增长中心和主导产业发展优势丧失；传统的衰退产业所占比重大，区域主导产业链条在时序上缺乏有机连接，导致区域经济的结构性衰退，若结构调整滞缓、缺乏新兴替代产业，则区域经济将出现绝对衰退，并逐步走向衰落（如图 3.6 中虚线所示）。在区域沦为衰退区前，应适时调整区域产业结构，扶持新兴产业和替代产业，谋求经济的多元化，促进区域经济持续发展，进入新的成长阶段，开始新一轮成长过程。

陈栋生、魏后凯的区域经济成长（增长）阶段论是中国学者最早创造性地倡导的一种具有一定代表性的区域经济发展阶段理论，它实质上是一种关于区域经济成长阶段的定性分析和描述。

3. 郝寿义、安虎森的区域经济增长四阶段论

郝寿义、安虎森等在《区域经济学》（1999）①、《区域经济学（第二版）》（2004）② 等书中将一般区域的经济增长分为待开发、成长、成熟和高

① 郝寿义，安虎森，等：区域经济学［M］．北京：经济科学出版社，1999：183-186.

② 郝寿义，安虎森，等：区域经济学（第二版）［M］．北京：经济科学出版社，2004：211-214.

级化四个阶段。

（1）待开发阶段。其整体特征表现为：①经济结构落后。农业在经济结构中居绝对地位，以粮食生产为主的种植业是最主要的经济活动内容；工业所占比重极低；第三产业不发达。②要素配置不合理。区域储蓄能力弱，资本形成不足，资本稀缺是区域经济增长最主要的制约因素；区域劳动力充裕，后备劳动力资源极为丰富，但其素质低下；经济活动对自然的依赖性强，劳动生产率低。③经济活动处于自给自足的封闭状态，与区外经济联系微弱。④经济增长缓慢，经济发展水平低下。

（2）成长阶段。其总体特征表现为：①区域工业化开始启动，经济结构明显改善。农业所占比重明显下降，农业内部结构不断调整；工业成为区域经济的主导部门，资源密集型产业和劳动密集型产业占主体地位，资本密集型产业呈良好发展势头；服务业发展迅速。②要素配置更为有效。区域人均收入水平明显提高，居民储蓄能力增加，促进了资本形成及区域资本供给能力的提高；农业劳动力逐步向工业和其他产业转移，劳动力素质不断提高。③劳动生产率不断提高，经济增长较快。

（3）成熟阶段。其总体特征表现为：①区域经济基本实现现代化，第三产业的增长速度高于工业、农业等物质生产部门的增长速度，劳动力由物质生产部门向第三产业转移。②推动区域经济增长的因素已由要素投入数量的增加转变为要素配置效率的提高和技术创新能力的增强。③劳动密集型产业逐渐被资本、技术密集型产业取代，促使区域产业结构高级化。④农业全面实现机械化，工业基本实现自动化，金融、保险、咨询、技术服务等新兴第三产业发展迅速。⑤由于要素供给质量明显提高、技术创新能力增强、产业结构不断升级，区域经济快速增长。

（4）高级化阶段。其总体特征表现为：①区域经济完全实现现代化，推动区域经济增长的主导因素已由要素投入的增加转变为技术和组织的创新。②大型企业集团迅速成长、扩张，日益成为区域经济发展的主导力量。③区域和外部的经济联系更为密切，向外输出技术含量高的物质产品以及技术、资本和其他服务；经济联系范围更加广阔，国际市场对区域产品的需求状况以及区域产品在国际市场的竞争能力，对区域经济增长影响甚大。④消费结构发展根本性变化，物质消费退居次要地位，追求精神享受成为主流，服务于这一消费结构变化的第三产业快速发展，成为推进经济增长与发展的重要力量之一。

郝寿义、安虎森的区域经济增长阶段论基本上是一种区域经济增长阶段的定性描述，未涉及区域经济增长“衰退”现象、区域经济空间结构变化等内容。

4. 蒋清海的区域经济发展四阶段论

蒋清海（1996）① 在综合比较分析中外区域经济发展阶段的划分标准及理论内涵的基础上，提出划分区域经济发展阶段的四大标准，即：制度因素是划分区域经济发展阶段的背景性标准，根据不同历史时期的生产关系和经济体制的类别，将经济形态及其发展划分为原始经济、农业经济、工业经济、信息经济四大类型或阶段；产业结构是判别区域经济发展阶段的生产力标准，一般用工业化程度（制造业或工业在国民生产总值中的比重）、三次产业比重及主导产业的类别标示；空间结构是标示区域经济发展阶段不同于其他经济发展阶段划分的标志，一般用城市化水平、城市首位度（第一大城市与第二大城市的人口比重）、城市规模分布类型标示；总量水平是测量经济发展程度的标准，一般用国民生产总值或国民收入总量及其人均量标示。他根据制度因素标准将区域经济发展的四个阶段标示和命名为传统经济阶段（包括原始经济和农业经济时期）、工业化初期阶段（类似“农业—工业”经济时期的工业化兴起时期）、全面工业化阶段（包括类似“工业—农业”经济时期的工业化中兴时期、类似“工业—信息”经济时期的工业化成熟阶段）、后工业化阶段（信息经济阶段），各阶段呈现明显的不同特征（见表3.6）。

表3.6　**区域经济发展阶段的一般特征**

发展阶段	产业结构		空间结构	总量水平	
	三次产业比重	主导产业		消费结构	收入
传统经济阶段	Ⅰ>Ⅱ>Ⅲ	农业	混沌无序均衡状态	饮食支出比重大	极低
工业化初期阶段	Ⅱ>Ⅰ>Ⅲ	纺织工业、食品工业	从分散、均衡的无序状态逐渐演变为局部集聚不平衡的低级有序状态，呈极核发展	饮食支出比重减少，对消费工业品的需求增加	有所提高

① 参见刘再兴，等．区域经济理论与方法［M］．北京：中国物价出版社，1996：81-87.

续表

发展阶段	产业结构		空间结构	总量水平	
	三次产业比重	主导产业		消费结构	收入
全面工业化阶段	Ⅱ > Ⅲ > Ⅰ	电力、化学、钢铁等重化工业，汽车、机电等机械制造业	城市化速度加快，城市数量增加，空间分布不平衡，城市规模呈首位分布模式	消费结构重心转向耐用消费品和劳务服务并呈多样性和多变性特点	大幅提高
后工业化阶段	Ⅲ > Ⅱ > Ⅰ	高新技术和第三产业	城市空间分布平衡化，城市规模呈序列分布	消费结构重心从耐用消费品、劳务服务转向文化娱乐享受	很高

注：表中Ⅰ、Ⅱ、Ⅲ分别表示第一、第二、第三产业。

资料来源：综合整理自刘再兴，等. 区域经济理论与方法［M］. 北京：中国物价出版社，1996：81-87.

蒋清海的区域经济发展阶段论综合考虑了多种反映区域经济发展质变特征的主要因素，客观、科学地揭示了区域经济发展的阶段性变化特征，其区域经济发展阶段的划分方法及评价指标体系较为适合中国国情。

李娟文和王启仿（2000）对蒋清海所提出的区域经济发展阶段评价指标体系作了进一步的拓展。① 他们主张在产业结构的工业化程度评价方面增列“工业化系数”指标②；在空间结构评价方面，增列“非农业人口、市镇人口比例”、“城市工业规模系数”③、“首位城市人口集中度”、“城市体系”（城市数、城市等级结构）、“城市密度”、“城市人口平均规模”等城市化水平量

① 李娟文，王启仿. 区域经济发展阶段理论与我国区域经济发展阶段现状分析［J］，经济地理，2000（4）：6-9.

② 工业化系数 =（地区工业 GDP / 地区 GDP）×（地区工业就业人数 / 地区就业人数）

③ 工业规模系数 = 各区域城市工业总产值占全国城市工业总产值的比重 / 各区域城市数占全国城市数的比重

化评价指标；在总量水平测度方面，增列“人均收入水平”、“人均支出水平”、“恩格尔系数”等评价指标。

3.4.2 特殊区域生命周期理论

区域生命周期理论是一种运用生物学术语“生命周期”研究特定经济区域兴衰演变规律的区域经济发展阶段理论。代表性区域生命周期理论主要有工业区生命周期理论、旅游地生命周期理论、出口加工区生命周期理论、开发区生命周期理论等。①

1. 汤普森的工业区生命周期理论

美国经济地理学家汤普森（J. H. Thompson，1966）针对一个工业区由落后到发达、由封闭到开放的演变过程，首次提出了区域生命周期理论（Regional Cycle Theory）。② 该理论认为，一个工业区从建立开始就会像一个生命有机体一样遵循一个有规律的秩序（从年轻到成熟再到老年）演变发展；不同发展阶段面临的问题不同，所处的竞争地位以及与区外的联系特点也不一样。各阶段的特征及表现形式见表3.7。

汤普森认为，判断一个工业区生命周期阶段的指标主要有：①区域内的劳动力成本、地价、税收、机器厂房的新旧程度和企业的管理技能等生产要素特征；②区域内产业结构中占主导地位的产业竞争力；③整个区域在市场竞争中所处的地位。

第一阶段为年轻阶段。处于年轻阶段的工业区，技术创新或技术引入活跃，经济增长迅速，市场急剧扩张；区域的比较区位优势明显，生产成本低，资本、科技人员和管理专家等来自区外的生产要素净流入量大. 年轻阶段的工业区具有明显的市场竞争优势。

第二阶段为成熟阶段。当工业区发展至成熟阶段，区际竞争渐趋激烈；工

① 胡文玮，吴传清. 国外区域生命周期理论述评［J］. 科技进步与对策，2005，增刊：373-375.

② THOMPSON J H. Some theoretical considerations for manufacturing geography［J］. Economic Geography，1966（42）：356-365. 张可云最早将汤普森的工业区生命周期理论引入中国。参见张可云. 区域大战与区域经济关系［M］. 北京：民主与建设出版社，2001：274-276。

表 3.7　　**工业区生命周期各阶段的特征及表现形式**

阶段	特征	表现形式
年轻阶段	技术创新和技术引进异常活跃；经济增长迅速；资本、人才大量涌入；市场急剧扩张	要素净流入
成熟阶段	主宰其他区域；输出人才、技术；在其他区域布局分厂；区际竞争加剧	要素输出
老年阶段	成本优势丧失；市场转移；区内机器、厂房过时，土地使用竞争使厂房无扩展之余地，拥挤成为常事；人才流失	区内原有新兴产业沦为衰退产业；成为萧条区或膨胀区

资料来源：综合整理自 THOMPSON J H. Some theoretical considerations for manufacturing geography［J］. Economic Geography，1966（42）：356-365.

业区仍保持比较区位成本优势且对其他区域而言处于主导地位；区域内企业在区外设立分厂，具有专业知识和管理经验的人员被输往区外，区内生产要素输出量大。

第三阶段为老年阶段。处于老年阶段的工业区，其原有的成本优势丧失殆尽；市场明显转移；厂房与机器过时，税收剧增，土地的过度使用造成拥挤现象；技术和管理人才外流；原有新兴产业沦为衰退产业。处于老年阶段的工业区若不及时地调整产业结构并再创新，则会丧失活力演变成萧条区。

汤普森所指的工业区实质上是产业革命时期的工业城市，他以美国的新英格兰地区（包括美国东北部的康涅狄克州、缅因州、马萨诸塞州、新罕布什尔州、罗德岛州和佛蒙特州）为例，剖析了该地区从年轻到老年的演变发展过程。工业区生命周期理论还阐释了区域主导产业的演变规律及其发展走向，为产业梯度推移理论的提出奠定了理论基础。尽管如此，该理论从某种意义上而言只是对区域经济发展与区际经济传播现象的一种归纳分析，并不能证明任何工业区都严格遵循这种发展秩序。步入老年期的工业区还可通过再创新而返老还童，从而进入新一轮的生命周期循环。

2. 巴特勒的旅游地生命周期理论①

“旅游地生命周期”的概念最早由基尔伯特（Gilbert，1939）提出。克里

① 本书关于旅游地生命周期理论内容的总结主要参考了以下文献：保继纲，楚义芳，等. 旅游地理学（修订本）［M］. 北京：高等教育出版社，1999：106-108；保继纲，等. 区域旅游开发——原理·方法·实践（第二版）［M］. 北京：科学出版社，2003：3-14。

斯塔勒（Christaller，1936）基于旅游地对艺术家和诗人极具吸引力的视角，将旅游地生命周期分为发掘、增长和衰退三个阶段。普洛格（Piog，1973）和斯坦斯菲尔德（Stansfield，1978）在克里斯塔勒理论的基础上将旅游者类型细分为探险型、中间型和保守型三类，增加了阶段划分的可操作性。多克斯（Doxey，1975）根据旅游者数量及“愤怒指数”将旅游地的发展过程划分为欣喜、冷漠、恼怒和对抗四个阶段。目前被学术界公认并广泛应用的是加拿大学者巴特勒（Bulter，1980）的旅游地生命周期理论。①

巴特勒以游客量为切入点，从营销和规划角度，根据旅游需求、供给、分销和竞争者状况等特征，将旅游地生命周期分为探索、参与、发展、巩固、停滞、衰落或复苏六个阶段（见图 3. 7），处于不同生命周期阶段的旅游地表现出不同的特点（见表 3. 8）。

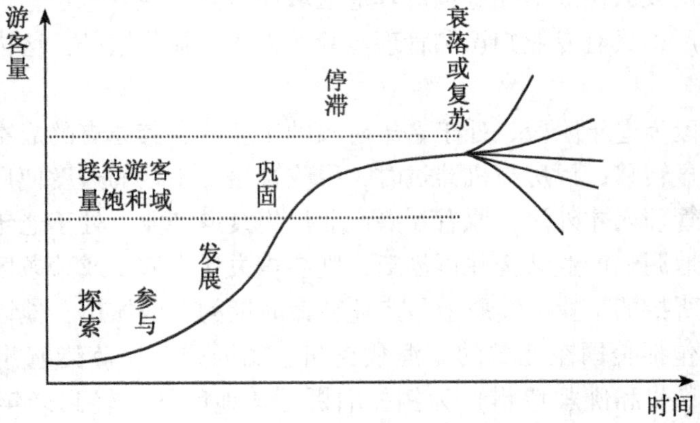

图 3. 7　旅游地生命周期曲线

（1）探索阶段是旅游地发展的初始阶段。此阶段仅有少量旅游者（环境爱好者或探险者），他们被旅游地的自然、人文资源吸引；旅游地缺少专设的接待设施，与旅游相关的供给厂商很少，不存在分销渠道，也不涉及旅游地的发展战略问题。

---

① BUTLER R W. The concept of a tourist area cycle of evolution：implications for management of resources［J］. Canadian Geographer，1980，（24. ）1：5-12. 保继纲、楚义芳、彭华的《旅游地理学》（北京：高等教育出版社，1993：134）首次将 Butler 旅游地生命周期理论引入中国。国内旅游学界在该理论的拓展及应用研究方面，已取得相当可观的成果。

表 3.8　**旅游地生命周期的阶段特征**

阶段	基本特征
探索阶段	零散游客；旅游地保持原有的自然环境和社会环境
参与阶段	游客人数增多；简便的接待设施；本地居民为适应旅游季节调整生活方式
发展阶段	成熟的旅游市场形成；外来投资激增；服务基础设施规模大、效果好；旅游地自然面貌改变显著
巩固阶段	游客增长率下降；总游客量继续增加，超过常住居民数量；旅游地大部分经济活动与旅游业紧密联系在一起
停滞阶段	游客量达到最大；旅游环境容量已趋饱和或超饱和；环境、经济和社会问题出现
衰退/复苏阶段	存在五种发展趋势

资料来源：综合整理自保继纲，楚义芳．旅游地理学（修订本）［M］．北京：高等教育出版社，1999：106-108.

（2）参与阶段的游客量逐渐增加，新增旅游者希望保持当地自然的感觉，并享受好的饭店、餐馆服务和娱乐设施；旅游地开始出现季节性特征，为此地方政府需着重强化促销活动、扩展分销渠道、改善交通条件，使潜在旅游者获得有关旅游地产品的信息，以增加旅游者的购买率。

（3）发展阶段的游客量显著增长，在旺季甚至超过当地居民数，但其消费能力有所下降；旅游地的商业化气息加重，外来投资者进入旅游地；市场竞争出现；旅游地的自然面貌有较显著的改变。

（4）巩固阶段的游客量增速开始下降但人数仍在增长；外来投资者对供给的控制进一步增强；分销渠道广泛；旅游地出现界限明确的旅游区和商业区；常住居民因生活受限制开始产生抵触情绪。

（5）停滞阶段的游客量达到最大，但旅游者的停留时间短，旅游花费少；旅游地对潜在旅游者的吸引力下降；社会、经济和环境等问题开始出现；旅游地供给厂商的数量保持稳定，但厂商之间的竞争更为激烈。

（6）衰落或复苏阶段存在五种发展趋势（见图 3.7）。①对旅游地卓有成效的深度开发，可吸引更多游客，进一步扩大市场。②较小规模的改造和调整，可使游客量小幅度增长。③调整各种容量水平，保持游客量稳定。④过度利用资源导致游客量显著下降。⑤战争、瘟疫或其他灾难性事件的发生导致游客量急剧下降，极难再恢复到原有水平。

后来学者用数量经济模型对巴特勒的理论进行验证，通过建立旅游地需求模型对旅游者数量进行分析，得出的类似对数曲线的市场增长情况与巴特勒生命周期曲线不谋而合。该理论实质上是一种分析的概念性框架，其关键不在于讨论旅游地的发展究竟存在几个阶段，每个阶段究竟应持续多长时间，而在于强调实践者应发现影响这种发展变化的内在原因，如产品特性的变化、企业或政府战略的变化、不可预见因素的影响等。后来学者对巴特勒的理论不断拓展，霍温恩（Hovinen，1981）和盖茨（Getz，1992）增加了旅游规划的因素，凯尔乐（Keller，1984）加入了复杂的决策过程和投资因素，库珀（Cooper，1989）和杰克森（Jackson，1989）增加了环境因素，史密斯（Smith，1992）增加了政府干预的因素。这些研究成果不仅丰富了巴特勒旅游地生命周期理论的内容，而且增强了其应用价值。库珀（1994）认为，巴特勒旅游地生命周期理论是一个能合理地解释旅游地发展的模型，可在旅游地规划和管理等方面为管理者提供理论指导。巴特勒的旅游地生命周期理论也存在明显的缺陷，如在预测功能方面，该理论没有进行市场的细分，如果出现游客故地重游的情况，运用该理论进行预测将会产生偏差。实践也证明几乎没有旅游地的发展是完全按照巴特勒所描述的这一曲线演进的。

3. 藤森英男的出口加工区生命周期理论

国际上关于出口加工区的界定主要有两种表述：①出口加工区是一个国家海关管辖范围外的独立区域。进入该区域的货物不必缴纳关税和当地其他税赋（主要是所得税和法人税）即可对货物进行加工、储存或用于生产制造。进口到区内的货物或在区内生产加工的制成品出口时亦不必缴纳关税，只有在进入国内市场时才缴纳税赋及其他地方税。②出口加工区是位于一国正常关税壁垒之外的特殊“飞地（Enclave）”。区域内投资企业以外国企业为主，在中间产品的进口、公司税、基础设施供应以及在解除该国其他地区实施的行业管制等方面享有优惠待遇，条件是所有进口的中间产品必须完全在该区域内使用或再出口。两种表述的共同点在于：出口加工区内不课征原定的关税和不实行关税法所规定的进口管理条例。出口加工区具有五大特征：功能是保税区；任务是生产出口产品；区内工业是劳动密集型工业；允许设立100%外贸控股企业；区内企业全面享受各种优惠政策。

世界范围内的出口加工区发展始于20世纪60年代，20世纪70年代许多国家都建立了出口加工区。日本学者藤森英男在《亚洲地区的出口加工区》

（1980）一书中最早提出了出口加工区生命周期理论，① 他根据出口加工区作用的变化过程，把出口加工区的生命周期分为诞生、成长、发展、衰退和消亡五个阶段，并将其描述成“S”形曲线（见图 3.8）。

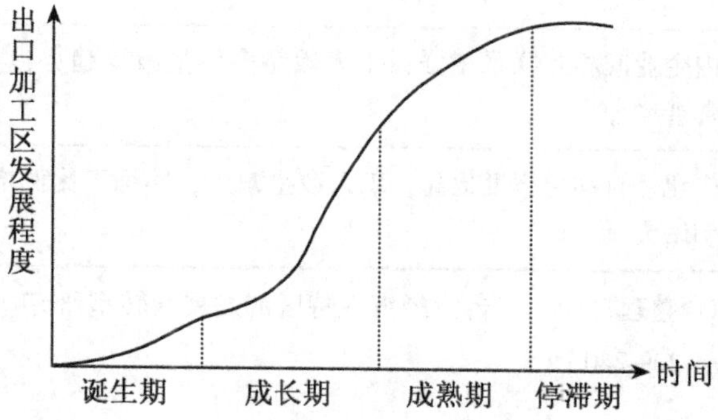

图 3.8　出口加工区的生命周期曲线

藤森英男认为，决定出口加工区生命周期长短的因素主要有：①法定的针对投资企业的各种优惠待遇（主要是税收优惠）的期限。设立出口加工区的国家或地区以法律形式规定的对外商投资企业的税收优惠期限大体上可被视为出口加工区的寿命期限。②出口加工区低工资优势的持续时间以及劳动生产效率方面的差距。低工资的优越性是出口加工区继续存在的重要条件之一，但如果当地的劳动生产效率过于低下，将会在某种程度上抵消工资低廉对其生命周期延续产生的正面影响。③生产技术水平的高低。出口加工区内多为加工装配业，由外商进口原料、零部件或中间产品。随着当地生产技术水平提高，不再仰求国外供应中间产品，出口加工区的生命周期就会缩短。④出口加工区之间的相互竞争。众多出口加工区在吸引投资、占领市场等方面的激烈竞争局面会缩短出口加工区的寿命。

藤森英男的出口加工区生命周期理论揭示了出口加工区兴衰演化的一般规律，对出口加工区发展理论的研究产生了深远影响。此后学术界不断拓展其理论，如加拿大籍华裔学者伍宗唐、周庆生（1994）以汕头经济特区为例，提出了出口加工区生命周期三阶段理论（见表 3.9）。

① 参见钟坚．台湾经济性特区的发展与转型研究［M］．北京：中国经济出版社，1999：236-239.

表 3.9　**出口加工区发展的三阶段及其特征**

阶段	特　征
阶段Ⅰ	区内以劳动密集型外商制造企业为主；雇用大量工人；与区外联系少；依靠外资
阶段Ⅱ	区内企业间相互联系增强；工人数量多但呈减少趋势；与区外联系增多；国内投资者增加
阶段Ⅲ	专门化、自动化程度提高；工人数量减少；熟练工比例增大；国内投资和合营比例增大

资料来源：综合整理自钟坚．台湾经济性特区的发展与转型研究［M］．北京：中国经济出版社，1999：239-240.

4. 开发区生命周期理论

开发区是一种世界性的经济现象，是社会经济发展到特定历史阶段的产物，一般是指一个国家或区域为吸引外部生产要素、促进自身经济发展而划出一定范围并在其中实施特殊政策和管理手段的特定区域，其发展具有生命周期的成长特征。

（1）丛林的开发区生命周期论。丛林（2005）借鉴产品生命周期理论，认为开发区发展的生命周期可分为创建、发展、成熟和衰退四个阶段，但这种周期性是针对具体开发区而言的，并不代表开发区发展的整体态势；当某开发区进入衰退阶段时，可转换发展思路，重新定位和确定新的发展方向、目标，通过“扬弃”和“升华”的过程，谋求持续发展。①

（2）阎国庆等的开发区生命周期论。阎国庆等（2006）② 基于国家生命周期、产业生命周期、企业生命周期等生命周期理论和开发区发展理论，将开发区（经济技术开发区）的生命周期划分为创建、成长、转换、成熟、回归五个阶段（见图 3.9）。开发区在不同阶段呈现不同的发展特征。创建期是开发区创立和诞生的时期。这一阶段的开发区要解决的首要问题不是成长而是生

---

① 丛林．国家级经济技术开发区发展战略研究［J］．开发研究，2005（2）：27-28.

② 阎国庆，仲鸿生，任建雄，孙琪．我国开发区治理模式探索［J］．管理世界，2006（1）：147-148；阎国庆，等．开发区治理［M］．北京：中国社会科学出版社，2006：78-80.

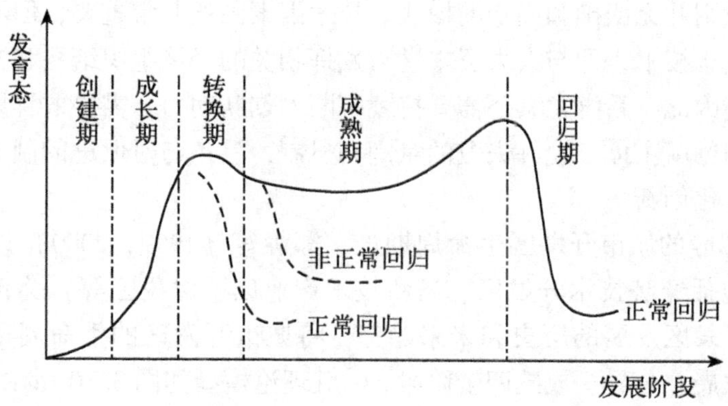

图 3.9　开发区生命周期模型

存问题，开发区之间的竞争以优惠政策竞争为主。在这一阶段开发区具有创新活力和动力，区内充满创新、冒险、创业氛围，企业快速集聚扎堆，生命力旺盛，但规模较小。成长期则是开发区开始由小到大、由弱趋强的时期。这一阶段的开发区在规模上得到扩张或实力大大增强，在区域经济发展中具有增长极的带动功能，发挥示范带头的作用。在这一阶段创新创业的生态环境初步生成，人才资源集聚增多，少部分企业实现模仿创新的跨越，区内产业竞争力不断加强，出现了产业升级和转型的迹象。同时，在这一阶段也会出现一部分开发区创新动力不足，未完成其历史使命而直接进入夭折性回归期的情况。转换期是开发区多条发展轨迹的拐点和转折时期。该阶段开发区需要度过二次创新创业和产业升级转型的关口，开发区之间的优惠政策竞争逐渐被制度竞争取代。而具备良好创新机制和创新创业生态环境，以及具备技术自主创新能力和适宜的创新制度安排的开发区，则逐步进入成熟期。在这一阶段开发区处于适合创新创业的生态环境中，形成了创新创业的积聚区，通过制度创新为企业创造最佳的创新创业环境。回归期是指开发区已完成其历史使命，回归为城市发展的一般性工业区。其周边区域在开发区的长期带动下，成为与开发区全方位融为一体的工业新城区。在这一阶段，开发区与周边地区在制度、体制和创新环境方面没有边界和孤岛隔离现象。开发区向不同发展阶段过渡和转换需要一定的前提条件，通常受创新动力、外部环境条件制约。成长期和转换期在系统演化中最为关键。从其演绎规律看，回归期是其发展的历史必然归宿。由于条件不同，开发区在发展和转换阶段的途径上呈现离散性特征，有些开发区未进入成长、成熟阶段而直接进入到回归阶段。对于开发区在转换期究竟需要什么具体措施，政府应该采用哪些政策或治理手段使系统获得再生并进入到成长期或成熟期，则并无明确和固定的模式。技术因素固然非常重要，但不是决定因素。制度重于技术，即与人力资本潜力发挥相关的经济组织结构和文化传统等社会因素。因此，系统尤其还需要持续不断的创新动力，需要敢冒风险、勇于承担风险的创新主体，允许失败的氛围和机制，具备与时俱进的制度创新、观念创新和文化创新。

（3）郑静的城市开发区生命周期论。郑静等（1999，2000）以中国城市开发区（包括经济技术开发区、高新技术产业区、保税区等）为例，并综合世界各国开发区发展的历史和未来趋势，将城市开发区的生命周期划分为起步、扩张发展、分异、成熟四个阶段，① 其理论模型如图 3.10 所示。

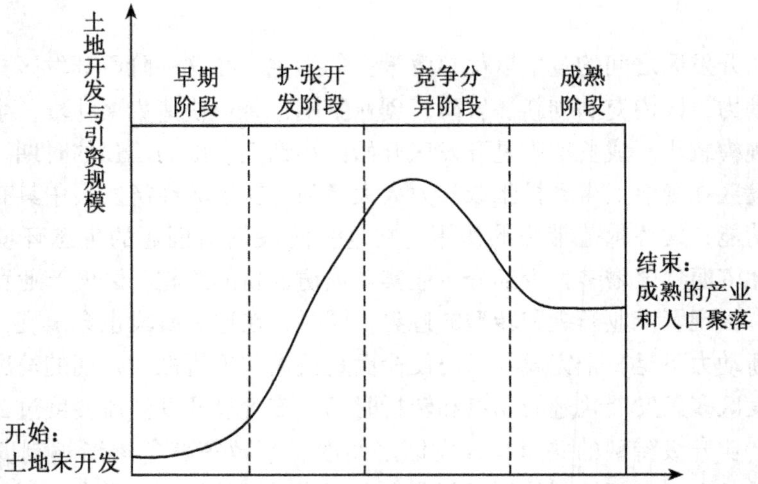

图 3.10　成熟开发区的生命周期

目前学术界对区域生命周期的研究还仅停留在认识和描述的层面上，真正能够用其作为预测工具的并不多见。从该理论的发展趋势来看，引进数量经济模型对某一特定区域生命周期进行模拟和预测，将是该理论未来研究的发展方向。

① 郑静．城市开发区发展的生命周期——兼论广州开发区现状及其持续发展策略［J］．城市发展研究，1999（1）：25-30；郑静，薛德升，朱竑．论城市开发区的发展：历史进程、理论背景及生命周期［J］．世界地理研究，2000（2）：79-85.

◎ 复习思考题

1. 概念解释

新古典区域经济增长模型；推进型单元；产业增长极；区域增长极；功能学派增长极理论；地理学派增长极理论；循环累积因果理论；地理上的二元经济结构理论；核心—外围理论

2. 简述区域经济增长要素的分类方法。

3. 简述区域经济增长要素的功能。

4. 简述佩鲁增长极理论的基本内容。

5. 简述倒 U 型理论的基本内容。

6. 简述钟型理论的基本内容。

7. 简述胡佛—费雪的区域经济增长阶段理论的基本内容。

8. 简述汤普森工业区生命周期理论的基本内容。

9. 简述巴特勒旅游地生命周期理论的基本内容。

10. 简述藤森英男出口加工区生命周期理论的基本内容。

◎ 开放性思考题

1. 如何运用区域经济增长要素理论分析区域经济发展中的“民工荒”和“劳务经济”现象？

2. 如何运用区域经济增长要素理论分析区域经济发展中的“招商引资”、“招才引智”热现象？

3. 如何运用区域经济增长（发展）阶段理论分析区域经济发展过程中的“区域生命周期”现象？

4. 如何运用倒 U 型理论、钟型理论分析中国区域经济增长差距的发散及收敛规律及趋势？

5. 如何理解胡佛倡导的“需求与供给是区域经济发展的决定因素”这一论断？

◎ 参考文献

1. 于宗先，等．空间经济学［M］．台北：联经出版事业公司，1986.

2. ［英］哈维·阿姆斯特朗，寄姆·泰勒．区域经济学与区域政策（第三版）［M］．刘乃全，等译．上海：上海人民出版社，2007.

3. 魏后凯，等．现代区域经济学［M］．北京：经济管理出版社，2006.

4. 魏后凯．区域经济发展的新格局［M］．昆明：云南人民出版社，1995.

5. 陈栋生，等．区域经济学［M］．郑州：河南人民出版社，1993.

6. 刘再兴，等．区域经济理论与方法．北京：中国物价出版社，1996.

7. 陈秀山，张可云．区域经济理论［M］．北京：商务印书馆，2003.

8. 张可云．区域大战与区域经济关系［M］．北京：民主与建设出版社，2001.

9. 张可云．区域经济政策——理论基础与欧盟国家实践［M］，北京：中国轻工业出版社，2001.

10. 张可云．区域经济政策［M］，北京：商务印书馆，2005.

11. 郝寿义，安虎森，等．区域经济学［M］．北京：经济科学出版社，1999.

12. 郝寿义，安虎森，等．区域经济学（第二版）［M］．北京：经济科学出版社，2004.

13. 朱明春．区域经济理论与政策［M］．长沙：湖南科学技术出版社，1991.

14. 费洪平．中国区域经济发展［M］．北京：科学出版社，1998.

15. 段进．城市空间发展论［M］．江苏科技出版社，1999.

16. 崔功豪，魏清泉，陈宗兴．区域分析与规划［M］．北京：高等教育出版社，1996.

17. 武友德．不发达地域经济成长论［M］．北京：中国经济出版社，2000.

18. 饶会林．城市经济学（下）［M］．大连：东北财经大学出版社，1999.

19. 陈自芳，熊国和．区域经济学概论［M］．杭州：浙江人民出版社，2002.

20. 王必达．后发优势与区域发展［M］．上海：复旦大学出版社，2004.

21. ［法］弗朗索瓦·佩鲁．略论增长极概念［J］．李仁贵，译．经济学译丛，1988（9）.

22. ［法］弗朗索瓦·佩鲁．发展极概念在经济活动一般理论中的新地位

[J]．张立球，译．经济译文，1990（6）．

23. 李仁贵．区域开发中的成长阶段理论评介［M］．开发研究，1990（5）．

24. 李仁贵．西方区域发展理论的主要流派及其演进．经济评论，2005（6）．

25. 高玉芳．区域经济增长理论研究．经济评论，1994（5）．

26. 苗长虹．区域发展理论：回顾与展望．地理科学进展，1999，18（4）．

27. 王必达．西方区域经济发展理论的演变与启示．兰州商学院学报，2004，20（4）．

28. 高志刚．区域经济发展理论的演变及研究前沿．新疆教育学院学报，2002，18（1）．

29. 张可云．三种区域经济发展理论介绍［J］．生产力研究，1990（4）．

30. 饶会林．区域发展差距走势的理论与方法分析——对倒 U 字型观点的评价与发展［J］．青岛科技大学学报（社会科学版），2005，21（1）．

31. 饶会林，陈福军，董藩．双 S 曲线模型：对倒 U 型理论的发展与完善［J］．北京师范大学学报（社会科学版），2005（3）．

32. 魏后凯．西方区域经济发展理论——西方区域经济学述评（下）［J］．开发研究，1990（5）．

33. BOUDEVILLE J R. Problems of regional economic planning [M]. Edinburgh: Edinburgh University Press, 1966.

34. MYRDAL G. Economic theory and underdeveloped region [M]. London: Duckworth, 1957.

35. KALDOR N. The case for regional policies [J]. Scottish Journal of Political Economy, 1970, 17 (3).

36. DIXON R J, THIRLWALL A P. A model of regional growth rates differences on Kaldorian lines [J]. Oxford Economic Papers, 1975, 27 (2).

37. FRIEDMANN J. Regional development policy: a case study of Venezuela [M]. Cambridge, Mass: MIT Press, 1966.

38. FRIEDMANN J. A general theroy of polarized development [M]. Los Angeless: UCLA, 1967.

39. FRIEDMANN J. Urbanization, Planning, and regional development [M]. Beverly Hills, Calif; Sage Publication, 1973.

40. WILLIAMSON J G. Regional inequality and the process of national development: a description of the patterns [J]. Economic Development and Cultural Change, 1965, 13.

41. ALONSO W. Five bell shaped curves [J]. Papers of the Regional Science Association, 1980, 45.

第 4 章

区域产业结构与组织理论

所谓产业，是国民经济各部门各行业的总称。区域产业结构是指区域经济中各类产业之间的内在联系和比例关系（陈栋生等，1993）。① 区域产业组织是促进区域资源要素优化配置、提高区域资源要素综合利用的产业空间组织形态。区域产业结构、产业组织是区域经济发展水平、质量的重要表征，在很大程度上决定着区域经济发展的能力、潜力及方向。区域产业结构与组织理论是区域经济学理论内容体系中亟待进行创新性建设的重点内容。本章重点论述区域产业结构分类及评价、区域产业结构配置和优化等区域产业结构理论内容；② 区域产业链、产业集群、产业带等区域产业组织理论内容。③

① 陈栋生，等．区域经济学［M］．郑州：河南人民出版社，1993：61.

② 在 1989～2007 年国内已出版的 50 多种不同版本区域经济学教科书中，不少教科书关于区域产业结构的论述内容基本上是简单“移植”或沿袭以国民经济为论域的产业经济学中的相关内容，未能彰显区域经济学学科特色。本书认为，区域经济学视域中的区域产业结构理论应重点阐述区域产业兴衰规律（如区域产业生命周期等）；区域优势产业、潜导产业、主导产业、支柱产业的关联、培育及演替规律；区域主导产业、辅助产业和基础产业配置规律；区域产业结构评价分析等。

③ 国内已出版的绝大多数区域经济学教科书都未论及区域产业组织理论。本书认为，区域产业组织理论有“传统”与“现代”之分。传统区域产业组织理论以“地域生产综合体”理论最具代表性。地域生产综合体理论是前苏联学者对 20 世纪 20 年代～20 世纪 30 年代前苏联生产力布局和经济区划实践经验的理论总结。地域生产综合体既是区域经济开发的空间组织理论模式，也是区域产业空间组织理论模式。20 世纪 40 年代～20 世纪 80 年代地域生产综合体理论对前苏联、中国、美国等国的区域经济理论及实践产生了深远影响。有关此论题的论述参见《马克思主义区域经济理论研究》（吴传清，等．北京：经济科学出版社，2006：37-50，153-183）。现代区域产业组织理论以 20 世纪 80 年代以来兴起的产业带、产业链、产业集群等理论最具代表性。

4.1 区域产业结构分类及评价分析

4.1.1 区域产业结构的分类法

区域产业结构的分类法大体上可概括为一般分类法和功能分类法两类。

4.1.1.1 区域产业结构的一般分类法

1. 基于社会生产活动历史发展顺序的三次产业分类法

三次产业分类法是一种基于社会生产活动历史发展顺序的分类法，是对国民经济产业部门的全面划分。迄今为止，世界各国关于三次产业尚无一个统一的划分标准和界定范围。中国自 1985 年起开始采用三次产业分类法，并在 2002 年颁行的国家标准《国民经济行业分类》（GB/T4754-2002）中对三次产业作了详细的分类规定，其基本内容如表 4.1 所示。三次产业分类法通常被用来研究区域产业结构演进规律和演进趋势。

2. 基于生产要素密集程度的产业分类法

根据经济活动对资源要素（资本、劳动力、技术、自然与人文资源等）的依赖程度，可将经济活动的各部门划分为资源密集型产业、资本密集型产业、劳动密集型产业和技术密集型产业。资源密集型产业通常是指在生产过程中需要占用或消耗大量自然资源的生产部门，如农业、采矿业等。资本密集型产业是指生产技术装备程度较高、每个劳动力或单位产品所需或占用投资较多的生产部门，如钢铁工业、化学工业等。劳动密集型产业是指生产技术装备程度较低，需大量使用劳动力进行生产活动的生产部门，如传统的纺织、服装、食品等轻工业部门。技术密集型产业（又称“知识密集型产业”）是指需要运用复杂、先进、现代化的科学技术才能进行生产的生产部门，如高新技术产业。基于生产要素密集程度的产业分类法对研究区域生产要素优势以及规划区域产业结构具有重要意义，有助于各区域根据各自区情选择适宜发展的产业。

3. 基于社会部门性质的标准产业分类法

联合国工业组织 1971 年制定并审议了《全部经济活动的国际标准产业分类索引》，旨在统一世界各国产业分类，推荐各国政府在进行国际间统计数据比较时使用。它的颁布实施为各国提供了用于各种经济活动分类比较的基本框架，成为国际间统计数据对比和交流的工具。该分类标准的1989年第三版将产业类型细分为门类（Section）、大类（Division）、中类（Group）和小类（Class）四大层次。中国自20世纪80年代以来先后制定、公布了三个有关国民经济产业分类的标准，即1985年的《关于三次产业的划分（GB4754-1984）》、1994年的《国民经济行业分类与代码（GB/T4754-1994）》、2002年的《国民经济行业分类（GB/T4754-2002）》。2002年版新标准立足于中国国情，充分考虑了与国际标准的兼容、接轨，参照国际通行的经济活动同质性原则将整个国民经济活动细分为"类别"（即第一、第二、第三产业）、"门类"（国民经济大的部门）、"大类"（国民经济中的产业组成）、"中类"（各产业内部中行业的划分）、"小类"（涉及行业中的具体产品或工艺的划分）五大层次。其中，行业门类20个；行业大类95个；行业中类396个；行业小类913个。国民经济行业的"类别"、"门类"和"大类"具体分类内容如表4.1所示。

表4.1　**中国国民经济行业分类标准（2002年版）**

类别	门类（代码、名称）	大类（代码、名称）
第一产业	A 农、林、牧、渔业	01 农业；02 林业；03 畜牧业；04 渔业；05 农、林、牧、渔服务业
第二产业	B 采矿业	06 煤炭开采和洗选业；07 石油和天然气开采业；08 黑色金属矿采选业；09 有色金属矿采选业；10 非金属矿采选业；11 其他采矿业
	C 制造业	13 农副食品加工业；14 食品制造业；15 饮料制造业；16 烟草制品业；17 纺织业；18 纺织服装、鞋、帽制造业；19 皮革、毛皮、羽毛（绒）及其制品业；20 木材加工及木、竹、藤、棕、草制品业；21 家具制造业；22 造纸及纸制品业；23 印刷业和记录媒介的复制；24 文教体育用品制造业；25 石油加工、炼焦及核燃料加工业；26 化学原料及化学制品制造业；27 医药制造业；28 化学纤维制造业；29 橡胶制品业；30 塑料制品业；31 非金属矿物制品业；32 黑色金属冶炼及压延加工业；33 有色金属冶炼及压延加工业；34 金属制品业；35 通用设备制造业；36 专用设备制造业；37 交通运输设备制造业；39 电气机械及器材制造业；40 通信设备、计算机及其他电子设备制造业；41 仪器仪表及文化、办公用机械制造业；42 工艺品及其他制造业；43 废弃资源和废旧材料回收加工业

续表

类别	门类（代码、名称）	大类（代码、名称）
第二产业	D 电力、燃气及水的生产和供应业	44 电力、热力的生产和供应业；45 燃气生产和供应业；46 水的生产和供应业
	E 建筑业	47 房屋和土木工程建筑业；48 建筑安装业；49 建筑装饰业；50 其他建筑业
第三产业	F 交通运输、仓储和邮政业	51 铁路运输业；52 道路运输业；53 城市公共交通业；54 水上运输业；55 航空运输业；56 管道运输业；57 装卸搬运和其他运输服务业；58 仓储业；59 邮政业
	G 信息传输、计算机服务和软件业	60 电信和其他信息传输服务业；61 计算机服务业；62 软件业
	H 批发和零售业	63 批发业；65 零售业
	I 住宿和餐饮业	66 住宿业；67 餐饮业
	J 金融业	68 银行业；69 证券业；70 保险业；71 其他金融活动
	K 房地产业	72 房地产业
	L 租赁和商务服务业	73 租赁业；74 商务服务业
	M 科学研究、技术服务和地质勘查业	75 研究与试验开发；76 专业技术服务业；77 科技交流和推广服务业；78 地质勘查业
	N 水利、环境和公共设施管理业	79 水利管理业；80 环境管理业；81 公共设施管理业
	O 居民服务和其他服务业	82 居民服务业；83 其他服务业
	P 教育	84 教育
	Q 卫生、社会保障和社会福利业	85 卫生；86 社会保障业；87 社会福利业
	R 文化、体育和娱乐业	88 新闻出版业；89 广播、电视、电影和音像业；90 文化艺术业；91 体育；92 娱乐业
	S 公共管理和社会组织	93 中国共产党机关；94 国家机构；95 人民政协和民主党派；96 群众团体、社会团体和宗教组织；97 基层群众自治组织
	T 国际组织	

资料来源：根据国家标准《国民经济行业分类》（GB/T4754-2002）整理。

此外，还有其他多种产业分类法。如轻、重工业分类法；轻、重、化工业分类法；传统产业和高新技术产业分类法；夕阳产业和朝阳产业分类法等。

区域经济是一国国民经济系统的子系统。区域产业结构分析研究所采用的上述产业分类法均是一般性的国民经济产业分类法在区域产业分类中的具体运用。

4.1.1.2　区域产业结构的功能分类法

根据各产业间的关联程度和方式，以及各产业在区域产业系统中的地位、作用和功能，可将区域的全部产业划分为主导产业、辅助产业和基础性产业三类。产业功能分类法在各种区域产业分类法中居于核心地位（杜肯堂等，2004）。①

主导产业是指在区域经济增长中起组织和带动作用的产业。主导产业具有两大显著特点：一是生产规模大，产品输出率高且在全国或较大区域范围同类产品中占有较高的比重；二是与区域内其他产业的关联效应强，是区域经济发展的核心，主导着区域产业结构的发展方向，并带动区域内其他产业发展。

辅助产业又称配套产业或关联产业，是指围绕主导产业发展，并服务于主导产业的协作配套产业。根据辅助产业和主导产业的联系方式，可将辅助产业分成前向联系产业、后向联系产业和侧向联系产业。前向联系产业是指对主导产业的产品进行再加工或对其副产品和废料进行综合利用的产业。后向联系产业是指为主导产业提供原料、半成品、零部件等生产资料的产业。侧向联系产业是指为主导产业提供技术、能源和其他服务的产业。

基础性产业是指为区域经济增长、社会发展、居民生活提供公共服务的产业。基于其作用性质的不同，可细分为生产性基础产业、生活性基础产业、社会性基础产业三类。

按照产业功能分类法，任何一个区域的产业结构都可分解组合为主导产业、辅助产业和基础性产业三类，构成以主导产业为核心的区域三环同心圆产业结构模式（陈栋生等，1993），② 如图4.1所示。在此类区域产业结构模式中，主导产业是区域产业的组织核心，辅助产业和基础性产业依据与主导产业的经济技术联系，彼此连接，形成联系紧密有序、相互依存、相互促进或制约

① 杜肯堂，戴士根，等．区域经济管理学［M］．北京：高等教育出版社，2004：62.

② 陈栋生，等．区域经济学［M］．郑州：河南人民出版社，1993：63-64.

的产业系统（李小建等，1999、2006），① 如图 4.2 所示。

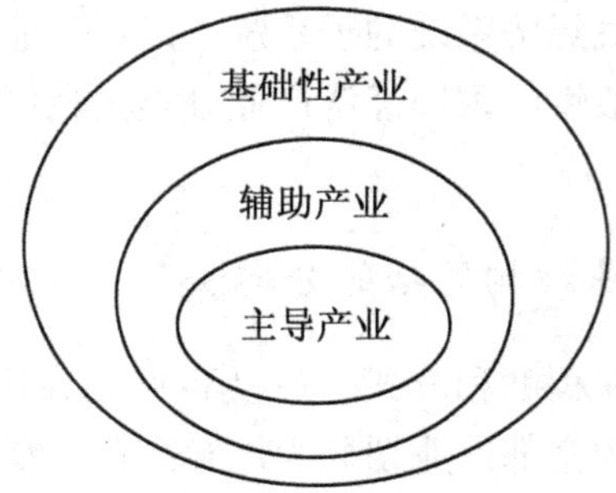

图 4.1　区域三环同心圆产业结构模式图

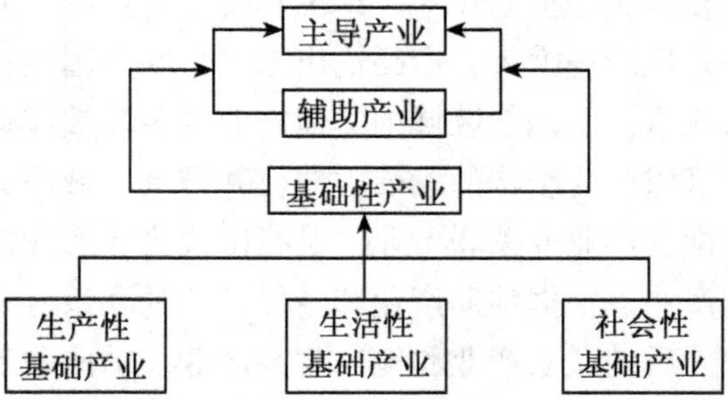

图 4.2　区域产业系统分类关系图

由于产业功能分类法能较好地体现区域劳动地域分工的要求、区域内各产业的地位、功能和作用，以及相互间联系的密切程度，所以它是区域产业经济分析中常用的一种区域产业结构分类法，是进行区域产业结构配置规划的一种理想工具。

4.1.2　区域产业结构评价和分析

4.1.2.1　区域产业结构合理性评价

区域产业结构的形成不仅取决于区域内部条件，而且也受区域外部环境的影响。区域内部条件是决定区域产业结构的内因，区域外部环境是影响区域产

① 李小建，等．经济地理学［M］．北京：高等教育出版社，1999：166；李小建，等．经济地理学（第二版）［M］．北京：高等教育出版社，2006：176.

业结构的外因（杜肯堂等，2004）。① 决定区域产业结构的内部条件包括：区域自然资源状况、人力资源状况、资金供给状况、科学技术水平、原有产业基础和生产传统等。影响区域产业结构的外部环境包括：社会消费（生产消费和生活消费）需求、国家产业布局规划和产业政策、区域间经济联系与区际分工、国际经济技术交流等。

合理的区域产业结构对区域经济增长和发展具有极其重要的影响作用。总体而言，区域产业结构的合理性评价涉及六大方面（周起业等，1989；刘再兴等，1993；李小建等，1999、2006；郝寿义等，1999、2004；安虎森等，2004）：②

1. 已形成的区域产业结构同区域资源结构是否相适应，能否有效地发挥区域要素禀赋优势

所谓资源结构即生产要素结构，是指自然资源、劳动力、资本和技术之间的相对比例关系。合理的区域产业结构应能充分利用区域内具有优势的资源和要素，形成区域经济增长的优势。在已形成的区域产业结构中，若较多地利用区域优势资源和要素生产适销对路的优势产品，则该产业结构就是比较合理的。区域产业结构必须是资源导向和市场导向的统一。

2. 区域产业系统的功能能否担负起区域在区际或全国地域分工中的重任

合理的区域产业结构应能担负起区域在区际或全国地域分工中的重任，其评价的重点是分析区域产业结构的专业化程度，特别是区域主导产业在区际分工中的作用。大区域系统由若干小区域子系统组成，若各区域子系统都能基于自身优势建立起以优势生产要素为专业部门的产业系统，通过专业化部门产品的大量对外输出和交换，则区域子系统之间可实现合理的经济分工，从而使各区域子系统乃至整个区域均能获利。若区域的主导产业是发展规模适度的专业

---

① 杜肯堂，戴士根，等．区域经济管理学［M］．北京：高等教育出版社，2004：65.

② 周起业，等．区域经济学［M］．北京：中国人民大学出版社，1989：282-284；刘再兴，等．中国区域经济：数量分析与对比研究［M］．北京：中国物价出版社，1993：43-46；李小建，等．经济地理学［M］．北京：高等教育出版社，1999：172-173；李小建，等．经济地理学（第二版）［M］．北京：高等教育出版社，2006：182-183；郝寿义，安虎森，等．区域经济学［M］．北京：经济科学出版社，1999：225-230；郝寿义，安虎森，等．区域经济学（第二版）［M］．北京：经济科学出版社，2004：248-253；安虎森，等．区域经济学通论［M］．北京：经济科学出版社，2004：311-314.

化部门，且这些专业化部门能大量向外输出产品，与其他区域进行分工协作，担负起大区域或全国地域分工的重任，对大区域或全国层次产业结构的优化和协调做出自身的独特贡献，那么该区域的产业结构就是合理的。

3. 区域内各产业之间是否协调

合理的区域产业结构应是区域内各产业之间联系紧密、协调发展，尤其是主导产业与辅助产业、基础性产业之间在数量、规模、时序和空间布局诸方面相互协作。区域内部各产业间关联度大，则区域经济凝聚力强，经济综合实力也强，产业之间可相互促进、取长补短，企业生产成本降低，产品的市场竞争力提高，区域经济发展潜力大，前景好。在区域内产业间的关联中，主导产业和非主导产业之间的关联尤为重要，处于关键地位。一方面，主导产业一般为资金密集、技术先进、规模较大的产业，它与非主导产业关联度大，可利用其产业优势对区域内相关产业产生辐射作用，带动相关产业发展，从而促进整体区域经济发展；另一方面，主导产业因其高产业关联度可得到相关非主导产业的配合和支持，持续健康发展，从而促进整体区域经济系统高效运转。

4. 区域产业结构是否具有较强的转换能力和应变能力

区域产业结构的演化是一个永无止境的动态过程，合理的区域产业结构应具有较强的转换能力和应变能力。随着区域内外环境条件的变化，区域产业结构应能及时应变，充分吸收和消化区域内外的资源与要素，有效地将外来因素转换为输出，形成强大的扩张、输出能力；能在外部环境发生重大变化时，通过内部组织机制的调节，减少和消除外部因素的不利影响，保持区域经济持续健康发展；能够在内部结构保持相对稳定有序的情况下，不断实现产业结构的高级化。

5. 区域产业结构是否具有先进性

合理的区域产业结构的先进性体现为区域主导产业先进、新旧产业更替快速及时。区域主导产业越先进，就越有能力带动其他产业发展。区域内新旧产业更替快，区域经济充满活力，区域产业经济发展因此更具有推动力。

6. 区域产业结构是否具有高结构性效益

结构性效益是衡量区域产业结构合理与否的最终标准。合理的区域产业结构必须具有高结构性效益，如果某区域经济效益良好，且良好的经济效益源于其产业结构，那么该产业结构就是合理的；相反，如果某区域经济效益欠佳，且较差的经济效益是由其产业结构引致的，那么该产业结构就是不合理的。区域产业结构的结构性效益可采用产业结构效益、偏离—份额分析法等评价方法测度。

4.1.2.2　区域产业结构分析

1. 区域产业结构的定性分析

区域产业结构的定性分析描述大体包括以下基本内容：

（1）影响区域产业结构形成、演化的因素分析。包括决定和影响区域产业结构的因素分析，导致区域产业结构变化的成因分析等。

（2）区域产业结构演化的历史规律和发展趋势分析。

（3）区域产业结构的多层次分析。包括：区域三次产业结构分析、区域农轻重产值结构分析、区域农业行业结构分析、区域工业结构分析、区域服务业结构分析、区域生产要素密集度结构分析、区域功能产业结构分析等。

2. 区域产业结构的定量分析

郝寿义等（1999，2004）将常用的区域产业结构定量分析指标归纳为 12 种（见表 4.2）。

表 4.2　**常用的区域产业结构定量分析指标**

定量分析指标	分析用途
1. 产业比较优势度	反映区域产业结构中具有比较优势的产业部门
2. 工业化结构比重数	反映区域产业结构中工业发展的水平和程度，以及所处的地位
3. 产业专门化率 4. 区位商	反映区域产业结构中专业化部门及其专业化程度
5. 产业专业化系数 6. 相关系数 7. 相似系数	反映研究区域与对比区域产业结构的异同程度

续表

定量分析指标	分析用途
8. 产业结构变化率	反映区域产业结构随时间的变化程度
9. 产业结构效益（以工业结构为代表） 10. 结构影响指数 11. 效益超越系数 12. 偏离—份额分析	反映区域产业结构的素质和效益的好坏

资料来源：整理自郝寿义，安虎森，等．区域经济学［M］．北京：经济科学出版社，1999：232-238；郝寿义，安虎森，等．区域经济学（第二版）［M］．北京：经济科学出版社，2004：255-262.

在目前的区域产业结构定量分析中，采用较多的定量分析指标大致有以下八种：

（1）产业比较优势度。衡量一个产业是否具有比较优势，一般可选用“比较成本”、“比较劳动生产率上升率”两个指标衡量。

比较成本的测度公式为：

$$B_1=\frac{C_1}{C_2}$$

式中，C_1 代表研究区域某产业产品的销售成本；C_2 代表研究区域层次更高的区域同产业产品的销售成本；B_1 代表研究区域某产业产品的比较成本。$B_1<1$，说明研究区域该产业产品的成本低于高层次区域的平均值，则该产业产品具有比较优势，B_1 小于 1 越多，该产业的优势度越大；相反，$B_1>1$，说明该产业的成本高于高层次区域的平均水平，不具备比较优势。

比较劳动生产率上升率的测度公式为：

$$B_2=\frac{L_1}{L_2}$$

式中，L_1 代表研究区域某产业某一时期内的劳动生产率的年增长率，L_2 代表较高层次区域同产业同一时期内的劳动生产率的年增长率，B_2 代表研究区域某产业某一时期内的劳动生产率上升率。$B_2>1$，说明研究区域该产业劳动生产率高于较高层次区域的平均水平，研究区域内该产业具有比较优势；

$B_2<1$,说明研究区域该产业不具有比较优势。

以上两个指标，分别是从投入和产出的角度来反映区域产业比较优势的。两个指标配合使用，可较好地达到目的。

（2）产业专门化率。其测度公式为：

$$Z=\frac{g_1}{g_2}\div\frac{Q_1}{Q_2}$$

式中，g_1 和 g_2 分别代表研究区域某产业及其较高层次区域同产业的净产值，Q_1 和 Q_2 分别代表研究区域及其较高层次区域全部产业净产值，X 代表研究区域产业专门化率。$Z>1$，说明该产业是研究区域的专门化部门，Z 值越大，说明该产业在研究区域中专门化程度越高，即集中程度越高，该产业的产品输出规模越大；$Z\leqslant 1$，说明该产业不是研究区域的专门化部门。

（3）区位商。其测度公式为：

$$Q=\frac{j_1}{j_2}\div\frac{b_1}{b_2}$$

式中，j_1 和 j_2 分别代表研究区域及其较高层次区域某同一产业部门的就业人数，b_1 和 b_2 分别代表研究区域及高层次区域就业人数，Q 代表研究区域某一产业部门的区位商。$Q>1$，则研究区域在某产业部门的集中程度大于其较高层次区域平均水平，是研究区域的专业化部门和产品输出部门，Q 值越大，则研究区域在该产业部门的集中程度越高；反之，$Q\leqslant 1$，则该产业部门不是研究区域的专业化部门。

产业专门化率指标和区位商指标反映的都是区域产业结构中专业化部门及其专业化程度的问题，只是反映问题的角度不同而已，前者用的基础指标是净产值，而后者用的基础指标是就业人数。看一个区域是否形成了主导产业，一个简要的衡量指标就是产业专门化率或者区位商。但是需要说明的是，产业专门化率和区位商都只是反映了区域专业化的相对程度，并不能完全反映区域的实际专业化程度。产业专门化率和区位商大于 1 的产业部门可能总体规模很小，因而这一产业部门的专业化产品在区内所占的比率将会非常小。同时，产业专门率和区位商只是反映研究区域与其较高层次区域在产业构成上的差异或相似程度，对于经济实力较弱的区域而言，由于总体经济规模较小，即使区域内某一产业部门的区位商和专门化率较高，这一产业部门本身在其较高层次区域同一产业部门的总量中也只有很小的比重，甚至低于别的区域中产业专门化率和区位商小于 1 的同一部门在全国所占的比重。在这种情况下，这一产业部门就难以成为区域的主导产业部门，而真正能成为区域主导部门的专业化部门

(Z 和 Q 都大于 1)，必须具有较大的规模，且在本区产业部门和全国相应部门中都占有重要的地位。

(4) 产业专业化系数。其测度公式为：

$$C_1 = \sum \left| Q_{i1} - Q_{i2} \right|$$

式中，Q_i 代表其产业部门 i 在整个产业中所占的百分比，下标 1、2 分别代表不同的两个区域，$\sum$ 代表将两区域相同产业部门占其整个产业的比例差的绝对值相加，C_1 代表区域产业专业化系数。

这个指标反映研究区域与对比区域产业结构的差异程度，用来衡量研究区域产业结构的特色。其系数值 C_1 在 0 ~ 100% 之间，C_1 数值越大，区域产业结构特色越明显，说明与对比区域经济互补性越强；反之，C_1 数值越小，说明研究区域与对比区域的产业结构越是相似和雷同。

(5) 相关系数。其测度公式为：

$$r_{ij} = \frac{\sum_{k=1}^{n} (x_{ik} - \bar{x}_i)(x_{jk} - \bar{x}_j)}{\sqrt{\sum_{k=1}^{n} (x_{ik} - \bar{x}_i)^2 \cdot \sum_{k=1}^{n} (x_{jk} - \bar{x}_j)^2}} \quad -1 < r_{ij} < 1$$

式中，x_{ik} 和 x_{jk} 分别代表区域 i 和区域 j 各自 k 部门在其产业结构中所占的比重，$\bar{x}_i$ 和 $\bar{x}_j$ 分别代表区域 i 和区域 j 各部门在其产业结构中的比重的平均值，r_{ij} 代表区域 i 和区域 j 产业结构的相关系数。当 $r_{ij} = -1$ 时，两个区域产业结构截然相反；$r_{ij} = 1$，两区域产业结构完全相同；$r_{ij} = 0$，两区域产业结构不相关。

(6) 相似系数。其测度公式为：

$$S = \frac{\sum_{k=1}^{n} (X_{ik} \cdot X_{jk})}{\sqrt{\left(\sum_{k=1}^{n} X_{ik}^2 \cdot \sum_{k=1}^{n} X_{jk}^2\right)}} \quad 0 < S < 1$$

式中，x_{ik} 和 x_{jk} 分别代表区域 i 和区域 j 各自产业部门 k 在本区产业结构中所占的比重，S 代表两区域产业结构的相似系数。当 $S = 1$ 时，说明两个区域产业结构完全一致；$S = 0$，说明两个区域产业结构完全不一致。通常情况是 S 介于 0 和 1 之间，S 数值越大，说明两个区域产业结构越是相似；S 越小，说明越是不相似。

(7) 产业结构变化率。其测度公式为：

$$C_2 = \sum \left| Q_{j1} - Q_{j2} \right|$$

式中，Q_j 代表区域某产业部门在整个产业中所占的百分比，下标 1、2 分别代表不同的年份，$\sum$ 代表将该区域相同产业部门在 1、2 时期占整个产业比例差的绝对值相加，C_2 代表区域产业结构变化率。这个指标反映了随着时间的推移，区域产业结构变化的程度，计算方法与产业专业化系数指标相同。C_2 越大，说明在考察时期内区域产业结构变化幅度越大；反之，C_2 越小，说明结构变化幅度越小。

（8）偏离—份额分析。以一定时期内，国民生产总值（评价一、二、三次产业结构）、工农业总产值（评价农轻重结构）或工业总产值（评价工业结构）的年增长率为基准，分别测算区域按全国平均增长率可能形成的假定份额，进而将这一假定份额同区域实际增长额进行比较，分析区域国民生产总值增长相对于全国平均水平的偏离状况。这种偏离，主要是由区域产业结构因素和区位因素造成的。第一，区域份额因素，是以较高层次区域总产出年增长率为基准，当假定研究区域按此增长率增长时所应达到的增长水平。第二，产业结构偏离因素，反映研究区域产业结构类型时其经济增长的影响。第三，区位偏离因素，反映了研究区域的区位条件或竞争能力对其经济增长的影响。测度公式为：

$$G_j = N_j + P_j + D_j$$

$$N_j = \left(\frac{E_t}{E_o}\right)\cdot e_{jo} - e_{jo}$$

$$P_j = \sum_{i=1}^{n}\left[\left(\frac{E_{it}}{E_{io}}\right)\cdot c_{jo}\right] - \left(\frac{E_t}{E_o}\right)c_{jo}$$

$$D_j = e_{jt} - \sum_{i=1}^{n}\left[\left(\frac{E_{it}}{E_{io}}\right)\cdot e_{jo}\right]$$

上式中，G_j 代表 j 区域在计算期内国民生产总值的增长总量，N_j 代表区域份额偏离分量，p_j 代表区域结构偏离分量，D_j 代表区域区位偏离分量，$P_j + D_j$ 代表区域总偏离量，e_j 代表区域国民生产总值，E 代表高层次区国民生产总值，i 代表区域 j 的产业部门，o 代表基期（年），t 代表末期（年）。

此外，N_j 是区域 j 按高层次区域（例如全国）产业年均增长水平增长时应达到的产业增长水平。P_j 值为正值，表示区域产业结构素质较好，促使区域经济总量增长较快；相反，P_j 值为负值，则说明区域产业结构素质差，使得区域经济总量增长缓慢。D_j 反映区域的区位条件或区域产业竞争能力对区域经济增长的影响，D_j 为负值，则区域处于不利区位，产业竞争力低；反之，D_j 为正值，则区域处于有利区位，产业竞争力高。

4.2 区域产业结构配置和优化

4.2.1 区域产业结构配置标准

所谓区域产业结构配置是指为使区域经济效益和社会效益最大化,各种产业遵循一定规律和比例的动态空间组合(安虎森等,2004)。①配置区域产业结构的实质就是构筑以区域主导产业为核心的区域三环同心圆产业结构模式。

区域产业结构配置须遵循以下三个标准(刘再兴等,1996):②

一是要提高区域经济的增长力度。使区域产业结构按照区域优势的准则不断进行选择和转换,使区域内各产业都具有不同程度的优势,其重点是主导产业的选择。

二是要提高区域产业间的和谐度。使区域产业联系有序化,产业比例合理化。前者指主导产业与非主导产业之间应有极强的正向带动联系和反向配合关系,最具优势的产业对其他产业应有紧密而充分的优势传递联系;后者指流通部门、基础设施和公共事业等应与直接生产部门在质量、规模上相适应,具有前后向联系的产业应与主导产业在质量、规模上相匹配,以保障各产业生产能力的充分发挥和稳步发展。

三是要提高区域产业结构的弹性度。使区域产业结构既有吸收区域内外资源与要素或减小经济波动与外界干扰的素质,又有促进主导产业沿劳动 — 资本 — 技术密集型产业的方向逐步更替的潜能。

在上述三个标准中,区域主导产业处于核心位置,它不仅决定着区域经济发展的方向、速度、性质和规模,而且决定着整体区域经济发展和产业结构的合理化。因此,配置区域产业结构的实质是通过主导产业的确立,围绕主导产业的产前服务、协作配套和产后深度加工、资源综合利用等发展辅助产业,构筑结构紧凑、各具特色、相互依存、相互促进的高效区域经济有机体(陈栋生等,1993)。③

---

① 安虎森,等. 区域经济学通论[M]. 北京:经济科学出版社,2004:340.

② 刘再兴,等. 区域经济理论与方法[M]. 北京:中国物价出版社,1996:112-113.

③ 陈栋生,等. 区域经济学[M]. 郑州:河南人民出版社,1993:65.

4.2.2　区域产业结构配置的内容与方法

4.2.2.1　主导产业选择

并非任何产业都可作为区域主导产业。陈栋生等(1993)① 提出：区域主导产业必须具备高比较优势系数、高产业关联强度、高需求收入弹性、高生产率上升率、高产业创新能力、高产业规模经济等六大条件。这一理论观点为区域经济学界广为沿用和拓展(刘再兴等,1996；郝寿义等,1999、2004；李小建等,1999、2006；安虎森等,2004；魏后凯等,2006)。②区域经济学理论工作者根据上述区域主导产业必备条件设计了一系列主导产业选择的综合指标体系。常用的评价指标如表 4.3 所示。

表 4.3　　区域主导产业选择的综合指标体系

指标类型	具体指标
1. 产业比较优势度	1. 比较集中率系数 2. 比较输出率系数 3. 比较生产率系数 4. 比较利税率系数 产业比较优势系数 = 比较集中率系数 × 比较输出率系数 × 比较生产率系数 × 比较利税率系数
2. 产业规模	1. 产值规模 2. 固定资产规模 3. 就业规模 4. 产业专门化率

① 陈栋生,等．区域经济学[M]．郑州：河南人民出版社,1993：65-71.

② 刘再兴,等．区域经济理论与方法[M]．北京：中国物价出版社,1996：113-118；郝寿义,安虎森,等．区域经济学[M]．北京：经济科学出版社,1999：240-245；郝寿义,安虎森,等．区域经济学(第二版)[M]．北京：经济科学出版社,2004：263-268；李小建,等．经济地理学[M]．北京：高等教育出版社,1999：166-168；李小建,等．经济地理学(第二版)[M]．北京：高等教育出版社,2006：176-178；安虎森,等．区域经济学通论[M]．北京：经济科学出版社,2004：343-348；魏后凯,等．现代区域经济学[M]．北京：经济管理出版社,2006：403-408.

续表

指标类型	具体指标
3. 产业的市场潜力/市场需求	1. 需求收入弹性系数 2. 市场占有率
4. 产业关联	1. 产业感应度 2. 产业影响度 3. 波及效果系数 =（产业感应度 + 产业影响度）/2
5. 生产率上升率	1. 资源生产率 2. 劳动生产率 3. 资金生产率 4. 技术进步率

资料来源：本书作者整理。

在具体应用方面，区域主导产业选择的具体定量评价可按以下步骤开展（郝寿义等，1999、2004）：①

1. 产业的比较优势度评价

主导产业是在区域比较优势基础上产生和发展起来的。按照主导产业的特点和功能，主导产业必须同时具有区域内比较优势和区域间比较优势，即不仅与区内其他产业相比具有比较优势，而且与区外同类产业相比也具有比较优势。

产业比较优势度的大小可采用"比较劳动生产率"来衡量，其计算公式为：

$$B = (g_1/g_2) \div (L_1/L_2)$$

式中，g_1 和 L_1 分别代表区域某产业的国民收入和劳动力；g_2 和 L_2 分别代表区域国民收入总额和劳动力总数；B 代表区域产业的比较劳动生产率。$B > 1$，说明该产业的劳动生产率高于全部产业劳动生产率的平均值，该产业是具有比较优势的产业部门，B 值越大，则其比较优势越大。

① 郝寿义，安虎森，等．区域经济学[M]．北京：经济科学出版社，1999：240-245；郝寿义，安虎森，等．区域经济学（第二版）[M]．北京：经济科学出版社，2004：263-268.

2. 产业的市场潜力评价

社会需求是推动产业持续发展的强大动力，主导产业的产品不仅应存在巨大的现实市场需求，而且也应有巨大的潜在市场需求，亦即主导产业必须是高需求收入弹性的产业。

产业的市场潜力的大小可采用“市场占有率”来测度，其计算公式为：

$$S = (x_1 / x_2) \times (r_1 / r_2)$$

式中，x_1 和 x_2 分别代表研究区域及其高层次区域某产业的年销售额；r_1 和 r_2 分别代表研究区域及其高层次区域同产业的人均年销售额；S 代表某产业的市场占有率。S 数值越大，则说明区域该产业产品的市场容量越大；S 数值越小，则说明其在市场上占有的份额越小，市场潜力小。

3. 产业规模评价

主导产业必须具有一定的经济规模、雄厚的经济实力和先进的技术装备，才能发挥作为区域经济系统的核心作用。此处的“产业规模”包括四层含义：产业的绝对规模；在区域内的相对规模（即占区域全部产业的比重）；在较高层次区域中相同产业的相对规模（即占较高层次区域相同产业的比重）；产业产品的输出规模。只有在上述四层含义上产业规模都较大的产业才能成为区域主导产业。

产业规模的大小可采用“产业专门化率”指标衡量，其计算公式和含义参见本章 4.1 节相关内容。产业专门化率数值越大，说明产业的专业化程度越高，其相对规模越大。

4. 产业关联度评价

主导产业作为区域经济系统的主体和核心，具有火车驱动轮的功能作用。主导产业通过与非主导产业的关联来组织、带动它们的发展。主导产业与非主导产业通过两种方式的相互影响发生联系：一是主导产业对非主导产业的影响，其影响的程度称为影响力；二是主导产业受非主导产业的影响，其影响的程度称为感应度。

产业影响力系数和感应度系数可借助于区域投入 — 产出逆矩阵系数表进行定量化评价。

产业影响力系数的计算公式为：

$$Y = h_1 / h_2$$

式中，h_1 代表某产业纵列逆阵系数的平均值；h_2 代表全部产业纵列逆阵系数的平均值的平均；Y 代表某产业的影响力系数。$Y>1$，说明该产业的影响力大于全部产业的平均水平，Y 越大，说明该产业的影响力越大。

产业感应度系数的计算公式为：

$$G = z_1 / z_2$$

式中，z_1 代表某产业横行逆阵系数的平均值；z_2 代表全部产业横行逆阵系数的平均值的平均；G 代表某产业的感应度系数。$G>1$，说明该产业的感应度大于全部产业的平均水平，G 越大，说明该产业的感应度越大。

产业影响力系数和感应度系数可综合为产业波及效果系数。其计算公式为：

$$J = (Y + G)/2$$

式中，Y、G、J 分别代表某产业的影响力系数、感应度系数和波及效果系数。J 越大，说明该产业与其他产业的关联性越强，其发展对区域经济发展带动作用就越大。

5. 综合评价

综合指标是对同一产业部门的市场占有率、比较劳动生产率、产业专门化率和波及效应效果系数四项指标进行加权平均或几何平均。

加权平均的计算公式为：

$$T = \sum_{i=1}^{4} f_i \cdot x_i$$

式中，x_i 代表某产业四个方面的指标值；f_i 代表标志该产业四项指标重要性程度的各个权重，根据其对主导产权重要性程度的贡献大小，市场占有率、比较劳动生产率、产业专门化率和波及效果系数的权重 f_i 分别取 0.2、0.25、0.35 和 0.2；T 代表该产业的综合指数。

几何平均计算公式为：

$$T = \sqrt[4]{x_1 \cdot x_2 \cdot x_3 \cdot x_4}$$

式中，x_1、x_2、x_3、x_4 分别代表某产业市场占有率、比较劳动生产率、产业专门化率和波及效果系数；T 代表该产业的综合系数。

在综合评价的基础上，依据指数的大小进行排序，其中位居前列的若干产业，可作为区域主导产业的候选者。

最后，根据区域资源的综合优势度、经济发展水平、已有产业基础和产业结构的层次、各候选产业的类型等区域经济条件，确定区域主导产业的适宜选择的产业数量。一般而言，区域资源综合优势度大，经济发展总体水平高，产业基础雄厚和产业结构层次高，候选产业波及效果显著，则主导产业可多选；

反之，宜少选。另外，处于发展初期阶段的区域，应优先选择综合条件最佳的产业作为重点培育的主导产业，不宜求多。

4.2.2.2　非主导产业配套

1. 辅助产业配套

辅助产业配套即指根据主导产业合理规划，促进其辅助产业发展，从而使主导产业与辅助产业之间形成紧密的相互联系、相互促进的发展关系。配套辅助产业应处理好三大问题（李小建等，1999、2006）：①

（1）以主导产业为核心，依据辅助产业与主导产业间的前向、后向和侧向“三维”联系，结合区域具体实情，选择、培育和发展为主导产业配套的各辅助产业，为主导产业发展提供保障。以主导产业发展为起点，尽量延长产业链条，既可提高区域资源的综合利用效率，又可促进主导产业与辅助产业之间形成合理的分工协作关系。

（2）根据所确定的主导产业发展规模，积极运用市场机制的调节以及政府干预（规划、管理、公共政策等）的调控，引导辅助产业适度发展。

（3）根据主导产业的空间布局状况，合理布局辅助产业。既要保证主导产业与辅助产业通过合理的空间布局而获得良好的集聚经济效益，又要尽量避免因过度集中、无序布局而引致的集聚不经济，防止因布局不合理而致使的主导产业与辅助产业之间陷入相互限制的困局。

区域主导产业和辅助产业在空间布局上一般可采用“板块式”、“环绕式”等地域组合形式（杜肯堂等，2004）。② 所谓“板块式”是指区域内一部分地区以发展主导产业为主，另一部分地区以发展辅助产业为主。所谓“环绕式”是指以区域主导产业为中心，环绕分布相应的辅助产业，形成大小不等的产业圈。

2. 基础性产业配套

基础性产业是主导产业和辅助产业发展的重要保障。基础性产业配套即指

① 李小建，等．经济地理学［M］．北京：高等教育出版社，1999：168-169；李小建，等．经济地理学（第二版）［M］．北京：高等教育出版社，2006：179.

② 杜肯堂，戴士根，等．区域经济管理学［M］．北京：高等教育出版社，2004：72-73.

根据主导产业和辅助产业发展的需要，通过市场机制的调节、政府干预的调控，合理引导和组织基础性产业发展，力求为主导产业和辅助产业发展提供必不可少的支撑，创造良好的外部环境。

4.2.3 区域产业结构的优化

1. 区域产业结构优化的实质

优化区域产业结构是区域经济发展进程中一个永恒的重要话题。所谓区域产业结构优化，是指利用各种方法尽可能使区域产业结构趋向最优配置的过程。区域产业结构优化过程的实质表现为四大方面（郝寿义等，1999、2004；安虎森等，2004）：①

（1）准确选择区域的主导产业，合理确定其发展规模和速度，协调主导产业与非主导产业的关系。

（2）建立以主导产业为核心的、各产业协调配套及高效运转的区域产业体系。

（3）对外突出区域主导产业的发展优势，提高与区外经济的互补性；对内提高区域各产业间的关联度与协调性，形成区内区外经济发展的良性循环。

（4）把握区域产业结构的内在变化，积极扶持潜在主导产业，促进产业结构顺利适时地转换，使区域产业结构最优化。

2. 区域产业结构优化的战略和策略

在战略和策略上，区域产业结构优化应从以下三大方面入手（郝寿义等，1999、2004；安虎森等，2004）：②

（1）准确选择、优先发展主导产业。区域主导产业的选择准确与否，是事关整个区域经济发展成败的重大决策。主导产业一经确定，即应力保其在投入、政策上得到优先重点发展，使之超前启动，有效地担负起在全国地域分工

---

① 郝寿义，安虎森，等．区域经济学［M］．北京：经济科学出版社，1999：247；郝寿义，安虎森，等．区域经济学（第二版）［M］．北京：经济科学出版社，2004：270；安虎森，等．区域经济学通论［M］．北京：经济科学出版社，2004：358.

② 郝寿义，安虎森，等．区域经济学［M］．北京：经济科学出版社，1999：247-249；郝寿义，安虎森，等．区域经济学（第二版）［M］．北京：经济科学出版社，2004：270-272；安虎森，等．区域经济学通论［M］．北京：经济科学出版社，2004：358-359.

中的重任，并增强其带动经济发展的辐射力。

（2）协调主导产业与非主导产业的关系。与主导产业关系最密切最直接的辅助产业在发展上应尽可能与主导产业形成配套；在建设时序上应尽可能与主导产业相衔接；在建设规模上应尽可能与主导产业相适应。基础性产业是区域生产、生活和社会正常运行的基本条件，应积极创造条件，力争在区域内达到平衡，以形成对区域主导产业和辅助产业的强有力支持。

（3）积极扶持潜在主导产业，促进区域产业结构及时合理转换。区域产业结构优化是一个动态概念。潜在主导产业（简称“潜导产业”）代表了区域产业未来的发展希望。应结合区域的具体经济发展状况与条件，选择有巨大发展前景的新兴产业作为潜导产业，在资金、技术、人才诸方面大力支持，促进其壮大发展。在原有主导产业不合时宜、进入衰退期后，潜导产业应及时接替，成为新的主导产业，建立起新的、合理的区域产业结构。

4.3　区域产业组织理论

4.3.1　区域产业链

4.3.1.1　产业链的内涵

区域产业链是一种新型区域产业空间组织形态。一般认为，“产业链”（Industrial Chain）一词为中国学者首创。国内产业链理论研究始于20世纪90年代，但学术界就产业链概念的界定尚未达成共识。国内学者关于“产业链”概念界定的主要视角及代表性观点如表4.4所示。

表4.4　**国内学者关于产业链概念界定的主要视角及代表性观点**

学者	界定视角	基本观点
郑学益（2000）	竞争优势	产业链是以市场前景比较好、科技含量比较高、产品关联度比较强的优势企业和优势产品为链核，通过这些链核，以产品技术为联系，以资本为纽带，上下连接、向下延伸、前后联系形成的链条

续表

学者	界定视角	基本观点
鲁开垠（2002）	产业关联	在一个产业环境中，各种产业之间相互关联、相互区别、相互依赖，一种产业的存在成为另一种产业发展的前提或结果，每一种产业只是产业系统中的一个环节或一个片段，各个环节或片段连成一体就变成产业链
张铁男（2005）	功能结构	产业链是以生产相同或近似产品的企业集合所在产业为单位形成的价值链，是承担着不同的价值创造职能的相互联系的产业。围绕核心产业，通过对信息流、物流、资金流的控制，在采购原材料、制成中间产品及最终产品并经由销售网络将产品传递给消费者的过程中，形成的由供应商、制造商、分销商、零售商、最终用户构成的一个功能链结构模式
郁义鸿（2006）	生产环节	产业链是指在一种最终产品的生产加工过程中——从采购最初的矿产资源或原材料一直到最终产品到达消费者手中——所包含的各个环节所构成的整个纵向的链条
卜庆军（2006）	企业共生	产业链是指由某一主导企业倡导的通过某种契约达成的、能满足最终顾客需求的、相互有机融合的企业共生体，它是由供应商价值链、企业价值链、渠道价值链和买方价值链构成的企业共生价值系统
芮明杰（2006）	知识联系	产业链是以知识分工协作为基础的功能网链，通过知识的分工和知识共享创造递增报酬，为顾客创造价值，产品的生产联系和由此产生的物质流动只是产业链的外在表现形式

资料来源：整理自郑学益．构筑产业链 形成核心竞争力［J］．福建改革，2000（8）：14-15；鲁开垠．解析产业链［J］．珠江经济，2002（5）：81-83；张铁男，罗晓梅．产业链分析及其战略环节的确定研究［J］．工业技术经济，2005，24（6）：77-78；郁义鸿，管锡展．产业链纵向控制与经济规制［M］．上海：复旦大学出版社，2006：3；卜庆军，古赞歌，孙春晓．基于企业核心竞争力的产业链整合模式研究［J］．企业经济，2006（2）：59-61；芮明杰，刘明宇，任江波．论产业链整合［M］．上海：复旦大学出版社，2006：7.

从一般意义上而言，在一定地域范围内由同一产业内所有具有连续追加价值关系的活动构成的价值链，可称之为“产业链”或“产业活动链”。产业链可由若干产品链构成。

产业链的本质和基础是价值链。迈克尔·波特（Michael E. Porter, 1985）① 在分析公司行为及竞争优势时，首倡“价值链”（Value Chain）概念。他将企业创造价值的过程分解为一系列互不相同又彼此关联的经济活动，或称之为“增值活动”，其总和构成价值链（见图 4.3）。公司职能可分为基本活动和辅助活动两类，分别包含不同的经营管理项目，共同组成“价值链条”上的各个环节，它们彼此关联、相互影响，一个环节运作效率的高低都会直接或间接影响到其他环节的成本与收益。由于价值链上各环节所要求的生产要素种类与密度各不相同，任何企业都只能在某些环节拥有比较优势，而不可能拥有全部增值环节的绝对优势。

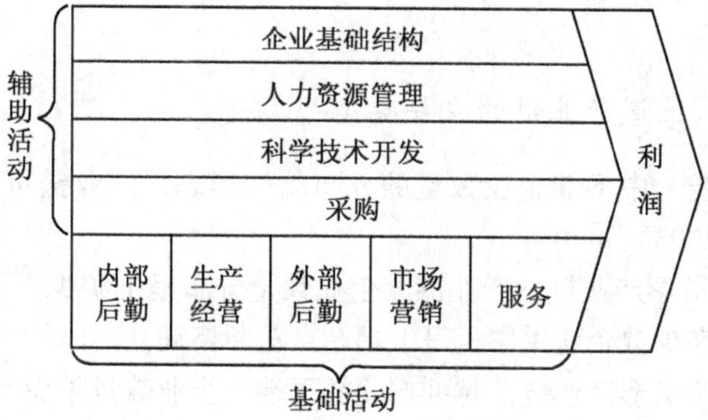

图 4.3　基本价值链

资料来源：[美] 迈克尔·波特. 竞争优势 [M]，陈小悦，译. 北京：华夏出版社，1997：37.

4.3.1.2　区域产业链的主要特性

（1）有机协同性。构成产业价值链的各个组成部分是一个有机的整体，处于同一个利益共同体当中，相互关联、彼此制约，共生、共存与共惠。

（2）各环节差异性。产业链的各个环节处于不同的生产阶段，承担不同的经济功能，存在客观差异性。主要表现在对要素条件的需求差异、技术上的

① 美国学者迈克尔·波特被誉为“现代竞争战略理论之父”，其“竞争三部曲”代表作为：《竞争战略》（1980）、《竞争优势》（1985）、《国家竞争优势》（1990）。

层次差异，以及增加值与盈利水平的差异等方面。

(3) 供求关系与价值的传递性。产业链是资源功能传递、功能集中和功能累加的手段，链条上每个环节和结点都对其上游提出需求，又与下游产生供给关系，出现相向的以产业链为平台的供给与需求传递，以及建立在供求机制基础上的使用价值与价值的相向传递。

(4) 关键环节与结点的突出性。在经济竞争背景下，产业链中的价值和利润不断向对价值创造起关键作用的环节集中，且转移范围越来越大、方式越来越多、频率越来越快。

(5) 起讫点的一致性。在从一种或几种资源通过若干产业层次不断向下游产业转移直至到达消费者路径意义上的产业链，尽管路径多种多样，但不论如何绕行、迂回，其起点仍然是自然资源，终止于最终消费市场，只是迂回程度存在区别。

4.3.1.3 区域产业链的主要类型

按照产业链上中下端企业数量的分布结构形态，产业链可分为五类（黄培和陈俊芳，2003)：①

(1) 金字塔形产业链。产业链上企业数量分布呈上游少、下游多的态势，关键资源掌握在少数企业手中，呈上端结点垄断格局。

(2) 倒金字塔形产业链。越到产业链下端，企业数量越少，中上端企业较多，呈顾客或下端企业控制格局。

(3) 花瓶形产业链。企业数量分布中游少，两端多，呈花瓶形状，中端的产品制造、产品与服务提供商对整个产业链具有较大影响力。

(4) 纺锤形产业链。上端和末端企业数量较少，中端较有厚度但单个成员的影响力相对有限。

(5) 不规则形产业链。在现实中，很多产业链复杂而变化多端，呈现出不规则形态。

根据企业间供求的依赖强度，产业链可划分为四类（刘大可，2001)：②

(1) 供应商垄断型。大型企业或企业集团垄断某些关键资源的供给所形

---

① 黄培，陈俊芳．赢利定律：商业模式的理论、方法与实践［M］．北京：中国标准出版社，2003：88.

② 刘大可．产业链中企业与其供应商的权力关系分析［J］．江苏社会科学，2001(3)：10-13.

成的组织形态。下游企业处于竞争性环境，受到供应商控制而缺乏选择权和自主决定权。

（2）目标企业垄断型。众多供应商向处于市场垄断地位的目标企业提供原料或产品，对目标企业有依赖性且彼此间相互竞争。

（3）独立竞争型。供应商与下游企业共同处于激烈竞争的市场环境中，彼此依赖强度低，只是市场状况的被动接受者。

（4）相互依赖型。供应商与下游企业均处于垄断地位，彼此间依赖性强，处于一个利益共同体中。

此外，还有其他多种分类方法。诸如：按照要素关联属性特点，产业链可分为劳动力追加链、资金追加链、技术追加链和附加价值链四类（龚勤林，2004）；① 按照适应性特点，产业链可分为刚性产业链和柔性产业链两类；按照独立性特点，产业链可分为依赖型产业链和自主型产业链两类（潘成云，2001）。②

4.3.1.4　区域产业链的基本功能

（1）吸聚投资功能。产业链是建立在产业内部分工和供需关系基础上的产业生态图谱，其发展程度（即产业本身的配套性）以及有效市场半径中产业链的完整性，已成为投资环境中最重要的影响因素。产业链所构筑的优良产业生态环境，对区域外企业及优质资源具有巨大的吸附效应。

（2）彰显竞争优势功能。对产业链（产业配套能力规模及质量水平）及其控制能力（对战略环节、关键资源和技术的控制）的竞争已处于区域间竞争的最核心地位，产业链的培育与优化状况已成为一个区域核心竞争力的集中体现。

（3）促进经济稳健发展功能。产业链中的大量企业集聚在特定地域空间，所形成的技术替代与配套、市场竞争与结盟关系，能有效增强产业和区域经济的抗风险能力。上下游关联、产品及功能多方互补的产业链条符合可持续发展的要求，有利于促进区域经济稳健发展。

（4）舒缓产业冲突功能。产业链是产业垂直分解（Vertical Disintegration）

---

① 龚勤林．产业链接通的经济动因与区际效应研究［J］．理论与改革，2004（3）：105-108.

② 潘成云．解读产业价值链：兼析我国新兴产业价值链基本特征［J］．当代财经，2001（9）：7-11.

和产业水平融合共同作用的结果，各区域按照不同环节、工序乃至模块进行功能专业化分工，弱化和突破了产业边界，有利于消除和缓解区域间在产业发展方面的恶性冲突，最终形成培育各自比较优势和竞争优势、促进区域间产业良性互动发展的格局。

4.3.1.5 区域产业链运动

1. 产业链接通

产业链可能因各种原因出现链环不连续现象，诸如上下游间距离过大、缺乏必要的产业环节、产业供求不配套等。可通过整合，在原本独立或孤立的链环间建立关联，此即产业链接通。促进产业链接通的途径通常有两种：一是直接将区域内已存在的各孤环或断环有机衔接；二是新创造出若干承上启下的产业部门（链环）实现断环接续。一般而言，后者较前者更为常见。产业链接通常有利于加强区域内各产业部门间的经济联系，通过利益和风险的传导机制，有效提升区域抗击市场风险的能力和对外综合竞争力（龚勤林，2004）。①

2. 产业链延伸

产业链延伸即指通过对产业部门追加劳动力、资金、技术等投入，使产业链的后续产业环节得以增加或是得以增生扩张，以获取追加收益的过程。它通常受一定经济目标驱动，如追求劳动力吸纳量最大化、产业资金追加量极大化、产业技术含量极大化和产业附加价值最大化等经济偏好（龚勤林，2004）。②

3. 产业链迂回

产业链的迂回有两种形式：一是生产活动用更多的加工程序来完成，借助于不同的设备经由多道加工程序不断进行功能积累，而非一次性将功能目标实现；二是不在企业内部进行所有的生产活动，而是在社会上进行细致的分工，保证每个阶段的专业化优势，实现高效率生产，由此形成产业链的迂回（吴

① 龚勤林．产业链接通的经济动因与区际效应研究［J］．理论与改革，2004（3）：105-108.

② 龚勤林．产业链接通的经济动因与区际效应研究［J］．理论与改革，2004（3）：105-108.

金明等，2005）。① 产业链的迂回与延伸有相互交叉的部分。

4. 产业链整合

产业链整合即指以主导企业和信息共享机制为基础，通过对产业链上的资源与活动进行调整，以达到风险、成本和利益共担的协调运作目标，获取协同效益（卜庆军等，2006）。② 它通常表现为两个步骤：①对区域内隶属于各个行业部门的产业资源和产业活动进行整合，对在经济技术上存在前后向关联的产业环节合理组织，通过资产重组重新构建产业链。②产业链的进一步整合。以提高产业附加值和区域竞争力为目标，突破行业束缚，在更大范围内或更高的产业层次上，在新的地域空间和产业空间上，重新构建与调整产业链环的联结状态（任保平和洪银兴，2005）。③ 产业链整合存在股权并购型、战略联盟型、产业集群型等多种模式，包括水平整合、垂直整合和混合整合等方向的整合。

4.3.1.6　区域产业链的形成因素及动力机制

1. 区域产业链的形成因素

区域产业链的形成因素主要表现为（陈朝隆、陈烈，2007）：④

（1）自然资源。自然资源是产业链形成与发展的自然基础和源点。对资源加工型产业（采掘业、冶金业等）、自然禀赋依赖型产业（农业、林业等）而言，自然资源不仅影响着产业链上游环节的区位分布，而且也决定着产业链的种类。

（2）区位条件。在产业链的缔结、延伸过程中，区位条件的比较优势是一个重要参量，在吸引区域外投资和承接产业转移方面具有先天性优势。

（3）产业基础。产业链发展具有很强的"路径依赖"特征，已有的产业

---

① 吴金明，张磐，赵曾琪．产业链、产业配套半径与企业自生能力［J］．中国工业经济，2005（2）：44-50.

② 卜庆军，古赞歌，孙春晓．基于企业核心竞争力的产业链整合模式研究［J］．企业经济，2006（2）：59-61.

③ 任保平，洪银兴．新型工业化中经济效益提高的途径：一种产业链视角的分析［J］．西北大学学报（哲学社会科学版），2005，35（1）：47-54.

④ 陈朝隆，陈烈．区域产业链的理论基础、形成因素与动力机制［J］．热带地理，2007（2）：126-131.

基础是区域产业链形成的关键性开端。

(4) 地域文化。经济行为深嵌于地域社会文化氛围之中。作为社会资本的载体，地域文化能将各种要素组合，朝其增值的方向运转，从而对区域产业链的构建和演变产生重要影响。

(5) 产业技术。从某种意义上而言，产业链源于链环之间的技术关联，是一种技术链。技术的革新将改变产业链的组织结构、链接模式和空间结构。

(6) 正式制度安排。宏观经济政策是引起产业链空间格局演变的重要因素。开放性政策有利于产业链的缔结和延伸，限制性政策则易导致市场分割，阻碍区域间的产业链联系。专门化的制度结构，如商会、研究机构、培训部门等，是产业链发育的基础保证。

(7) 历史事件与机遇。某一区域一旦由于某种历史机缘而选择了一个特定路径，在不发生巨大反向扰动的情况下，这一路径很可能被锁定。因此，历史性的偶然事件和机遇也会对区域产业链的形成和发展产生重大影响。

2. 区域产业链形成的动力机制

(1) 驱动机制。产业链的形成主要依靠下游市场的“拉力”或“引力”驱动，则属拉力驱动型产业链，即：产业链的产品或服务，最终须经过市场的检验或认可，否则产业链将瘫痪或崩溃。不能简单地将企业在产业链上的权利、地位与它们在产业链中的驱动力量等同起来，市场才是产业链运行的源动力，影响产业链的形成、缔结方向和区位，企业的强势只有转化为市场动力才有意义。

(2) 运行机制。区域产业链以自组织（Self-organized）为基本运行机制，是一种以内在驱动为主的自组织系统，系统成员间的非线性竞合作用是产业链运行与演化的基本过程与主要形式。产业链的演化是链内所有主体基于生存与发展动机而自发采取行动的结果，它们依次链接、延伸，相互竞争、协同，无需外界指令而自行组织、自行创新、自行演化，自主地从无序走向有序，共同构成完整的产业链条。当出现“涨落”触发时，产业链系统内部将自发做出反应，通过成员之间复杂的非线性竞合互动，使系统运行进入新的有序状态（陈朝隆和陈烈，2007）。①

① 陈朝隆，陈烈. 区域产业链的理论基础、形成因素与动力机制［J］. 热带地理，2007（2）：126-131.

4.3.2　区域产业集群

4.3.2.1　产业集群的内涵

从学术史视角而言，对企业聚集（地理集中）现象的理论研究最早可追溯至经济学家马歇尔（1890）① 工业组织理论中的工业区论、韦伯（1909）② 工业区位理论中的集聚指向论。当代西方学术界对企业聚集（地理集中）现象的再度关注始于20世纪70年代对“第三意大利”经验（即意大利中部和东北部小企业聚集发展的成功个案）的总结。自20世纪80年代以来，企业聚集（地理集中）现象成为西方经济地理学、经济学、管理学、社会学等众多学科关注的热门议题。迈克尔·波特在《国家竞争优势》（1990）一书中基于竞争力研究框架首倡了“产业集群”（Industrial Cluster，又称作“产业簇群”、“产业集”）概念。③ 波特被公认为将产业集群应用到战略和政策研究中的第一人。

国内产业集群理论研究始于20世纪90年代末期。产业集群理论研究及实践现已成为产业经济学理论及实践、区域经济学理论及实践等领域的一大热门话题。

由于区域产业集群是一种新型区域产业空间组织形态，国内外学者在“产业集群”概念界定上众说纷纭。其中，最具代表性、影响最广的当推波特的产业集群定义说。

波特认为：决定一国竞争优势的关键要素有生产要素，需求条件，企业的战略、结构和竞争对手，相关产业与支持性产业四类（见图 4.4），再加上

---

① 马歇尔在《经济学原理》（1890 年英文版）一书中将生产要素分为土地、劳动、资本和组织，并运用“外部经济”概念阐释了“专门工业集中于特定的地方”这一工业组织现象，认为由专门人才、专门机械、原材料提供、运输便利以及技术扩散等“一般发达的经济”所造成的“外部经济”促使企业的地理集中和相互依赖。

② 韦伯在《工业区位论》（1909 年德文版）一书中采用“集聚因子”（或集聚因素）概念分析了集聚因素对工业区位选择的影响，论述了工业集聚的成因，并倡导“集聚经济”概念。

③ 波特在《国家竞争优势》1998 年再版“导言”中称，该书核心理论包括“钻石理论”、“比较优势与竞争优势的区别”、“集群与竞争力”和“政府与公司的新角色定位”，特别强调“集群的概念证明是特别有用的一个概念”，“集群既是一种经济发展的思考方式，又是引起变革的一种手段”，“集群已成为促进经济发展的一种新思维方式”。参见［美］迈克尔·波特．国家竞争优势［M］．李明轩，邱如美，译．北京：华夏出版社，2002：1-9.

"机会"和"政府"两类变数，构成完整的钻石体系（Diamonds Framework，又译作"菱形架构"、"菱形模型"、"钻石模型"）（见图4.5）；产业是研究国家竞争优势的基本单位，一国的成功并非来源于某一产业的成功，而是来自纵横交织的产业集群；① 产业集群虽然只包含了钻石体系中的一个方面（相关产业与支持性产业），但它最能体现钻石体系四个方面之间的相互作用。②

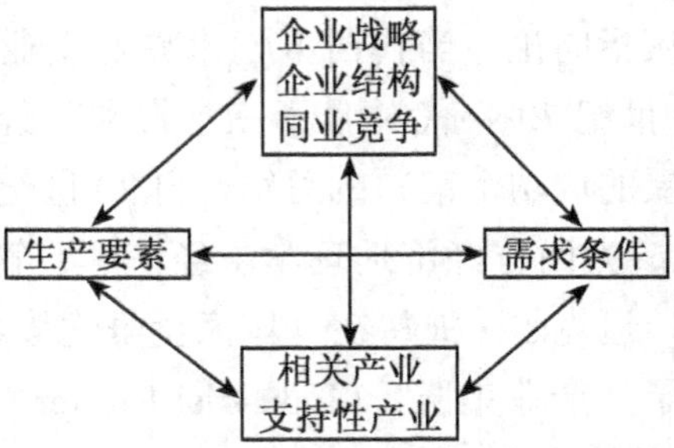

图4.4 国家竞争优势的关键要素钻石体系示意图

资料来源：［美］迈克尔·波特·国家竞争优势［M］．李明轩，邱如美，译．北京：华夏出版社，2002：68.

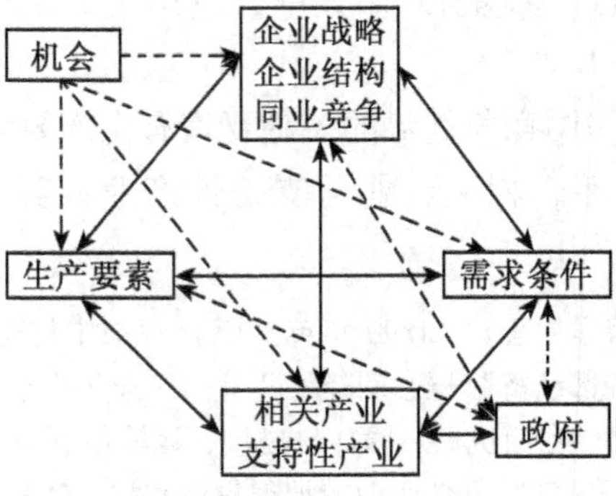

图4.5 完整的钻石体系

资料来源：［美］迈克尔·波特·国家竞争优势［M］．李明轩，邱如美，译．北京：华夏出版社，2002：199.

① ［美］迈克尔·波特．国家竞争优势［M］．李明轩，邱如美，译．北京：华夏出版社，2002：69、124.

② ［英］G. L. 克拉克，［美］M. P. 费尔德曼，［加］M. S. 格特勒主编．牛津经济地理学手册［M］．刘卫东，等译．北京：商务印书馆，2003：261.

波特先后在《国家竞争优势》（1998年再版）“导言”、《集群与新竞争经济学》（*Clusters and the New Economics of Competition*，1998）、《产业集群与竞争：企业、政府和机构的新议题》（*Clusters and Competition：New Agendas for Companies，Governments and Institutions*，1998）、《区位、集群与公司战略》（*Location，Clusters and Competition*，2000）等文献中对“产业集群”概念作了明确的界定，如表4.5所示。

表4.5　**波特关于“产业集群”概念内涵的基本观点**

文献名称（英文版年份）	概念界定	内涵特征	集群成员
《国家竞争优势》（1998年再版）“导言”	产业集群即指在某一特定区域下的一个特别领域，存在着一群相互关联的公司、供应商、关联产业和专门化的制度和协会	● 特定区域 ● 特定领域 ● 相互关联	● 公司 ● 供应商 ● 关联产业 ● 协会
《集群与新竞争经济学》（1998）	产业集群是指在某一特定领域中，相互关联的企业和机构在地理上的集合	● 特定领域 ● 相互关联（上下游联系、横向联系） ● 地理集中	● 零部件、机械设备和服务等专业化投入供应商 ● 专业化基础设施供应者 ● 下游产业（销售渠道、客户） ● 互补性产品制造商 ● 与技能、技术或公共投入相关产业的企业 ● 提供专业化培训、教育、信息、研究和技术支持的政府机构和其他机构（大学、标准制定机构、思想库、职业培训提供者、同业公会）

续表

文献名称（英文版年份）	概念界定	内涵特征	集群成员
《产业集群与竞争》（1998） 《区位、集群与公司战略》（2000）	产业集群是指在某一特定领域中，一群在地理上邻近、有相互关联的企业和相关机构，因彼此的共通性和互补性联结而成的群体	● 特定区域 ● 地理邻近 ● 相互关联 ● 共通性、互补性	● 最终产品或服务厂商 ● 专业元件、零部件、机械设备以及服务供应商 ● 金融机构 ● 相关产业的企业 ● 下游产业的成员（销售渠道、顾客） ● 互补性产品制造商 ● 专业化基础设施供应商 ● 政府与其他提供专业化培训、教育、信息、研究和技术支持的机构（大学、思想库、职业培训提供者），以及标准制定机构 ● 对集群有重大影响的政府部门和管理机构 ● 同业公会和其他支持集群成员的民间团体

资源来源：①［美］迈克尔·波特．国家竞争优势［M］．李明轩，邱如美，译．北京：华夏出版社，2002：2.

②PORTE M E. Clusters and the new economics of competitiveness［J］. Harvard Business Review, 1998, 76（6）: 77-90.

③［美］迈克尔·波特．产业集群与竞争［G］//［美］迈克尔·波特．竞争论．高登第，李明轩，译．北京：中信出版社，2003：210.

④［美］迈克尔·波特．区位、集群与公司战略［G］//［英］G. L. 克拉克，［美］M. P. 费尔德曼，［加］M. S. 格特勒主编：牛津经济地理学手册．刘卫东，等译．商务印书馆，2005：258.

从表4.5可见，尽管波特提出了三种略存差异的“产业集群”定义说，表述失之严谨，但均强调了产业集群是特定区域内、特定（产业）领域中一群相互关联的企业、专业化供应商、服务供应商、相关产业的厂商、相关机构在地理上的集中。

王缉慈是将产业集群研究引入中国的第一人，是中国产业集群理论及实证研究的开创者。王缉慈（2002）在借鉴波特产业集群定义说的基础上，将“产业集群”（Industrial Cluster）进一步界定为：产业集群是一组在地理上靠近的相互联系的公司和关联的机构，它们同处于一个特定的产业领域，由于具有共性和互补性而联系在一起。① 王缉慈等（2002）认为：①产业集群具有专业化的特征。产业集群成员企业包括上游的原材料、机械设备、零部件和生产服务商等投入供应商；下游的销售商及其网络、客户；侧面延伸到互补性产品制造商、技能与技术培训和行业中介等相关企业，以及基础设施供应商等。②产业集群具有地理集聚的特征。产业集群是产业关联及其支撑企业、相应支撑机构，如地方政府、行业协会、金融部门与教育培训机构，在空间上集聚。②

总之，产业集群概念蕴含“产业特性”和“地域特性”两大特性（魏江，2003）。③ ①产业特性。产业集群通常围绕区域内主导产业的生产及服务展开，基于专业化分工与协作，通过产业链或其他竞合关系联结，共享产业要素，塑造产业整体竞争优势，构成产业生态系统。②地域特性。产业集群成员在地域上相互邻近，共同“锁定”特定区域，具有显著的地域空间聚集特性。

4.3.2.2　区域产业集群的组织特征

1. 弹性生产组织

产业集群的弹性生产组织特征是基于集群成员联系弹性层面的概括。集群企业间通过专业分工、垂直分离形成的新型弹性化关系，扩大了区域内各种生产要素的整合能力和协同效应，促进了实用性和缄默性的知识在地理空间上的扩散传播，有利于实现范围经济效应。同时，产业集群与企业内部弹性生产互为促进。企业的弹性生产驱动着产业集群形成，而集群的诞生和成长扩展了弹性生产的活动边界，丰富了其内涵，为企业竞争优势的充分发挥创造了条件。

---

① 王缉慈．地方产业群战略［J］．中国工业经济，2002（3）：47-54.

② 魏守华，王缉慈，赵雅沁．产业集群：新型区域经济发展理论［J］．经济经纬，2002（2）：18-21.

③ 魏江．产业集群：创新系统与技术学习［M］．北京：科学出版社，2003：1-45.

2. 中间性体制组织

产业集群是处于纯市场交易和一体化科层组织之间的一种中间性体制组织。一方面，产业集群比市场稳定。集群内企业不仅因地理集聚所形成的分工较一般市场更为细致，实现了较高的市场交易化程度，且由于空间接近性和彼此间经常性的正式、非正式交流，有效降低了纯粹市场交易内生的信息搜寻、甄别和监督等交易成本。另一方面，产业集群较科层组织灵活。集群内企业是相互独立的、彼此间没有支配或依附关系的平等市场主体，协作与竞争受价格机制和特定的规则调节，这有利于避免科层组织金字塔形控制结构在管理方面的刚性。

3. 网络型组织

从社会经济网络的研究范式考察，产业集群是一种典型的网络组织，由各类具有决策能动性的独立活性网络结点，如企业、大学科研院所、金融机构、中介组织、政府公共部门乃至消费者等，通过各种显性或隐性的关系链条共同编织而成。具体的联结纽带包括资源、产权关系、法律合同、组织文化、价值观念、学习行为等多种因素。根据各结点的联结特征，可将其分为经济网络、知识网络和社会网络，它们相互嵌套，互相促进，螺旋上升。

4. 创新型组织

产业集群以渐进式创新为主，创新活动与生产、市场紧密联系，突出本地化和集体行为，有效克服了福特制下突破性创新的缺陷，是区域应对外部竞争的关键所在。产业集群存在三方面促进创新的动力机制：激烈的微观竞争和企业对利润的追逐构成创新永恒的驱动力；中小企业的规模局限引致共性技术创新的需求；集群环境有利于创新。

4.3.2.3 区域产业集群的类型

理论界基于不同的分类标准，提出了多种产业集群分类说。代表性的产业集群分类说主要有：

1. 基于产业集群的产业特征、性质分类

阿明（Amin，1994）按产业集群的产业特征和系统结构，将产业集群分为劳动密集型产业集群、高科技产业集群、基于大企业的产业集群三类。①

还有部分学者按产业集群的产业性质，将产业集群分为制造业集群、零售业集群和服务业集群三类。制造业产业集群表现为内部企业主要进行相关制造行业的生产；零售业集群表现为以大量的商品交易为形式的一种集群，企业彼此共享销售网和市场信息，如浙江义乌小商品市场；服务业集群则是以提供服务产品为主的同类企业聚集而成的一种集群，如餐饮业集群。

2. 基于产业集群内部产业关联、企业关系分类

马库森（Markusen，1996）将产业区（Industrial District）分为马歇尔式产业区、卫星平台式产业区、轮轴式产业区和国家力量依赖型产业区四种典型类型。② 国内外不少学者受马库森产业区分类说的影响，按产业集群内部产业关联、企业关系，将产业集群分为三类。即：①马歇尔式产业集群。以地方性小企业为主体，规模经济水平相对较低，区内贸易高于区际间贸易，劳动力市场高度灵活，具有独特的地方文化、专业资源和“耐心资本”（Patient Capital）。②轮轴式产业集群。以一个或多个大型垂直一体化企业为轴心，有显著区内贸易关系和长期契约合作关系的供应商环绕外围，规模经济水平较高。核心企业常拥有资金、技术和商业服务的控制权，供应商对其有一定的依赖性。③卫星平台式产业集群。它是总部在集群以外的分厂企业的集合，集群与外部企业特别是母公司保持高度的合作联系，劳动力市场和关键的投资决策在外部，但缺乏区内的贸易网络和与地方供应商的长期承诺，区域内没有“耐心资本”。

培德森（Pederson，1997）根据产业集群内部企业的协作关系，把产业集群分为基于单个厂商垂直专业化的多元产业集群、基于垂直和水平专业化相结合的转包型产业集群。③

仇保兴（1999）根据产业集群内部企业的协作关系，将产业集群分为市场型产业集群、中卫型产业集群和混合网络型产业集群三类（见表4.6）。

---

① 参见吴翔阳．产业自组织集群化及集群经济研究［M］．北京：中共中央党校出版社，2006：119.

② ANN MARKUSEN．Sticky places in slippery space：a typology of industrial districts［J］．Economic Geography，1996，72（3）：297-299.

③ PEDERSON P O．Clusters of enterprises within systems of production and distribution［M］．London：Frank Cass，1997.

表4.6　　仇保兴（1999）的产业集群分类法

分类	市场型产业集群	中卫型产业集群	混合网络型产业集群
主要特征	也称共和国式企业集群，指企业集群内部、企业之间的关系以平等市场交易为主，各生产厂家以水平联系完成产成品生产	也称锥形企业集群，以大企业为中心，众多小企业为外围而形成。大企业处于整个集群的支配地位，小企业处于外围或下属，主要为大企业进行特定的专业化分工或限制性销售	企业间以信息联系为主。如以商标为中心的协作模式、以大学和科研机构为中心的协作模式、多中心混合协作模式等
个案代表	佩札罗家具集群（意大利）	汽车集群（日本、韩国）	费留利座椅集群（意大利）、硅谷（美国）

资料来源：整理自仇保兴．小企业集群研究［M］．上海：复旦大学出版社，1999：49-57.

另有部分学者按产业关联度，将产业集群分为垂直型产业集群、水平型产业集群和混合型产业集群三类。垂直型产业集群内产业呈纵向一体化分布，企业之间形成专业化分工；或呈上中下游产业分布，通过集聚效应降低了企业间的交易和信息成本。水平型产业集群内的企业多处于同一行业，众企业生产的产品大致相同，彼此通过生产、提供差别化产品获取目标市场份额。混合型产业集群则是同时存在同质产品生产和专业化分工的大量厂商集聚而成的，集群中大中型企业既与垂直一体化的小企业存在合作关系，也与其他小企业存在水平协作关系。

3. 基于产业集群的产生动因或驱动力分类

按产业集群的形成动因或驱动力，可将产业集群分为“原生型”（或“内生型”）产业集群、“嵌入型”（或“外生型”）产业集群两类。① “原生型”产业集群是依靠区域内部力量和自身资源优势形成的产业集群，其形成可能是受地方的文化传统、企业家精神或政府扶植等因素驱动。“嵌入型”产业集群是主要在区域外来投资基础上形成的产业集群。

4. 基于产业集群的形成方式分类

钱平凡（2003）根据产业集群的形成方式，将产业集群分为诱致性自发

① 参见吴德进．产业集群论［M］．北京：社会科学文献出版社，2006：107-108.

型产业集群、强制性培育型产业集群和引导培育型产业集群三类。①

诱致性自发型产业集群是因某些因素诱导、“由下而上”自发形成的产业集群，即先有相关企业与机构自发地在某地聚集成群，当产业集群进入成长阶段时，政府开始自发介入并承担应负的责任。诱导产业集群形成的因素有两类：一是特定供给因素的存在。或是存在适合某种产品生产的独特自然医素或人为因素；或是有特定历史背景、良好的相关产业状态、一两个创新性的企业。二是某种特定的本地需求导致生产要素集聚而形成产业集群。两类诱导产业集群形成的因素具有两大共同点：都是本地特有的且不可移动，属不可移动的本地特有要素；这些不可移动要素因稀缺、难以模仿、不可替代而具有一定的价值，能吸引其他可移动的要素向该地聚集。

强制性培育型产业集群是“自上而下”的人为性产业集群，即政府通过制定明确的产业集群战略规划，并对其加以有效的实施，从关键性企业的崔生开始介入集群的培育活动。

引导培育型产业集群是“上下结合”的产业集群，即政府通过观察发现产业集群的雏形后，即时介入，主动积极地运用产业集群发展方式对产业集群加以培育与引导。

5. 基于产业集群与市场的关系分类

哈姆夫瑞和舒米茨（J. Humphrey and H. Schmitz，2000）按照产业集群与市场的关系，将产业集群分为生产者驱动型产业集群、消费者驱动型产业集群两类。② 生产者驱动型产业集群主要是资本、技术密集型产业，这类产业的生产活动通常由大公司控制协调。消费者驱动型产业集群的商品链大多以消费品产业为特征，大零售商、销售商和贸易公司在建立产业集群生产网络的过程中起着主要作用。③

① 钱平凡．产业集群是经济发展的一种战略方式［R］．国务院发展研究中心调查研究报告，2003（125）：1-20；钱平凡．培育产业集群是我国经济发展的新方向［J］．中国产业经济动态，2003（41）：12-18.

② HUMPHREY J，SCHMITZ H. Governance and upgrading：linking industrial cluster and global value chains research［R］．Brighton：Institute of Development Studies，University of Sussex，2000.

③ 鲁开垠．增长的新空间——产业集群核心能力研究［M］．北京：经济科学出版社，2006：49.

4.3.2.4　产业集群的形成机理

1. 产业集群的形成条件

产业集群的产生需要一定的经济与社会历史条件（符正平，2002）。① 其中，经济条件包括供给与需求两个方面。

（1）供给条件。①集群产品存在技术可分性，即内部企业间的劳动分工高度深化，存在大量工序型企业和中间产品交易市场；②最终产品存在丰富的产品差异化机会与潜力，包括品种、规格、款式、等级、品牌等水平方向上的和内在质量等垂直方向上的差异化；③集群产品的低运输成本，以保障最终的可贸易性和市场辐射半径；④企业竞争环境的动态多变与速度经济性；⑤技术创新的网络性与知识的缄默性。

（2）需求条件。①集群产品的时装性与艺术性，使市场需求面临周期性变化。②顾客对集群产品的消费行为具有异变性与上瘾性。③营销信息沟通的口传性。口传增加了集群整体知名度，有利于开拓远方市场。④集群企业可获取多方面的利益需求。⑤本地市场的支持及挑剔顾客的存在。本地市场大且具有超前性，以及高级顾客迫使企业精益求精，往往是集群产生的重要动因。

此外，集群产生还必须具备一定社会历史条件。如：丰富的社会资本与文化资本使集群内部的经济关系具有强烈的社会根植性，共同的文化传统、行为规则和价值观的环境氛围促使相互依赖关系形成，有利于减少交易费用，使企业之间的深度劳动分工得以执行。

2. 产业集群的形成模式

（1）市场推动模式。即在区域范围内首先出现了具有一定规模的专业化市场，通过相关生产过程围绕专业化市场聚集和企业的联动发展，最终形成产业集群。该模式中政府参与的程度最低，企业间关系以竞争为主，自组织性和对市场机制的依赖性极强。

（2）企业衍生模式。即产业集群是通过极少数主导企业的衍生、裂变、创新及跟进者的模仿而逐步形成的。根据主体的不同，又可分为企业孵化模式、企业推动模式和企业分拆模式三种。

---

① 符正平．论企业集群的产生条件与形成机制［J］．中国工业经济，2002（10）：20-26.

（3）地缘内生型模式。即指依靠本地区的地理环境、人文环境、交通便捷条件、资源禀赋条件等区域优势，经过当地历史文化的沉淀而形成产业集群。

（4）外来移植型模式。即指随着以区域外来直接投资为核心的资本迁入，同类企业和相关企业地理集聚，进而延伸出许多配套企业，串起一条或几条比较完整的产业链，最终形成产业集群。

3. 产业集群形成机理的理论阐释

关于产业集群形成机理，可运用多种理论从不同视角对其进行阐释。

（1）外部经济理论。外部经济理论是产业集聚最传统的理论解释，以马歇尔和韦伯的相关理论观点为其渊源。马歇尔在《经济学原理》一书中将企业在特定地域集中归因于外部规模经济，即由丰富的专业劳动力供求、专业化供应商的存在和技术知识的外溢所带来的效益。韦伯在《工业区位论》一书中强调把生产按某种规模聚集到同一地点，会带来生产和销售方面的利益增长或成本节约，形成聚集经济。克鲁格曼（Krugman，1991、1995、1999）① 沿用并拓展了马歇尔的外部经济理论，通过新经济地理模型探讨了产业的空间集聚现象。他认为，产业的地理集中可能源于区域历史中一些并无前兆的“偶然事件”，一旦稍具气候，外部规模经济就会使之不断强化从而形成产业集群，即集群具有较强的路径依赖性，倾向于自我延续。

（2）交易费用理论。交易费用理论源于新制度经济学派，一些学者将其应用于产业集聚的动因分析，认为产业集群在降低交易费用上的优势促使生产地理集中。这些交易费用优势表现在：较低的运输成本、市场搜寻成本和监督成本；较高的交易频率；信息更加对称；较少的机会主义行为和环境不确定性；地方根植性、文化沉淀和社会资本等。

（3）创新理论。创新需求和创新优势也是驱使企业地理集中的深层动力。创新过程涉及大量的隐性知识输入，需要面对面交流和频繁互动才能被有效获取，这诱使创新主体在地理上与相关知识源邻近，促使集群形成。反之，维持

① PAUL KRUGMAN. Increasing returns and economic geography [J]. Journal of Political Economy, 1991 (3): 483-499; PAUL KRUGMAN. Development, geography and economic theory [M]. Cambridge: The MIT Press, 1995; MASAHISA FUJITA, PAUL KRUGMAN, ANTHONY J VENABLES. The spatial economy: cities, regions and international trade [M]. Cambridge: The MIT Press, 1999.

并强化创新的诸多支撑因素，如文化认同和信任等，又在产业集群特有的氛围中得到了最好的培育。

(4) 网络组织理论。不少学者从网络组织的视角解释产业集群的形成过程，认为集群的出现是由于存在“信任最大化”的结果，人际关系和结构(如企业间联系的网络) 是一个重要因素。符正平 (2002)① 将产业集群形成的实质看作企业区位决策的网络外部化过程，最先进驻集群区位的企业扮演“庄家”(Market Maker) 或孵化器的角色，因为其表现和势力影响着后续企业的预期区位形成。

4.3.2.5 区域产业集群的生命周期

理论界关于产业集群的生命周期演化规律提出了种种解说，代表性观点有三阶段论、四阶段论和五阶段论。

1. 区域产业集群生命周期三阶段论

迈克尔·波特 (1998) 将产业集群的演进划分为诞生 (Birth)、发展 (Evolution)和衰退 (Decline) 三个阶段。②

(1) 诞生阶段。产业集群的诞生可能有很多原因。产业集群的缘起通常可回溯到该地特定的历史环境。产业集群也可能产生于不寻常的、复杂的或紧迫的本地需求中。原有的供应商产业、相关产业或完整的相关产业集群，也可能是催生新产业集群的种子。新产业集群也可能因一两家创新能力强的厂商刺激其他集群的发展而出现。另外，对产业集群的诞生而言，机遇条件也很重要。

(2) 发展阶段。产业集群一旦启动就会出现连锁反应，其发展流程在很大程度上依赖于钻石体系中各箭头的效能，或回馈环的功能表现，尤其体现在本地竞争的密集程度、本地创新环境，以及将集群成员聚合起来的正式或非正式制度的效能三个领域。产业集群的发展通常需要10年甚至更长的时间，才能获得坚实稳固的竞争优势。

---

① 符正平. 论企业集群的产生条件与形成机制 [J]. 中国工业经济，2002 (10): 20-26.

② PORTER M E. Clusters and the new economics of competitiveness [J]. Harvard Business Review, 1998, 76 (6): 77-90.; [美] 迈克尔·波特. 竞争论 [M]. 高登第，李明轩，译. 北京：中信出版社，2003: 253-263.

(3) 衰退阶段。大多数成功的产业集群至少繁荣数十年。导致产业集群萎缩和衰亡的原因主要有两种：一是内生的，源于内部僵化，如过度合并、卡特尔和集体思维抑制创新等导致生产力和创造力衰退；二是外来的，因外部环境持续发展或中断发展而造成，如技术间断、客户需求变化等。

Ahokangas、Hyry 和 Rasanen (1999)① 构建了区域集群演进模型，将区域产业集群的生命周期细分为起源与出现阶段 (Origination and Emergence)、增长与集中阶段 (Growth and Convergence) 和成熟与调整阶段 (Maturity and Re-orientation) 三个阶段。

2. 区域产业集群生命周期四阶段论

蒂奇 (Tichy, G., 1998) 借鉴产品生命周期理论，将产业集群的生命周期分为诞生阶段、成长阶段、成熟阶段和衰退阶段。② 国内不少学者分别从区域产品生命周期视角 (池仁勇等, 2004, 2005)、③ 创新视角 (陈剑峰等, 2002)④、集聚视角 (刘斌, 2004)⑤ 进行了分析，均主张产业集群演进四阶段论。

(1) 诞生期 (the Formative Phase)。又称前集群阶段 (Pre-cluster Stage)，是区域内核心产业启动、集聚开始形成的时期。集群内企业结构零散，专业化分工程度低，彼此间的交互作用和自主创新有限，结网效应差，内部集体学习机制不完善。但少数市场盈利能力良好的企业和创新型企业家推动了集群发展，地方政府和区域外来投资也可能起到主导作用。

(2) 成长期 (the Growth Phase)。是集聚规模扩大、形成产业链的阶段。集群增长率高，以供应链分解为特征的专业化分工深化，生产的灵活性增强，

---

① AHOKANGAS P, HYRY M, RASANEN P. Small technology-based firms in fast-growing regional cluster [J]. New England Journal of Entrepreneurship, 1999, 1 (2): 19-26.

② TICHY G. Clusters: less dispensable and more risky than ever [G] // M. Steiner (ed.). Clusters and Regional Specialization. London: Picn Limited, 1998: 211-225.

③ 池仁勇, 王会龙, 葛传斌. 英国企业集群的演进及分布特征 [J]. 外国经济与管理, 2004 (2): 38-42; 池仁勇, 郭元源, 段姗, 陈瑶瑶. 产业集群发展阶段理论研究 [J]. 软科学, 2005 (5): 1-3、11.

④ 陈剑锋, 万君康. 产业集群中技术创新集群的生命周期研究 [J]. 武汉理工大学学报 (信息与管理工程版), 2002, 24 (5): 60-63.

⑤ 刘斌. 产业集聚竞争优势的经济分析 [M]. 北京: 中国发展出版社, 2004: 137-150.

支撑机构和辅助部门逐渐繁荣；区域创新活力得到激发，大量的渐进式创新出现，技术进步步入良性循环；集群的知名度提升，对外来资本有引致效用，并逐步加入国际生产体系。集群效益的自我强化机制是推动集聚区扩张的主要力量。

(3) 成熟期 (the Maturity Phase)。是构建区域创新网络、形成核心竞争力的阶段。集聚趋于稳定，由配套的企业群构建成完整的产业价值体系，通过强竞争力的集群产品融入全球价值链。供应链兼顾稳定性和灵活性，并实现了最优化分离，集中于战略环节。创新资源丰富，效率更高，成为集聚效益的主要来源。区域内形成特有的文化氛围，集群成员结成坚实、稳定、稠密的本地关系网络，信任成为根植性文化的核心。这一阶段集群处于最佳状态，已经具有特色品牌效应，形成了整体的竞争优势。

(4) 衰退期 (the Petrify Phase)。是集群活力萎缩、丧失竞争优势的阶段。企业经济效益下滑，投资呆滞，出现迁出和转产现象，产业集群的集体效率优势因恶性竞争、创新的僵化和惰性等被不断削弱。

3. 区域产业集群生命周期五阶段论

部分学者基于可持续发展的视角，认为产业集群经历衰退期后存在两种情况（鲁开垠，2006），① 即：一是产业集群可能由此消亡，二是产业集群有可能经过正确引导而逐渐复苏（见图4.6）。

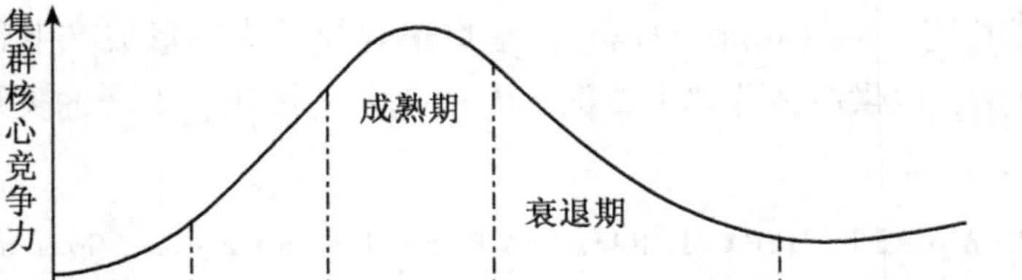

图4.6　产业集群生命周期及其核心能力演化曲线

资料来源：鲁开垠．增长的新空间——产业集群核心能力研究［M］．北京：经济科学出版社，2006：186.

① 鲁开垠．增长的新空间——产业集群核心能力研究［M］．北京：经济科学出版社，2006：183-186.

4.3.2.6　区域产业集群的竞争优势

产业集群作为一种高效的产业空间组织形态，彰显出持续、强劲的竞争优势。主要表现在：

1. 外部经济效应

主要体现在产业集群内部利用资源要素禀赋和开拓市场的规模优势，以及专业化分工协作所带来的范围经济效应。集群企业可通过共用基础设施、共享知识及品牌等无形资产、联合大批量购买原材料、建立批发零售中心等方式减少分散布局所需的额外投资，降低运输、库存等生产成本。集群的区域性易形成供给充足的劳动力市场和资金融通场所，为企业提供便捷高质的生产要素支持。大量同类企业的地理聚集创造了较大的市场需求空间，为众多中小企业提供了更多的生存机会。此外，产业集群形成了一个深层次、专业化的配套体系，各成员企业充分发挥自身优势专注于价值链的某一环节，通过彼此间的竞争、合作、互补和制衡，放大了集群生产效率，共享"1 + 1 > 2"的协同效应和范围经济效应的好处。

2. 交易网络效应

主要体现为产业集群的本地关系网有效地促进了网络协作，特别是有效降低了交易费用所形成的额外收益。首先，网络的地理邻近和全方位联结特征极大弱化了不确定性，简化了经济主体明晰私人产权、发现相对价格的信息搜寻过程，节省了前期的事先交易成本。其次，与地缘、亲缘相联系的人文纽带和根植性加强了成员间的承诺与信任感，企业存在抑制自身投机倾向的内在激励；而激烈的竞争和被替代的风险削弱了因地理位置或物理用途固定所产生的资产专用性的程度，减少了垄断局面和相应机会主义行径出现的可能性。这些都降低了合约执行和监督的事后交易成本，有利于形成良好的市场秩序和交易环境。

3. 技术创新效应

产业集群激活了创新，创新又强化了集群。在需求的拉动和竞争的压力下，集群内部技术创新的动力要远强于集群外部，并具有广泛性和持续性。互动的合作机制可分担创新的初始成本和风险，使单个企业创新的外部经济尽可能内部化；更重要的是形成一种浓郁的创新氛围，加快了创新频率，提高了创新效率。区域内积累的大量“缄默性知识”在产业集群的构架下得到有效传播和扩散，突出的知识溢出效应提升了集群创新动力。总之，产业集群充分释放了技术创新的能量，创新成为集群持续发展的不竭动力源泉。

4. 区域产业品牌效应①

产业集群的优势和功能被外界广泛认可时，便会形成区域产业品牌。它是区域内部成员集体行为和整体竞争力的综合体现，是众多企业品牌精华的浓缩与提炼，一旦树立将成为整个集群区域珍贵的无形资产。区域产业品牌具有俱乐部型公共产品、共有产权的特性，便于产业集群各成员低成本共享，且品牌效应持久，不会因某个企业的消失而消失。在竞争中不断发展壮大的优秀企业群始终是区域产业品牌的建设者和推动者。此外，区域产业品牌凸显了集群整体特色，对配套厂商和集群区域外来投资有引致功效；降低了新生企业的市场准入壁垒和前期的广告宣传费用，增强了产品的市场渗透力和议价能力。基于产业集群的区域产业品牌是集群成员拥有的共享型知识产权，是促进产业集群持续发展的重要保障。

5. 正反馈效应

正反馈效应指产业集群的自我强化（Self-enforce）特征，又称为自组织性。当集群发展到最低临界规模时，即企业数目及质量达到某种关键多数时，集聚区将进入加速发展的轨道，形成一个正反馈系统。首先，产业集群的外部经济效益、网络效益、创新效益以及区域产业品牌效益均具备自我强化的特征，且彼此间相互催化（刘斌，2004），② 共同组成集群效益“路径依赖”和“累积因果”的自我强化过程的重要推动力。其次，根源于对集群效益的追

① 学术界关于基于产业集群形成的区域产业集群整体品牌现象，采用的概念名称有“区位品牌”、“区域品牌”、“地域品牌”、“地方品牌”、“地区品牌”、“地理品牌”、“产地品牌”、“集体品牌”、“共有品牌”、“公共品牌”、“区享品牌”、“集群品牌”、“簇群品牌”、“产业品牌”、“区域产业品牌”等10余种。本书根据产业集群的“产业特性”和“地域特性”属性，采用“区域产业集群品牌”（简称“区域产业品牌”）概念术语命名，认为“区域产业品牌”术语显示了“区域”（地理区位载体）、“产业”（经济活动载体）和“品牌”（产品／产业市场影响）三大特性。

② 刘斌．产业集聚竞争优势的经济分析［M］．北京：中国发展出版社，2004：126.

逐，通过大企业的裂变、衍生及对外来投资的引致等途径，区域内新企业不断涌现，区域外企业不断迁入，生产能力、创新资源、供应链将进一步集中，产业集群展开多轮持续的规模扩张，直至达到上限的规模临界点。而集群规模的扩大、产业链条的拉长加粗，又使各种优势与利益倍增，由此形成良性循环。产业集群正反馈机制如图 4.7 所示。

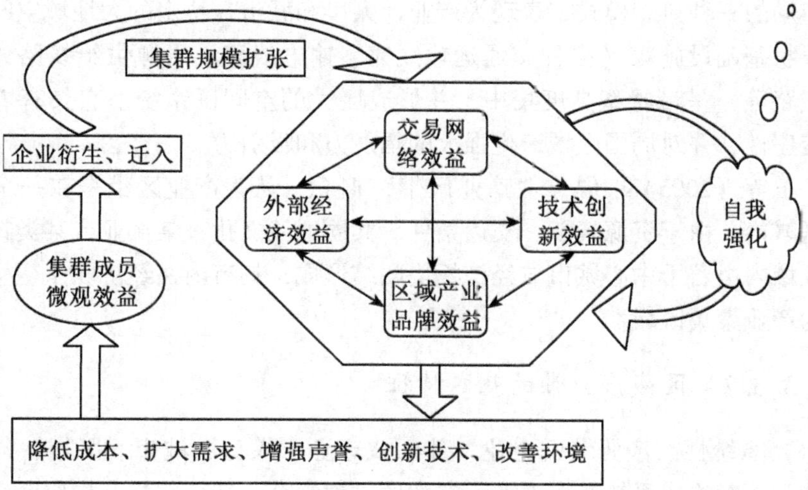

图 4.7　产业集群正反馈机制示意图

4.3.3　区域产业带

4.3.3.1　产业带的内涵

“产业带”有广义、狭义之分。广义上的“产业带”是指在经济活动空间集聚过程中形成的经济空间组织的重要地理单元，是地方、国家乃至国际经济发展的轴线和支撑骨架。区域经济学视域中的“产业带”为狭义的“产业带”，指一国范围内不同区域经济发展的轴线和支撑骨架。

区域产业带是一种新型区域产业空间组织形态。国内产业带理论研究始于 20 世纪 80 年代，主要由“地理学派”学者推动。学术界先后提出了“产业带”、“产业密集带”、“产业区带”等相近概念。

费洪平（1994）①认为，“产业带”是在特定经济空间中，由众多相互配合、协作密切的产业部门，围绕资源富集区、中心城市、交通方便的区位或节点而集聚，所形成的由线状基础设施束相联结和由若干大小不等的中心共同组成的、具有内在经济联系的产业集聚区域，是融合产业、人流、物流、信息流、资金流而形成经济网络的线状空间地域综合体。

郭振淮等（1995）②倡导“产业密集带”概念，强调产业密集带是产业空间布局的一种典型模式，表现为产业、人口和城市在特定的大地域空间内沿各种线状基础设施束（多种交通运输线路、输电线路、水源供给线路、通讯联络线路等）呈带状型高度集中，并形成庞大的空间巨系统。它具有内部组织的有序性，并对周围区域产生强大的辐射力和吸引力。

王玉等（2005）③倡导“产业区带”概念，认为产业区带是在一个特定经济区域内，由于资源禀赋、交通条件、共同地域文化，某产业或某类特定产业在区域内由若干中心城市或经济板块联结形成，具有内在经济联系、呈带状形态的产业聚集区域。

4.3.3.2 区域产业带的基本特征

（1）系统性。产业带由企业、部门或产业、人口、城市、区域、各种基础设施等要素构成系统基质，按一定次序排列组合，彼此联络，构成区域巨系统。这种系统具有层次性，往往由若干亚产业带或“点—轴”系统组成。

（2）产业空间集聚性。产业带通常表现为各种规模和专业化不同的中心城市在一定区域的聚集，但企业仍是最基本的微观组成单元，也是促进产业带形成与演变的重要市场主体。

（3）地域关联性。产业带与周边区域密切联系，内外部经济主体在职能上共同参加区域产业活动，以及相互提供能源、原材料、半成品、劳动力和销售市场等，彼此作用，形成地域上集中分布、功能上互为关联的产业密集区域。

（4）相对连续性。产业带强调产业活动的连续性、密集性和相互关联性，

---

① 费洪平．产业带边界划分的理论与方法：胶济沿线产业带实例分析［J］．地理学报，1994（3）：214-224.

② 郭振淮，金陵，李丽萍．论产业密集带［J］．经济地理，1995（3）：1-9.

③ 王玉，孙慧，吴昌南．长江三角洲装备制造业产业区带实证研究［J］．财经研究，2005（9）：71-79.

但并不意味着整个“地带”是一片连绵不断的城市工业集聚区。许多产业活动（尤其工业、商业和服务业活动）主要集中在各个城市，呈断续相连的状态，其间有大片的农田、森林和空地等，一般沿着生长轴（交通运输干线）呈“点—轴”带状分布；或围绕多核心出现，呈多角形分布。

（5）内部通达性。产业带内部各经济中心之间要求保证通达性，通常由各种交通运输线路贯通，由线状基础设施相联结，组成“点—轴”系统。

（6）动态性。产业带的形成是产业空间运动长期演化的结果。产业在一定边界内，不断进行生存发展所必需的新陈代谢，乃至经历包括积极的创新和恶性的病变等变异过程。

4.3.3.3　区域产业带的基本类型

按照跨行政区域空间尺度的不同，可将区域产业带分为跨省级行政区的区域产业带、省级行政区内跨次级行政区的区域产业带等多种类型。如：沿长江干流产业带即为跨省级行政区的区域产业带；江苏沿沪宁铁路产业密集带、湖北十堰—襄樊—随州—孝感—武汉汽车产业带即为省级行政区内跨次级行政区的区域产业带。

按照形成机理的不同，可将区域产业带分为：①资源开发促进型产业带。在资源富集区，由资源开发而形成的产业带。②中心城市和城市群集聚型产业带。受中心城市的吸引，产业高度集聚于大城市和城市群的经济密集地带。③交通轴线引导型产业带。产业在空间上沿交通干线集聚和扩散所形成的产业带。

按照发展轴线的不同，可将区域产业带分为：①沿江河产业带。以江河干流为发展轴线的产业带。②沿海产业带。以沿海港口为增长极、以沿海航线为发展轴线的产业带。③沿陆路通道产业带。以铁路、公路干线为发展轴线的产业带，如沿陇海—兰新铁路产业带。④沿综合运输通道产业带。以多种交通方式为依托，以多条运输通道为发展轴线的产业带。此类产业带通常拥有高度发达的交通通讯等基础设施，发展优势明显，经济吸引和辐射能力强大。日本沿太平洋沿岸产业带、德国沿莱茵河产业带即属此类。

此外，还有其他一些分类方法。如按照产业类型，可分为单一产业带和综合产业带；按照发展水平，可分为发达型产业带和发展型产业带等。

4.3.3.4　区域产业带的形成过程

产业带的形成一般遵循以“点”带“面”的非均衡路径，是区域经济发展过程中极化效应与扩散效应此消彼长的力量对比变化，以及极化过程和扩散过程相互作用、相互促进的结果。

在产业带形成的初始阶段，极化过程促使资金流、技术流、人才流、信息流等各种生产要素向一些区位条件较好的地点流动，产业在原料产地、交通枢纽、生产要素集中区和主要市场节点上集聚，通过循环累积过程取得增长动力，积累有利因素超前发展，形成大小不等的集聚中心。在产业极化效应发挥到一定程度后，扩散过程（梯度扩散、等级扩散、位移扩散等）的进一步强化，使产业集聚中心逐渐向外迁移，形成次级中心，并拓展其产业腹地。扩散强度和方向多沿以交通干线为主的线状设施束延伸，在空间上形成“点—轴”带状结构，各主中心与次级中心之间通过交通路线等相连接，形成传统意义上的产业带。在区域经济水平提高、特别是生产力飞速发展的前提下，扩散效应逐步占据主导地位，不断缩小产业带内部的差异，城乡之间出现空间一元结构，城乡融合体系逐渐形成，传统产业带开始向新型产业带过渡。

4.3.3.5 区域产业带的边界划分①

1. 区域产业带边界划分的基本原则

产业带的边界划分应遵循一定的基本原则。最重要的两大原则是：

（1）以企业联系和经济关联为主要依据。产业带的范围界定不应有排他性，即不能单纯地按行政区界线或某一产业的空间组织地域来划定。相反，它是多个产业部门和企业在地壳表面的自由延伸，应根据这些产业部门及企业关联度的高低来界定产业带的地域范围。产业带一般可分为核心带、过渡带及外围带，这些不同地带的划分是根据一定地域内各要素（产业、企业）的关联度来进行的。

（2）保持经济网络的顺畅性。产业带内部各种强烈的物质联系、信息联系、服务联系和人员接触等，一般都要通过各种基础设施网络来实现，如交通运输网络、电子通讯网络等。因此，产业带边界划分应根据各地的不同条件，在现状分析与未来规划相结合的基础上，保证产业带内外经济联系网络的顺畅，使产业带保持一个合理的长度。

---

① 费洪平．产业带边界划分的理论与方法：胶济沿线产业带实例分析［J］．地理学报，1994（3）：214-224.

2. 区域产业带边界划分的主要指标

产业带的边界划分需要选取一系列指标评价。较为重要的评价指标包括：

（1）反映企业联系的指标。如：物质联系包括原材料、半成品、成品及专业化协作等的数量和流向；信息联系包括电话、电报、通信、广告、商品贸易会等的流量与流向；服务联系包括教育、技术指导、商业、金融、维修、就业人员等的主要来源及数量。

（2）反映运输联系的指标。基于客观条件，考虑交通线路的性质、货流量与方向及公路客运流量与流向等。

（3）反映商业联系的指标。如选择主要百货公司的商品批发额及批发方向。

（4）反映企业组织空间扩展行为的指标。主要考虑企业集团或大型多厂公司的成员厂的数量、地理分布及其空间联系的数量与方向。

（5）反映产业集聚程度的指标。如：工业产值密度、工农业总产值密度、国民生产总产值密度、工业固定资产值密度（万元/km^2）、全部职工人数密度和人口密度（万人/km^2）等。

◎ 复习思考题

1. 名词解释

区域三环同心圆产业结构模式；区域产业结构配置；主导产业；辅助产业；基础性产业；产业链；产业集群；产业带

2. 简述区域产业结构合理性的评价标准。
3. 简述区域产业结构的主要定量分析方法。
4. 简述区域主导产业选择的主要定量分析方法。
5. 简述区域产业链的基本类型和功能。
6. 简述区域产业链的形成因素和动力机制。
7. 简述区域产业集群的组织特征。
8. 简述区域产业集群的竞争优势。

◎ 开放性讨论题

1. 比较分析区域产业经济活动中的“优势产业”、“潜导产业”、“主导产业”、“支柱产业”一组概念的区别和关联。

2. 如何理解迈克尔·波特倡导的“所有的产业集群都是好的”这一论断？

3. 如何运用公共经济学、新制度经济学、产权经济学、知识产权法学等学科理论分析区域产业品牌的“俱乐部型产品”、“共有产权”、“标志性知识产权”等属性？如何规避区域产业品牌共享利用中的“公地悲剧”现象？

4. 如何认识区域经济发展实践中的“产业链规划、产业链招商热”现象？

5. 如何认识区域产业集群演化的生命周期、区域产业集群风险现象？

◎ 参考文献

1. 刘再兴，等．中国区域经济：数量分析与对比研究［M］．北京：中国物价出版社，1993.

2. 刘再兴，等．区域经济理论与方法［M］．北京：中国物价出版社，1996.

3. 陈栋生，等．区域经济学［M］．郑州：河南人民出版社，1993.

4. 魏后凯，等．现代区域经济学［M］．北京：经济管理出版社，2006.

5. 郝寿义，安虎森，等．区域经济学［M］．北京：经济科学出版社，1999.

6. 郝寿义，安虎森，等．区域经济学（第二版）［M］．北京：经济科学出版社，2004.

7. 安虎森，等．区域经济学通论［M］．北京：经济科学出版社，2004.

8. 杜肯堂，戴士根，等．区域经济管理学［M］．北京：高等教育出版社，2004.

9. 崔功豪，魏清泉，刘科伟．区域分析与区域规划（第二版）［M］．北京：高等教育出版社，2006.

10. 黄培，陈俊芳．赢利定律：商业模式的理论、方法与实践［M］．北京：中国标准出版社，2003.

11. 李小建，等．经济地理学［M］．北京：高等教育出版社，1999.

12. 李小建，等．经济地理学（第二版）［M］．北京：高等教育出版社，2006.

13. 李凯，李世杰．产业集群的组织分析［M］．北京：经济管理出版社，2007.

14. 蔡宁，吴结兵．产业集群与区域经济发展——基于“资源—结构”观

的分析［M］．北京：科学出版社，2007

15. 马建会．产业集群成长机理研究［M］．北京：中国社会科学出版社，2007.

16. 陈文华．产业集群治理研究［M］．北京：经济管理出版社，2007.

17. 徐康宁．产业聚集形成的源泉［M］．北京：人民出版社，2006.

18. 江激宇．产业集聚与区域经济增长［M］．北京：经济科学出版社，2006.

19. 鲁开垠．增长的新空间——产业集群核心能力研究［M］．北京：经济科学出版社，2006.

20. 吴翔阳．产业自组织集群化及集群经济研究［M］．北京：中共中央党校出版社，2006.

21. 朱英明．中国产业集群分析［M］．北京：科学出版社，2006.

22. 许继琴．产业集群与区域创新系统［M］．北京：经济科学出版社，2006.

23. 张元智，马鸣萧，等．产业集群获取竞争优势的空间［M］．北京：华夏出版社，2006.

24. 张辉．全球价值链下地方产业集群转型和升级［M］．北京：经济科学出版社，2006.

25. 徐康宁．产业聚集形成的源泉［M］．北京：人民出版社，2006.

26. 吴德进．产业集群论［M］．北京：社会科学文献出版社，2006

27. 林竞君．网络、社会资本与集群生命周期理论研究［M］．上海：上海人民出版社，2005.

28. 盛世豪，郑燕伟．“浙江现象”产业集群与区域经济发展［M］．北京：清华大学出版社，2004.

29. 王珺．集群成长与区域发展［M］．北京：经济科学出版社，2004.

30. 刘斌．产业集聚竞争优势的经济分析［M］．北京：中国发展出版社，2004.

31. 魏江．产业集群：创新系统与技术学习［M］．北京：科学出版社，2003.

32. 王缉慈，等．创新的空间：企业集群与区域发展［M］．北京：北京大学出版社，2001.

33. 仇保兴．小企业集群研究［M］．上海：复旦大学出版社，1999.

34. 芮明杰，刘明宇，任江波．论产业链整合［M］．上海：复旦大学出版社，2006.

35. 郁义鸿，管锡展．产业链纵向控制与经济规制［M］．上海：复旦大学出版社，2006.

36. PORTER M E. Competitive advantage［M］. New York: The Free Press, 1985；［美］迈克尔·波特．竞争优势［M］．陈小悦，译．北京：华夏出版社，1997.

37. PORTER M E. The competitive advantage of nations［M］. New York: The Free Press, 1990；［美］迈克尔·波特．国家竞争优势［M］．李明轩，邱如美，译．北京：华夏出版社，2002.

38. PORTER M E. On competition［M］. Boston: Harvard Business School Press, 1998；［美］迈克尔·波特．竞争论［M］．高登第，李明轩，译．北京：中信出版社，2003.

39. 陈朝隆，陈烈．区域产业链的理论基础、形成因素与动力机制［J］．热带地理，2007（2）．

40. 陈剑锋，万君康．产业集群中技术创新集群的生命周期研究［J］．武汉理工大学学报（信息与管理工程版），2002，24（5）：60-63.

41. 陈军，陶永宏．产业集群形成模式比较及启示［J］．企业活力，2006（3）．

42. 池仁勇，王会龙，葛传斌．英国企业集群的演进及分布特征［J］．外国经济与管理，2004（2）．

43. 费洪平．产业带边界划分的理论与方法：胶济沿线产业带实例分析［J］．地理学报，1994（3）．

44. 符正平．论企业集群的产生条件与形成机制［J］．中国工业经济，2002（10）．

45. 郭振淮，金陵，李丽萍．论产业密集带［J］．经济地理，1995（3）.

46. 龚勤林．产业链接通的经济动因与区际效应研究［J］．理论与改革，2004（3）．

47. 蒋国俊，蒋明新．产业链理论及其稳定机制研究［J］．重庆大学学报（社会科学版），2004，10（1）．

48. 刘大可．产业链中企业与其供应商的权力关系分析［J］．江苏社会科学，2001（3）．

49. 刘刚．基于产业链的知识转移与创新结构研究［J］．商业经济与管理，2005（11）．

50. 刘青林，谭力文．基于波特理论的产业集群鉴别方法研究［J］．科技进步与对策，2004（12）．

51. 鲁开垠．解析产业链［J］．珠江经济，2002（5）．

52. 潘成云．解读产业价值链：兼析我国新兴产业价值链基本特征［J］．当代财经，2001（9）．

53. 潘慧明．基于可持续发展的产业集群生命周期研究［J］．武汉科技学院学报，2006，19（2）．

54. 卜庆军，古赞歌，孙春晓．基于企业核心竞争力的产业链整合模式研究［J］．企业经济，2006（2）．

55. 任保平，洪银兴．新型工业化中经济效益提高的途径：一种产业链视角的分析［J］．西北大学学报（哲学社会科学版），2005，35（1）．

56. 汪海．产业带形成与划分［J］．经济师，2005（11）．

57. 王今．产业集聚的识别理论与方法研究［J］．经济地理，2005，25（1）．

58. 王玉，孙慧，吴昌南．长江三角洲装备制造业产业区带实证研究［J］．财经研究，2005（9）．

59. 魏后凯．大都市区新型产业分工与冲突管理：基于产业链分工的视角［J］．中国工业经济，2007（2）．

60. 吴金明，张磐，赵曾琪．产业链、产业配套半径与企业自生能力［J］．中国工业经济，2005（2）．

61. 张建华，张淑静．产业集群的识别标准研究［J］．中国软科学，2006（3）．

62. 张铁男，罗晓梅．产业链分析及其战略环节的确定研究［J］．工业技术经济，2005，24（6）．

63. 郑胜利．产业链的全球延展与我国地区产业发展分析［J］．当代经济科学，2005，27（1）．

64. 郑胜利，俞珊．经济全球化背景下的区域产业链培育［J］．集美大学学报（哲学社会科学版），2005，8（9）．

65. AHOKANGAS P，HYRY M，RASANEN P. Small technology-based firms in fast-growing regional cluster［J］．New England Journal of Entrepreneurship，1999，1（2）．

66. ANN MARKUSEN．Sticky places in slippery space：a typology of industrial districts［J］．Economic Geography，1996，72（3）．

67. PORTER M E. Clusters and the new economics of competitiveness [J]. Harvard Business Review, 1998, 76 (6).

第5章 区域经济空间结构理论

空间结构特征是区域发展状态的重要指示器。区域经济空间结构既是区域经济发展的空间载体，决定着区域经济发展的框架；又是区域经济发展的产物，随着区域经济发展而不断重组优化。区域经济空间结构在区域经济活动中具有特殊的重要意义，它通过一定的空间结构组织形态将分散于地理空间的相关资源要素优化配置在一起，产生种种现实的经济活动，引发节约经济效益、集聚经济效益和规模经济效益。本章重点阐述区域经济空间结构组合要素、区域经济空间结构的地域构成单元、区域经济空间结构类型、区域经济空间结构演化过程、区域经济空间结构的形成与发展机制、区域经济的空间开发模式等理论内容。

5.1 区域经济空间结构组合要素理论

5.1.1 区域经济空间结构的内涵

学术界关于区域经济空间结构（一般简称“区域空间结构”）概念的界定众说纷纭。如：陈才（1991）认为，经济（产业）空间结构是“人类经济活动的地域（空间）组合关系”，亦即“经济地域的主要物质内容在地域空间上的相互关系”;① 陆大道（1995）指出，社会经济的空间结构是指“社会经济客体在空间中的相互作用和相互关系，以及反映这种关系的客体和现象的空间集聚规模和集聚形态”;② 李小建等（1999，2006）认为，区域空间结构是指

① 陈才．区域经济地理学原理［M］．北京：中国科学技术出版社，1991：189.

② 陆大道．区域发展及其空间结构［M］．北京：科学出版社，1995：19.

“各种经济活动在区域内的空间分布状态及空间组合形式”。①

区域经济空间结构是一个动态概念。区域经济空间结构在区域经济发展的不同阶段呈现不同的组合状态，表现为各种经济要素在地域空间分化、组合、集聚的过程。在一定时间维度内，区域经济空间结构不仅是经济关系在地域空间中的反映，而且更是各经济要素的空间组合形式。总之，区域经济空间结构即指在一定时期内人类各种经济活动在特定区域内的空间分布状态及空间组合形式。

5.1.2 区域经济空间结构组合要素

5.1.2.1 不同学科视域中的区域经济空间结构组合要素论

1. 人文地理学的观点

美国地理学家哈格特（P. Haggett）最早系统论述空间结构要素，认为人文地理学研究的空间形式由节点、层次、网络或渠道、流、面五部分组成（哈格特，1965），② 将空间结构要素分解为运动、路径、节点、节点层次、地面、扩散六类几何要素（哈格特，1977）（见图5.1）。哈格特假定在存在空间差异的社会里存在着相互作用的需求，如 X 地居民与 Y 地居民进行贸易，Z 地居民需要自身不能提供的货物和服务，因而产生了不同地区间货物、居民、货币、思想等的运动形式。因此，分析空间结构的第一个要素是“运动的模式”；而运动总沿着特定的路径进行，空间结构第二个要素是关于路径或网络的特点；网络有边缘和交点，称之为“节点”，节点是空间结构的第三个要素；空间结构的第四个要素是空间节点的层次；第五个要素是地面，在地面上布满了节点和网络，不同的地面有不同的土地利用方式；变化会导致空间结构重组，变化的主因是发生了空间扩散，空间扩散是组成空间结构的第六个要素。

---

① 李小建，等．经济地理学［M］．北京：高等教育出版社，1999：173；李小建，等．经济地理学（第二版）［M］．北京：高等教育出版社，2006：183.

② 参见吴传钧．国际地理学发展趋向述要［J］．地理研究，1990（3）：1-13.

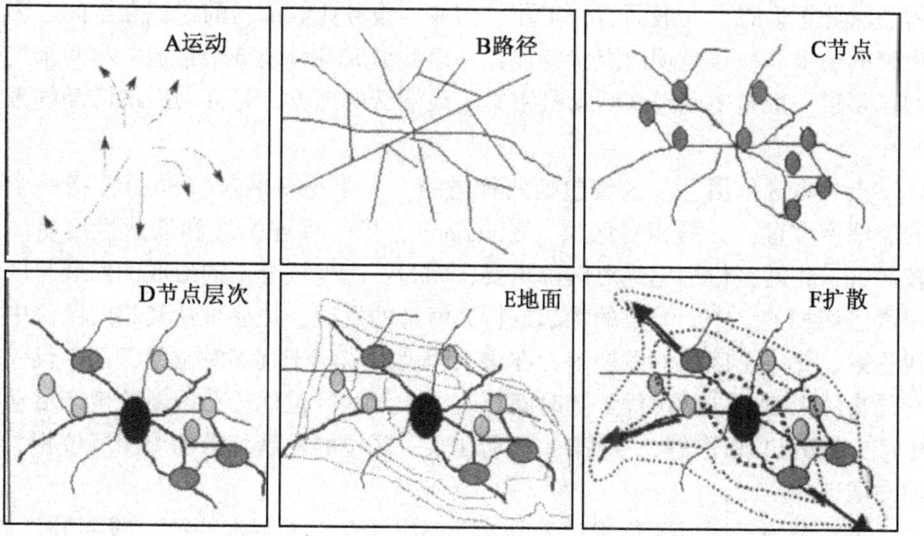

图 5.1　空间结构要素

资料来源：HAGGETT P，CLIFF A D，Frey A. Locational analysis in human geography [M]. London：Edward Arnold. 1977. 转引自陈修颖．区域空间结构重组：理论与实证研究 [M]．南京：东南大学出版社，2005：11.

2. 区域经济学的观点

区域经济学把空间经济结构要素分为：①一定区域范围内经济活动极化而成的中心（节点）；②受经济中心吸引和辐射影响的经济腹地（即域面，指各种经济活动的地域依托）；③由交通、通信等线状基础设施组成的经济网络（即网络，指各种空间经济联系的通道、系统和组织）。借用纯几何学或拓扑学的研究方法，空间经济结构要素可抽象为具有某种内涵和意义的符号及其表现形式，如点、线、网络、面等。与人文地理学的空间结构组合要素论相比较，“点—线—面”要素分析法更能体现区域经济空间结构的结构特征。

5.1.2.2　区域经济空间结构中的“点”、“线”、“面”要素分析

1. 点要素

点要素是区位要素中的最基本形式，是组成“线”和“面”的基础．也

是区域经济空间结构的研究重点。点是指某些经济活动在地理空间上集聚形成的点状分布形态。一般而言，工业、商业、服务业等部门的组织在空间上因有集聚的要求，往往呈现出点状特征，并由此形成各种经济聚集地。空间结构中的点要素一般是空间经济活动最密集、最活跃的地方，是社会经济活动的聚集所在。

点具有区位属性。区位包括两种类型：一是绝对区位（Site），指一个点的经纬度位置；二是相对区位（Situation），指一种连接度和通达性度量。比较而言，相对区位远比绝对区位重要，因为：①地域分工的形成和发展与区位因素密切相关。中心城市的崛起或特大海港的发展，往往可从其相对区位中寻找答案。②一个区域的发展潜力在很大程度上依赖于其相对位置，而不仅仅是它的自然天赋。③区位优势随时间而改变。某些区位优势会因新的生产活动和生产方式的出现而丧失。④某一活动在某一区位的发展可带动周围区位相关活动的发展。①

不论是绝对区位还是相对区位，点都应具有三大基本特征，即：①"点"有明确的位置，即它作为绝对区位而存在。尽管点是一种抽象，但作为经济活动聚集地，它应有其自然地理位置和经济地理位置；②"点"的大小和形状本身反映地域空间的特征。由于经济要素相互作用的大小和着力点不同，在不同地域形成的节点大小不等，甚至同样经济条件的区域由于开发时间先后及程度不同，都会呈现不同的形状。如平原地区的城市体系往往是同心圆形状，而山地丘陵地带的经济节点则一般沿着河流呈带状分布。③"点"具有极化和扩散功能。经济要素的流动总是始于"点"终于"点"，由于要素流动的内容、强度、方向等处于动态演变中，因而"点"也不断地发展变化。点的极化是对外部要素的吸引和融合，点的扩散是内部经济能量向外的辐射和扩展，在极化和扩散的相互作用下，点不断地变化并引致区域空间结构不断演变。

2. 线要素

作为空间实体的线要素，是指在地域空间上具有确定线段的交通线路、通信线路、动力和水源供应线。其中，交通线路起着最为重要的作用，它是空间经济活动的基础和空间经济活动横向拓宽的先决条件。线可分为若干等级，根据不同的轴线在区域经济中的地位、作用以及未来发展潜力的不同，可将"线"分为一级发展轴线、二级发展轴线，以此类推。一般而言，等级越高，

① 蔡建明，等．现代地理科学［M］．重庆：重庆出版社，1992：382.

轴线的影响就越大，其在经济空间结构中的地位就越重要。

线要素也可从动态角度考察。如：交通运输干线一方面是物质、能量、信息、人口和资金等要素流动的“渠道”或“通道”，另一方面其本身也会发生扩展和分叉等变化。就其要素流动的渠道而言，它具有线形、具体、高速、高效和灵活等特点，对地域联系起着不可替代的重要作用。随着干线实力的增强、动力的扩大和线路的扩展，可能产生支线，从而出现“树枝状”的运动态势。①

“线”不能脱离“点”而单独存在，经济空间结构中的“线”有固定的起点和终点。经济要素的流动具有目标指向性，它不可能像射线一样从一个点出发而毫无目的地指向无经济利益的区域，因而轴线的起点和终点是不同的节点。节点自身经济发展的需要促成了线的产生，并将线作为节点之间或节点与周边地区联系的纽带。因此，线是区域空间结构中不可或缺的组成部分，它既可实现资源的最佳配置，又能提高区域之间的可达性。点与线的结合是形成空间网络结构的基础。

3. 面要素

面（又称域面）要素是区域经济空间结构三大要素的基础，没有域面就不会有节点和线路及网络构造。域面是节点、线以及空间网络三者间的作用和影响在地表上的扩展，具有确定的空间范围。若视域面为区域经济空间结构内除去节点、线网之外的所有地域，此即“经济腹地”概念。

域面也可看作“点”的集合体，并相对于“点”而存在，是节点影响与辐射所及的地域范围。域面的发展水平主要受节点和网络要素的发展水平的制约，域面的经济内容也受点的影响，并与之配合。域面作为各项空间经济活动“场所”，其空间范围及其内部要素的密集程度等都随着它们与节点的相互作用和影响的状态而变化。域面上若出现新的节点，则其经济实力就会增强，并逐渐变为结节区域，域面的宽广程度也随之提高。否则，域面经济活动稀疏，活动半径狭小，则沦为衰落或不发达区域。②

5.1.2.3　区域经济空间结构要素组合模式

区域经济空间结构要素的组合模式是指点、线、面三者的相互关系及其组

① 董锁成．经济地域运动论［M］．北京：科学出版社，1994：13．

② 曾菊新．空间经济：系统与结构［M］．武汉：武汉出版社，1996：127.

合形式。区域经济空间结构要素的不同组合形式，反映出不同的经济类型（见表5.1）。

表5.1　**区域经济空间结构要素的组合模式**

要素组合	空间子系统	空间组合类型	空间运行方式
点—点	节点系统	村镇系统、集市系统、城市系统	呈集聚发展，空间组合模式表现为条状城镇带和块状城镇群
点—线	经济枢纽系统	交通枢纽、工业枢纽	呈枢纽发展
点—面	城市—区域系统	城镇聚集区、城市经济区	呈结节性发展
线—线	网络设施系统	交通通信网络、电力网络、供排水网络	呈网络发展
线—面	产业区域系统	作物带、工矿带、工业走廊	呈地带性发展
面—面	宏观经济地域系统	基本经济区、经济地带	呈区域相互作用或协调发展
点—线—面	空间经济一体化系统	等级规模体系	呈现网络化系统

资料来源：曾菊新．空间经济：系统与结构［M］．武汉：武汉出版社，1996：130-131. 本书整理时新增“空间运行方式”内容。

如果点、线、面要素在一定的区域空间呈有机结合状态，在功能上就完全融合为空间一体化系统，具体表现为节点相互依存，域面协调发展，通道配套运行，各种空间经济实体的联系交错密集，呈网络化系统。① 这是一种理想化的空间结构要素的组合模式，是经济高度发达阶段的空间结构模式。而现实中更多的是表现为点—点、点—线、线—线等空间子系统，且各种子系统有等级

① 曾菊新．空间经济：系统与结构［M］．武汉：武汉出版社，1996：131.

规模结构。如在国家级空间结构中的一个“点”，可能是一个省或大城市，其本身就是一个地方区域系统，包含着诸多由较小的点、线、面构成的区域经济空间，而这个地方区域系统内部又包含更小的区域子系统，如市、县等。因此，表 5.1 中的组合模式包含了各种区域要素的组合模式，但这些组合模式本身并不能说明区域系统的等级规模。正是经济空间的等级规模的不同，才造成了经济区域的功能分化和不同的空间子系统。

从空间结构的演变考察点、线、面的要素组合，区域经济空间结构演变总是遵循由“点”到“轴”（线）、由“轴”到“面”的演化过程。① 区域经济空间结构在极化效应的作用下，首先表现为“点”的集聚，随着聚集程度的不断加强，一些节点逐步成长为区域经济中心，经济中心进一步聚集到一定规模后，扩散效应逐步彰显，经济中心向周边辐射经济能量。这一过程首先发生在交通沿线附近，形成沿交通线的经济中心区，即形成具有经济意义的“轴线”。点与线的组合，形成更大的扩散效应，从而产生向“面”上的扩展效应，最终三个要素交错融合，形成不同的空间结构。总之，节点的极化和扩散是区域空间结构不断演进的根本力量，而线作为交通枢纽起到了联结和促进的作用，并通过域面来消化吸收，最终相互联系形成一个经济区域系统。

5.2　区域经济空间结构的地域构成单元理论

区域经济空间结构的地域构成单元是指构成空间结构的实体，一般是城市、乡村或者其他经济活动的发生地域。从空间维度视角考察，区域经济空间结构的地域构成单元突出表现为中心—外围二元空间结构、城市—城乡边缘区—乡村三元空间结构两种典型类型。

5.2.1　中心—外围二元空间结构理论

5.2.1.1　“中心—外围”理论的演进

1. 弗里德曼的中心—外围理论

中心—外围（Core—Periphery；又译称“核心—边缘”、“中心—边缘”、“中心—腹地”）理论最早是发展经济学中用以解释发达国家和不发达国家之

---

① 刘再兴，等．区域经济理论与方法［M］．北京：中国物价出版社，1996：187.

间不平等关系的理论，该理论由发展经济学家劳尔·普雷维什（Raul Prebisch，1901～1986）1949年在为联合国拉丁美洲经济委员会起草的经济报告中首倡，用以描述当时国际贸易体系中西方资本主义国家与发展中国家的对峙情形。美国区域规划专家弗里德曼（J. R. Fridmann，1966）将这一理论模式引入到了区域经济学领域。弗里德曼基于委内瑞拉区域发展演变特征的个案研究，吸收缪尔达尔和赫希曼等学者的区域经济非均衡增长理论，在《区域发展政策》（1966）① 一书中系统地论述了“中心—外围”理论模式；在《极化发展的一般理论》（1967）②、《城市化、规划和区域发展》（1973）③ 等书中将中心—外围理论的研究对象从空间经济扩展至社会生活各个层面，强调中心—外围关系不仅存在于不同区域之间，而且也存在于不同产业部门之间和不同类型的企业之间。此后，“中心—外围”理论模式作为关于区域空间结构及形态演变的解释模型被广泛应用，特别是该理论模式与区域经济发展的阶段联系起来，符合大多数区域发展的实际，对区域经济发展具有较强的解释力，因此作为理论工具广泛应用于指导区域规划与开发。

2. 新经济地理学派的中心—外围模型

弗里德曼的“中心—外围”理论被视为传统的二元空间结构理论，克鲁格曼（Paul Krugman）等构建了新的“中心—外围”模型。克鲁格曼（1991）通过改进迪西特—斯蒂格利茨垄断竞争模型，采用柯布—道格拉斯函数形式构造了一个两区域的模型。④ 模型中有两类产品：一类是农业产品，由不变报酬的农业部门生产；另一类是制造品，由分布在两个区域内的报酬递增的工业部门生产。他的分析重点是两个部门企业在两个区域间的均衡分布，讨论分工的条件及其影响因素。其结论主要有：在所设条件下，两个区域的经济最终会内生形成以工业化的区域为中心、农业化的区域为外围的中心—外围构架；中

---

① FRIEDMANN J. Regional development policy: a case study of venezuela [M]. Cambridge, Mass: MIT Press, 1966.

② FRIEDMANN J. A general theroy of polarized development [M]. Los Angeles: UCLA, 1967.

③ FRIEDMANN J. Urbanization, planning, and regional development [M]. Beverly Hills, Calif; Sage Publication, 1973.

④ KRUGMANP. Increasing returns and economic geography [J]. Journal of Political Economy, 1991, 99 (3): 483-499; [美] 保罗·克鲁格曼. 收益递增与经济地理 [J]. 吴启霞，安虎森，译. 延边大学学报（社会科学版），2006，39（1）：50-57.

心—外围的形成取决于运输成本、规模经济以及制造业在国民收入中的比重；贸易的产生并不完全源于比较优势的存在，更在于规模经济产生的报酬递增。这一范式称为中心—外围模型。自克鲁格曼提出该模型后，有关垄断竞争、报酬递增下"中心—外围"模型的扩展研究不断深入，涌现出大量有关企业活动空间分布与报酬递增、交易成本和要素转移的研究文献，学者们提出了各种各样的分析模型。藤田昌久、克鲁格曼和维纳布尔斯合著的《空间经济学——城市、区域与国际贸易》（1999）①一书全面系统地总结了有关的理论观点，对"中心—外围"模型作了拓展，是新经济地理学派的集成之作。

5.2.1.2　"中心—外围"理论的基本内容

1. 弗里德曼古典"中心—外围"理论的基本内容

（1）区域均可分为中心区和外围区。中心区是社会经济活动的聚集区，一般指城市或城市集聚区。这类区域工业发达，技术水平较高，资本集中，人口密集，经济增长速度快。围绕中心区分布并受其影响的区域被称为外围区，包括上过渡区域、下过渡区域和资源前沿区域（见图 5.2）。中心区是创新变革的发源地，在资本、技术和政策上都具有明显的优势，可发展那些受原料区

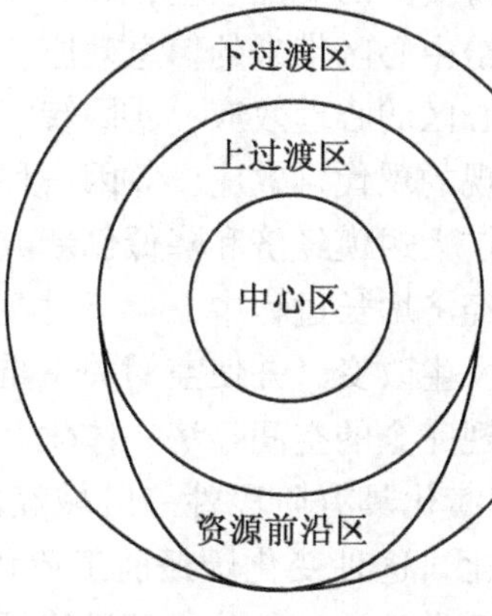

图 5.2　弗里德曼的中心—外围结构模式

---

① MASAHISA FUJITA, PAUL KRUGMAN, ANTHONY J VENABLES. The spatial economy: cities, regions and international trade. Cambridge: The MIT Press, 1999；［日］藤田昌久，［美］保罗·克鲁格曼，［英］安东尼·J. 维纳布尔斯．空间经济学——城市、区域与国际贸易［M］．梁琦，主译．北京：中国人民大学出版社，2005.

资料来源：曾菊新．空间经济：系统与结构［M］．武汉：武汉出版社，1996：165.

位变化影响较小的服务业和高科技产业。中心区政治机构集中，处于稳定发展和支配地位。由于核心增长区的繁荣大大刺激了相邻区域的发展，投资不断增加，资源利用和农业发展的集约化程度不断提高，人口迁移量不断上升。与外围区域相比，环绕核心区的周围区域显示出经济上升的趋势，形成上过渡区域。而下过渡区域多位于边远的农村，还包括原料枯竭、老工业向衰退方向变动在内的区域，该区域的农业呈停滞状态，产业结构老化，效率低下，以粗放型经营生产方式为主，人口向外迁移。资源前沿区域是指那些富有待开发的资源，对区域发展有极大潜在价值的区域，一般位于两种过渡区域之间。中心区与外围区之间存在着一种密切的社会经济联系，共同组成一个严整的空间系统，亦即结节性区域。

（2）中心区和外围区的相互作用。一方面，中心区从外围区吸聚生产要素产生出大量的创新（材料、技术、社会和文化体制等），另一方面，这一创新又源源不断地从中心区向外扩散，引导外围区的经济活动、社会文化结构和聚落类型的转换，从而促进整个空间系统的发展。同时，这两类区域之间还存在着决策的传播、移民的迁徙和投资转移三种基本的空间作用过程，各种空间作用的力度也不均衡。中心区对外围区所具有的支配和控制地位可描述为六大反馈效应：①从外围区净获得资源的支配效应；②因各种要素增长、潜在相互作用增强和创新速度提高，给中心区带来的信息效应；③因创新机会多且预期成功率高而使创新者向往中心区的心理效应；④因转变价值观念、行为方式和组织机构，而有利于创新出现的现代化效应；⑤因一种创新的产生而引致其他创新出现的连锁效应；⑥因扩大规模经济和降低创新成本引致更多创新性产业配置的生产效应。在成功的经济增长过程中，上下过渡区、中心区和资源前沿区四种空间子系统的边界将发生改变，并使空间关系重新组合，这一过程将按照一定的次序进行，直到实现完全的空间经济一体化。

（3）区域经济空间结构演化具有阶段性。区域经济增长的同时，必然伴随着区域经济空间结构的变化，这种变化历经前工业化阶段、农业社会阶段、工业化阶段、后工业化阶段四个阶段。各阶段都反映了中心区域与外围区域关系的变化特点。经过四个阶段的演变，由最初的区域不平衡逐步形成功能各异的城市集群系统。

2. 新经济地理学学派的“中心—外围”理论模型

中心—外围模型是克鲁格曼在新贸易理论研究基础上发展起来的。克鲁格曼认为，在中心—外围结构的形成过程中，垄断竞争厂商根据其在不同区位的获利能力决定生产区位，而其生产区位的决定将产生三种不同的经济效应（见表 5.2）。

（1）市场通路效应（又称需求关联或后向关联）。一个厂商从其他区域迁往本地将使本地劳动力需求增加，当劳动力可在不同区域流动时，将吸引劳动力流入并使本地需求增加，本地需求的增加将使本地厂商的利润增加，继而又进一步吸引更多厂商进入，进一步产生需求关联。这一过程将循环反复，通过一个循环累积过程实现聚集经济。

（2）生活费用效应（又称为成本关联或前向关联）。一个厂商从其他区域迁往本地使本地厂商数量增加，而在一个厂商数量增多的区域，消费者需要从区外购入的商品种类减少，从而支付的贸易成本下降，这意味着本地生活费用下降和实际工资水平提高。工人受吸引而大量流入，引起劳动力供给增加和本地名义工资下降，使得厂商生产的平均成本和边际成本下降，本地厂商利润增加。厂商利润的增加又进一步吸引更多厂商进入，并进一步引发一个不断自我强化的循环累积过程。

（3）市场挤出效应（又称为竞争效应）。一个厂商从其他区域迁往本地使本地厂商需求减少和边际收益下降，这使本地厂商利润减少或亏损，厂商为获得正常利润而降低工人的名义工资。在其他条件不变时，这使本地对工人的吸引力低于其他地区，劳动力从本地流出，产生一个不断自我强化的循环累积过程，从而抑制了集聚。

表 5.2　**三种效应的性质比较**

类型	是否能自我强化、循环累积	对集聚的影响
市场通路效应	是	促进
生活费用效应	是	促进
市场挤出效应	是	抑制

资料来源：综合整理自杨海余，王耀中，刘志忠．新经济地理学视角的中心—外围模型评介［J］．经济学动态，2004（7）：109-113.

当本区域需求关联和成本关联所产生的向心力大于市场挤出效应所产生的离心力时，经济活动趋向于在本区域集聚，所有制造业厂商被吸引到本区域，本区域发展成富裕的中心区域，而其他区域发展成贫穷的外围区域；当本区域需求关联和成本关联所产生的向心力小于市场挤出效应所产生的离心力时，经济活动趋向于扩散，各地形成类似的生产结构，经济趋于收敛。向心力和离心力都会随着贸易成本下降而减弱，但离心力减弱程度更大，这使中心—外围结构形成呈现出突变的特征。当贸易成本较高时，离心力大于向心力，厂商生产区位变化并不能改变两个区域对称的生产结构。但随着贸易成本下降，离心力比向心力减弱得更快。当贸易成本下降到某一临界水平时，向心力超过离心力，集聚发生，所有制造业厂商被吸引到本地，两个区域内生为工业化的中心和非工业化的外围。

由于古典“中心—外围”理论与新经济地理学派的“中心—外围”理论产生的时代背景不同，前者更多的是借鉴熊彼特的创新理论、佩鲁增长极理论以及刘易斯二元结构理论，在极化空间的理论假设中分析区域经济空间结构的演变，其动力机制是极化和扩散效应，具有空间的接近性、区域性、闭合性特征；而新经济地理学在全球化视角下，利用国家竞争优势理论、空间竞合理论，通过同质空间的假设，构建空间结构和空间组织模型，分析空间结构的演变规律以及其动态平衡与协调发展，具有空间自由性、可分离性、开放性特征。总之，两种分析框架都说明经济发展过程中，在区域结构上必然形成“中心—外围”这一空间结构模式。

5.2.1.3 关于“中心—外围”理论的一般性研究

杨开忠（1992）指出，在中心—外围结构中，两者的增长是不平衡的，但这并不意味着二者差距的拉大。他不赞同弗里德曼关于二元区域空间结构会随着经济进入持续增长阶段而消失的观点，而是认为二元区域空间结构有传统和现代之分，前者以部门—空间分工为基础，后者以等级—空间分工为基础，随着区域经济进入持续增长阶段，传统结构为现代结构所取代，但这并不意味着二元空间结构的消失，而是结构的质的规定性发生了变化。① 由多中心高增长城市中心区和低增长大都市间的外围地带共同组成的中心—外围结构的不平衡发展已成为工业化乃至后工业化社会主要的经济、社会景观。顾朝林和赵晓斌（1995）在研究区域城市体系空间结构演化过程规律的基础上，指出区域城市体系空间结构的演化分为孤立体系、区域体系、区际体系和大区体系四个阶段，中心和外围结构始终存在。② 安虎森（1997）认为，中心—外围结构是

① 杨开忠．二元区域结构理论的探讨［J］．地理学报，1992，47（6）：499-506.
② 顾朝林，赵晓斌．中国区域开发模式的选择［J］．地理研究，1995（4）：8-22.

空间系统最基本的结构单元，“任何一个特定的空间系统都可能不止一个核心区，较高级空间系统中的次级核心区也可作为较低级系统中的一级核心区”。① 包卿和陈雄（2006）强调从空间结构演化的角度而言，“中心—外围”结构始终存在，只是在表现形式、联系机制和强度、耦合机理等方面存在时空差异。②

5.2.2　城市—城乡边缘区—乡村三元空间结构理论

区域经济的非均衡发展，在区域空间上形成中心—外围二元结构。随着区域经济的进一步发展和城市化过程的展开，在城市与乡村的相互作用下，中心与外围的中间地带又分化出城乡边缘区，区域空间结构逐渐演化为中心—城乡边缘区—外围三元结构。曾菊新（1996）在分析中国的城乡空间结构时，将中国的城乡结构表述为城—镇—乡三元结构。③ 安虎森（1997）在分析区域二元空间结构演化过程及城乡边缘带演化规律的基础上，提出了城市—城乡边缘带—乡村这一新型区域空间结构三元论理论框架。④ 郝寿义等（1999，2004）⑤、安虎森等（2004）⑥ 在区域经济学教科书中进一步完善了该理论，并将其表述为城市—城乡边缘区—乡村三元结构论。

5.2.2.1　城乡边缘区的内涵及其特征

城市—城乡边缘区—乡村三元空间结构论主张，区域经济空间结构最基本的组织体系由城市、城乡边缘区、乡村三个基本单元组成，尽管三者的功能、特征相异，但又统一在某一区域，组成一个完整的区域空间。其中，城乡边缘区是构成区域经济三元空间结构的关键单元。

---

① 安虎森．区域经济非均衡增长与区域空间二元结构的形成［J］．延边大学学报（社会科学版），1997（1）：63-67.

② 包卿，陈雄．核心—边缘理论的应用和发展新范式［J］．经济论坛，2006（8）：8-9.

③ 曾菊新．空间经济：系统与结构［M］．武汉：武汉出版社，1996：170-171.

④ 安虎森．城乡边缘带以及经济区域空间的三元分法［J］．延边大学学报（社会科学版），1997（2）：59-65.

⑤ 郝寿义，安虎森，等．区域经济学［M］．北京：经济科学出版社，1999：301-305、395-432；郝寿义，安虎森，等．区域经济学（第二版）［M］．北京：经济科学出版社，2004：320-329、401-438.

⑥ 安虎森，等．区域经济学通论［M］．北京：经济科学出版社，2004：464-474.

关于居于城市—乡村这一中间地带的称谓，学术界至今尚未达成共识，存有“郊区”、“城市边缘带”、“城乡结合部”、“城乡交错带”多种说法。① 尽管称呼相异，但其本质相同。相比之下，使用“城乡边缘区”更为妥帖。生态学中的边缘区指两种生物群落的交界地。“城乡边缘区”概念揭示了该区域是“城”与“乡”两种“生态”的边缘。“区”有大、小之分及规则、不规则之别，形状多样，可以不连续。而“带”则更多地表现出连续性、细长性的空间特征。由于城市边缘区受城市辐射影响不同，地域大小不一，辐射形状也不一，加之地形等自然条件的影响，可能有不连续性。

“城乡边缘区”的概念可界定为：位于城市和乡村之间，以城市和乡村土地的利用方式相混合为典型特征，人口和社会特征具有城乡过渡性质的一个独特地域（郝寿义等，1999）。②

城乡边缘区具有四大特征：①城乡边缘区是一个不连续的空间，深受建成区“外延型”及“飞地型”城市化影响，同时其成长具有盲目性和自发性；②建成区是工作型流动人口的主要扩散地，城乡边缘区是农业人口向非农业人口大规模、快速过渡的转化地，也是城市与乡村景观转变最快的地域，界面变化快；③空间范围受多种因素影响，其中以经济发展的影响为主，具有动态变化特点，被替代的概率大，抗干扰能力弱；④组成和影响因素复杂，包括人口结构、经济成分、产业结构、生态环境以及城市建设和管理等。

5.2.2.2 三元空间结构的演化过程

城市、乡村和城乡边缘区三大地域构成单元的相互作用促进了区域经济三元空间结构的形成。③

1. 城市化起步阶段

城市化启动阶段，社会总体经济水平较低，工业化发展所需的社会资本短缺，致使城市化的发展速度比较缓慢，但城市和乡村之间仍存在一定的经济往

---

① 陈佑启．试论城乡交错带及其特征与功能［J］．经济地理，1996（3）：27-31.

② 郝寿义，安虎森，等．区域经济学［M］．北京：经济科学出版社，1999：398.

③ 根据郝寿义、安虎森等（1999，2004）关于城乡边缘区发展过程的相关论述整理总结。参见郝寿义，安虎森，等．区域经济学［M］．北京：经济科学出版社，1999：407-411；郝寿义，安虎森，等．区域经济学（第二版）［M］．北京：经济科学出版社，2004：413-417.

来，并在过渡地带形成城乡边缘区雏形，此时城乡边缘区基本以农业为主，因而在空间结构上只表现出城乡二元结构。

2. 城市化集中发展阶段

城市的极化作用进一步加大，工业化水平进一步提高，吸纳大量乡村人口向城市集中，靠近城市的区域基于城市人口的需要，其产业开始由普通农业向城郊型农业过渡，由粮棉作物改为蔬菜、瓜果等农副产品，产品的商业化率提高，形成与乡村不一样的边缘区。城市化高速发展导致城市外延的扩大，在紧靠城市的边缘区出现非农用地，且农业用地越来越少。伴随着城市的开发活动，“城市—城乡边缘区—乡村”三元结构基本成形，但农业仍为城乡边缘区的主导产业。

3. 城市化分散型阶段

随着城市经济的进一步发展，城市经济开始向外扩散，呈郊区化趋势。城乡边缘区成为人口、工业和仓储零售业的主要迁入地区。由于城乡边缘区的社会观念、经济结构已初具城市特性，城市过于拥挤的状况使得人口和一些制造业纷纷向地价较为便宜、环境较为优越的边缘区转移，城乡边缘区的景观朝城市靠拢。此时三元结构表现最为明显，即以服务业为主的城市、工业起主导的城乡边缘区、以农业为主的乡村形成较为清晰的界限。

4. 三元结构后期阶段

城乡边缘区越来越朝着城市的方向发展，伴随着城市化的持续发展，它将成为城市的一部分。由于原来边缘区的一部分与城市连成一片，原有的三元结构会逐渐变得模糊，而在更广的范围内，新的三元结构开始形成。

5.2.2.3　三元空间结构的形成机理

三元空间结构形成阶段是国民经济进入强烈动态增长的时期。这一时期，科学技术得到快速发展，服务业开始大量出现，综合交通运输体系已经形成，产业部门间的前后向联系进一步加深，基本部门体系层次更加丰富。由于城市产业空间聚集的外部不经济以及新的劳动地域分工，高层次的和非标准化的经济活动向大城市集中的同时，大批量、标准化生产方式的企业以及较低层次的经济活动向城市边缘和外围区扩散，区域的第二级、第三级中心地得到迅速发展。此时城乡边缘区地位开始确定，而单一核心结构也逐渐变化成为多中心结构，各种核心之间的横向联系日趋密切，中心、城乡边缘区和外围区之间的经济联系也日趋密切，形成三元空间结构。

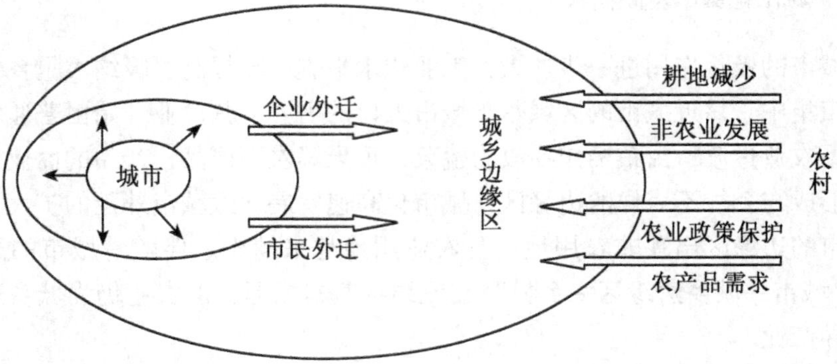

图 5.3　区域经济三元空间结构模式形成机制示意图

资料来源：安虎森，等．区域经济学通论［M］．北京：经济科学出版社，2004：681.

区域经济三元空间结构形成的一般机制具体表现在：①

1. 不同的交易成本与经济活动的区位选择

一般而言，交通成本会随着道路网络的改善和交通工具的创新而不断下降，从而对企业区位选择的影响越来越小，而那些由产业性质引致的交易成本愈发成为产业区位选择的主导因素。企业根据在与其他企业交易过程中的成本的不同，选择不同的区位，从而形成企业区位的有序化和城市空间中新的劳动分工。在聚集和扩散的作用下，交易成本大的企业逐渐向城市中心区聚集，交易成本小的企业向郊区或外围区分散。物质密集型制造业从城市中心区逐渐消失，金融、管理职能逐渐向中心区集中，最终使得城市空间逐渐有序化。这种有序化过程是在没有外力作用下的一种自发的过程，是在“看不见的手”的

① 郝寿义、安虎森等（1999，2004）指出：城市边缘区形成的动力机制主要表现为两个方面：一是城市本身发展促使城乡边缘区形成；二是农村发展的需要推动了城乡边缘区的形成与发展。参见郝寿义，安虎森，等．区域经济学［M］．北京：经济科学出版社，1999：401-403；郝寿义，安虎森，等．区域经济学（第二版）［M］．北京：经济科学出版社，2004：408-410；安虎森，等．区域经济学通论［M］．北京：经济科学出版社，2004：680-682.

指引下的自我完善过程，是一直伴随着城市发展过程的过程。

2. 城市聚集不经济

城市的聚集不经济引发土地租金上涨、环境恶化、道路交通拥挤等问题，促使制造业向郊外转移，同时也促使人口大量向郊区移动。由于城市的空间结构也不断地进行调整，居住区不再围绕在城市的中心，而是大量迁往郊区。究其原因，首先，技术革新降低了通勤的货币和时间的成本；其次，人们生活水平提高，中心城市问题的出现使居民大量迁往郊区；再次，由于制造业等产业的郊区化使就业机会也郊区化，城市居民为了更容易获取就业机会也由城市中心向外迁移。而在城市向外转移的过程中，由于"距离递减效应"会首先落户在城市的周边不远的地带，且这里靠近城市，在生活习惯、设施配置和经济结构方面已有向城市过渡的倾向，故而改造成本较低。与广大农村地域相比，城乡边缘区具有承接城市经济要素转移的天然优势。

3. 农村经济持续发展的需要

从农村发展的角度看，农村经济发展的需要也推动了城乡边缘区的形成与发展。首先是农业非农化发展的需要。农村人口的不断增长使人均土地占有率不断下降，尤其在城市近郊比较发达地区的土地几乎全部利用完毕，农业的持续发展受到土地空间的严格限制。与此同时，农业生产受气候等自然条件影响大、农产品的需求弹性较小以及农业与非农业的比较利益差别等因素也一直在促使农村非农化发展。土地因素的限制以及农村非农化的发展趋势，都导致了城乡边缘区在原有的以农村经济为主的发展模式中出现了城市经济要素，成为城乡要素的混合地带，表现出独特的区域特性。其次是农业剩余劳动力转移的需要。科技进步带来了农业技术和农村经济的巨大变革，农业劳动生产率的提升使得大量农村剩余劳动力出现，而城乡边缘区的产业性质可吸纳大量农村劳动力，从而对边缘区的形成产生强烈的影响。

5.3 区域经济空间结构的类型理论

区域经济空间结构的典型类型有极核式空间结构、点轴式空间结构、网络式空间结构和双核式空间结构四种。

5.3.1 极核式空间结构

5.3.1.1 极核式空间结构的内涵

极核式空间结构是区域经济极化发展在地域空间中的表现。对一个区域进行断面分析，其经济空间结构大多表现出极核式特点。在区域经济发展的初期阶段，极核式结构表现为一种常态。极核式结构是指在区域经济系统中，经济要素首先在一个点上集聚，通过极化效应和扩散效应，极点与周边区域相互传递要素流而形成一个“极核—域面”结构。极核是区域经济发展的制高点，对周边区域经济发展起决定性作用，扮演着区域经济增长极的角色。

5.3.1.2 极核式空间结构的形成机制

依据增长极理论，不论是推进型产业还是地理空间中的极点，一旦形成就会对区域内经济活动的空间分布产生重要影响。增长极在空间上呈现的极化效应与扩散效应是极核式空间结构形成的主要机制。

1. 极化效应

增长极的极化效应是指极核借助自身积累的经济优势，对周边区域产生吸引力和向心力，使周边区域的资本、劳动力、技术等生产要素转移、集聚到极核区域的过程。一般而言，极化效应引致极核区域获取更大规模的经济效益，为极核区域经济增长提供长期支持，但极化效应剥夺了周边区域发展所需的经济要素，使极核区域与周边区域经济发展差距扩大。

极化效应的形成源于三个方面（覃成林等，1996；李小建等，1999、2006）：①

（1）经济活动的区位指向。区位指向相同的经济活动往往趋向于集中在区域内相关资源和要素集中分布的地方。某些区位指向虽然不同，但在实际中所指示的地方往往是相同的（如运输指向与市场指向），因而就扩大了经济活动在少数地方的集聚规模。

（2）经济活动的内在联系。出于加强相互联系的需要，一些内在联系紧

① 覃成林，等．区域经济空间组织原理［M］．武汉：湖北教育出版社，1996：84-85；李小建，等．经济地理学［M］．北京：高等教育出版社，1999：180；李小建，等．经济地理学［M］（第二版）．北京：高等教育出版社，2006：190.

密、相互依赖性大的经济活动往往趋向于集中在同一个适宜的区域发展。

（3）经济活动对集聚经济的追求。由于集聚能够产生集聚经济，因此各种经济活动为追求集聚经济也需要在空间上趋于集口。

2. 扩散效应

扩散效应是与极化效应同时存在但作用方向相反的另一种区域变化过程，它使经济要素从极核区域向外围区域扩散、延展，从而带动周边区域经济发展。

扩散效应的形成源于以下四个方面（覃成林等，1996；李小建等，1999、2006）：①

（1）避免集聚不经济。集聚不经济即指集聚规模超过一定的限度时引发的集聚经济效益减少、丧失，以及因集聚而带来的外部环境对经济活动的负面约束现象。伴随着经济活动的过度集聚，集聚区人口会相对过密，这两者的共同作用会导致集聚区的基础设施及社会服务供不应求，生活费用和生产成本上涨，环境问题也日益突出，促使部分企业、经济部门不得不从原来的集聚区迁移出去，从而引致相关资源、要素随之向外扩散。

（2）寻求新的发展机会。集聚区的企业、经济部门为谋求进一步发展，主动到周边区域新建分支机构或发展据点，以扩大自身的影响和势力范围。在集聚区同行竞争日益激烈、市场渐趋饱和的情况下，部分企业和经济部门为减小竞争压力不得不到其他区域开辟新的市场。在集聚区进行经济结构转换过程中被淘汰的部分不宜发展的企业和经济部门被迫到经济发展水平低的区域寻求立足之地。出于保障自身发展、获取原材料和能源、参与区际竞争等方面的需要，集聚区主动与其他区域开展合作，从而引发部分资源、要素、企业等向其他区域扩散。

（3）部分经济活动区位指向的作用。从宏观上而言，部分经济活动的区位指向呈分散趋势，如日用品工业、原材料工业、农业等受多种因素制约而在空间上呈分散状态，它们在进行区位选择时客观上倾向于分散布局。

（4）政府政策的调控作用。地方政府为缓解集聚区因经济活动过密、人口膨胀而引起的种种经济、社会、环境问题，或为促进区域经济共同发展，协

① 覃成林，等．区域经济空间组织原理［M］．武汉：湖北教育出版社，1996：86-87；李小建，等．经济地理学［M］．北京：高等教育出版社，1999：181；李小建，等．经济地理学（第二版）［M］．北京：高等教育出版社，2006：191.

调区际经济关系，缩小区际经济发展差异，制定一系列政策诱导和鼓励集聚区的资源、要素、企业和经济部门向其他区域扩散。总体而言，扩散效应将促使资源、要素、企业、经济部门在空间上趋于相对均衡，有利于逐步缩小区际经济差异，促进区域经济协调发展。

3. 极化、扩散效应与极核式空间结构的形成

极核式空间结构的形成是极化效应和扩散效应复合作用的结果。极化效应导致极核经济体的不断发展，是极核形成的主要机制，它引发区域经济活动的向心运动，工业、商业、金融等主要经济部门以及科技、高教、文体、医疗等事业集聚在极核区域。区域经济空间结构的演变往往要经历低水平均衡阶段—极核式集聚发展阶段—极核扩散发展阶段—高水平均衡阶段这一基本过程。在低水平均衡阶段，由于生产力水平低下，经济活动前后向联系少，城市化水平低，经济活动分散孤立，只有小范围的封闭式循环。极化作用的累积是空间结构从低水平均衡状态向极核式状态演进的关键。在低水平均衡状态下，各种经济要素已不自觉地流向各个城镇，尽管这些城镇联系较为松散。当基本经济部门在一个区域集聚时，极化效应的不断累积会导致中心城市的产生，形成极核式发展的空间结构。极化效应导致极核区域的城市化进程加快，城市首位度偏高。

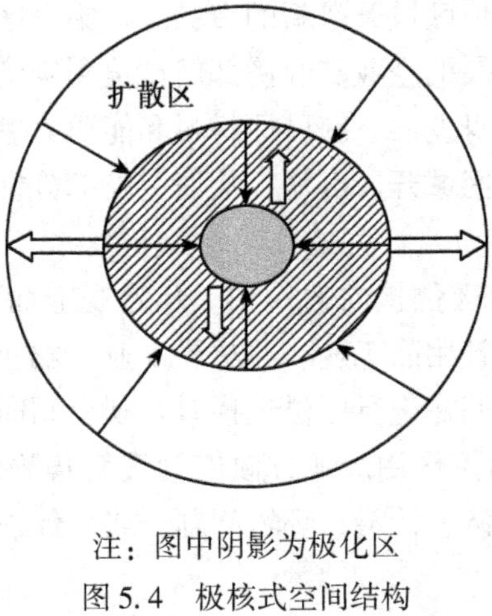

注：图中阴影为极化区

图 5.4　极核式空间结构

极化效应是与扩散效应相伴的。极化效应在极核产生的阶段主要作用，

而极核空间结构的完全形成则是扩散效应的加强，引起极核周边区域与极核区域在较高层次进行经济双向交流的结果。当极核区域经济发展到一定程度时，反集聚效应的作用渐趋明显，经济活动由极核城市向外围区域扩散，周边城镇得到发展，逐渐成为新的增长点。随着扩散作用的加强，城市等级系统也将形成，小城镇数目增多，社会经济结构慢慢向极核扩散发展阶段演变，而这一演变过程中将导致极核体系最终形成，并引起其他极核产生，在另一个区域断层进行新的区域极核结构的演化。

5.3.2　点轴式空间结构

经济地理学家陆大道在借鉴克里斯塔勒的中心地理论、佩鲁的增长极理论、松巴特（Werner Sombart）的生长轴理论、赫格斯特兰（T. Hagerstrand）的空间扩散理论等理论的基础上，首倡“点—轴”空间结构理论模式。在 1984～2003 年间，陆大道对该理论模式作了系统化研究，构建了一套完整的点轴系统理论体系。①

5.3.2.1 点轴式空间结构的内涵

1. “点”的基本类型

（1）各级居民点和工矿区。在点轴空间结构系统的形成过程中，首先是出现工矿区，进而形成一定的居民区。各级居民点和工矿点是点轴空间结构系统形成初期阶段的点的形态。

（2）各级中心地，亦即各种中心城市（镇）。各级中心地是各级区域的集聚点，也是带动各级区域发展的中心城镇。

（3）集聚区。集聚区是扩大了的“点”或点的集合，是最高程度的空间集聚形式，是在发展条件优越，往往是在高级轴线交汇地附近，建设起来的人口、城镇和经济设施密集的区域（陆大道，1990）。② 集聚区概念既扩展了“点”的内涵，也揭示了由“点—轴”到“点—轴—集聚区”这一区域空间组织变化的客观规律。

无论“点”以何种形式存在，都是区域内人口、产业、经济组织和社会

① 吴传清，孙智君，许军．点轴系统理论及其拓展与应用：一个文献述评［J］．贵州财经学院学报，2007（2）：30-36.

② 陆大道．中国工业布局的理论与实践［M］．北京：科学出版社，1990：234.

组织的相对集中地。一般而言，“点”即为区域经济发展中的“增长极”，其已有的经济规模和发展潜力都要较周边区域相对突出，具有较强的极化、扩散效应，从而带动周边区域发展。

2. “轴”的基本类型

“轴”是指由交通、通信干线和能源、水源通道连接起来的“基础设施束”。① “轴”在结构上分为线状基层设施、主体部分和轴线的直接吸引范围三部分（陆大道，1995）。② 线状基层设施是以交通干线为主体的基础设施“束”。发展轴的主体部分是直接处于线状基础设施或其交叉点上的城市、工矿区、港口等。轴线的直接吸引范围是轴线上的所有城镇、港站直接集聚经济要素的范围。

根据发展轴的线状基础设施种类的不同，发展轴可分为沿海岸型（包括大型湖泊沿岸）、大河沿岸型、沿陆上交通干线型、混合型发展轴四种。

（1）海岸发展轴。海岸发展轴指自潮间带深入陆上约 50 公里的带状范围。在海岸发展轴大规模建设各种类型的经济技术开发区、经济特区，已成为当今世界发展中国家发展振兴的重要途径和空间开发模式。

---

① 陆大道（1986）最早将“轴”界定为“线状基础设施轴线”，将“重点开发轴”界定为“重要的交通干线（港、站在内），有时还加上动力供应线、水源供应线等所经过的、附近有较好的位置、资源、经济基础等条件，因而有较好的开发潜力和远景的地带”（陆大道．二〇〇〇年我国工业生产力布局总图的科学基础［J］．地理科学，1986（2）：110-118）。陆大道在 1995 年将“轴”进一步界定为：“轴”是指在一定的方向上联结若干不同级别的中心城镇而形成的相对密集的人口和产业带，由于轴线及其附近地区已经具有较强的经济实力并且还有较大的潜力，又可称作“开发轴线”或“发展轴线”，“轴线不是单纯几个中心城镇之间的联络线，而是一个社会经济密集带”（陆大道．区域发展及其空间结构［M］．北京：科学出版社，1995：137）。陆大道在 2001 年、2002 年、2003 年对“轴”作了更为简练的诠释，认为“轴”指交通、通信干线和能源、水源通道连接起来的“基础设施束”，“轴”对附近区域有很强的经济吸引力和凝聚力，轴线上集中的社会经济活动通过产品、信息、技术、人员、金融等方式对附近区域有扩散作用，在“基础设施束”上往往会形成产业聚集带（陆大道．论区域的最佳结构与最佳发展——提出“点—轴系统”和“T”型结构以来的再回顾［J］．地理学报，2001，56（2）：127-134；陆大道．关于“点—轴”空间结构系统的形成机理分析［J］．地理科学，2002，22（1）：1-6；刘卫东、陆大道，等．中国西部开发重点区域规划前期研究［M］．北京：商务印书馆，2003：5）

② 陆大道．区域发展及其空间结构［M］．北京：科学出版社，1995：139.

（2）大河河岸发展轴。在大河流域范围内，往往拥有多种矿产资源、农林牧渔资源及水能资源，流域范围内一般都形成多种产业群体，如能源工业、金属矿的开发与冶炼、化学工业、建材工业，农业中的种植业、渔业等，它们之间产业关联度强，往往成为流域经济区的主干和脊梁。

（3）铁路干线沿线发展轴。铁路组成的交通网络对一国经济的贡献是其他交通运输方式无可比拟的，铁路干线沿线往往由于便捷的对外联系通道而形成发展轴。

（4）混合型发展轴。在国土开发和区域经济发展实践中，往往有多种类型的运输通道彼此结合在一起，共同发挥运输通道及带动发展的作用，此即复合型发展轴。由于铁路、公路、水运、管道等运输方式都有其自身的服务对象，多种运输方式综合运用，可带动社会经济的多元化发展，从而在更深的层次上彰显社会经济发展潜力。

3. “点”、“轴”与点轴空间结构

区域内的“点”和“轴”具有层次性。不同等级的“点”由轴线相互连接，由于社会经济空间结构的不均衡导致经济要素的空间扩散，“点”沿着若干扩散通道（线状基础束）促使经济要素向外扩散，在距中心不同距离的位置形成强度不同的新集聚，相邻地区扩散源的经济联系使扩散通道相互连接成为发展轴线，这种“点—轴”渐进式扩散导致最终形成“点—轴—集聚区”，不同规模和等级的“点”、“轴”最终形成点轴空间结构。

5.3.2.2 点轴空间结构系统的演化过程

陆大道（1990，1995）将点轴空间结构系统的演化过程模式阐述为：① 在生产力水平低下、社会经济发展极端缓慢的阶段，生产力呈均匀分布状（见图 5.5a）。到工业化初期阶段，随着矿产资源的开发和商品经济的发展，首先在两点出现工矿居民点或城镇，并为了适应社会经济联系的需要，在 A、B 之间建设了交通线（见图 5.5b）。由于集聚效果因素的作用，资源和经济设施继续在 A、B 两点集中，在 A、B 两点建立了若干大企业，交通线变成了交通线、能源供应线、电信线的线状基础设施束。在沿线经济设施相继建立，同时，在 C、D、E、F、G 等点开始出现新的集聚，交通线得到相应延伸（见图 5.5

① 陆大道．中国工业布局的理论与实践［M］．北京：科学出版社，1990：220-221；陆大道．区域发展及其空间结构［M］．北京：科学出版社，1995：137-138.

(c))。这种模式再进一步发展，A—H—B—C沿线成为发展条件好、效益水平高、人口和经济技术集中的发展轴线。A、B点形成更大程度的集聚，C、G、M、N成为新的集聚中心，大量的人口和经济单位往沿线集中，成为一个大的密集产业带。不仅如此，通过A、B、H三点还各出现一个另一方向的第二级发展轴线，通过D、I、F等点形成第三级发展轴线（见图5.5（d））。如此发展下去，生产力地域组织进一步完善，最终形成以“点—轴”为标志的空间结构系统。

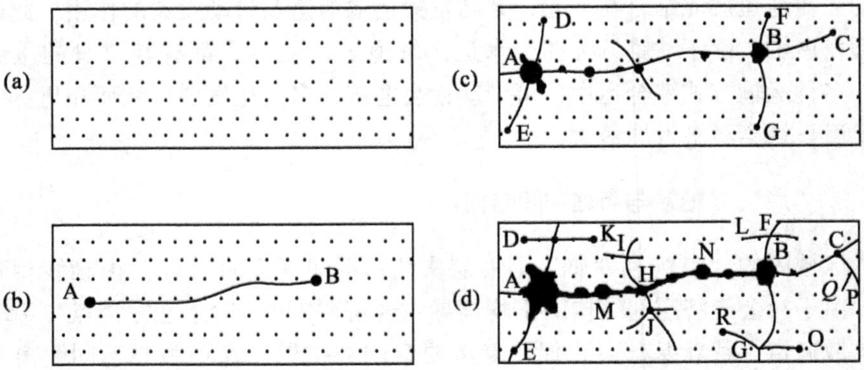

图5.5　“点—轴”空间结构系统的形成过程

资料来源：陆大道．区域发展及其空间结构［M］．北京：科学出版社，1995：138.

“点—轴”空间结构系统的形成历经四个阶段（陆大道，1995、2002）：①

（1）点、轴形成前的均衡阶段。这一阶段经济发展水平停留在农业经济时代，社会经济客体在匀质空间内呈无组织分布，经济效益较低。点、轴都在酝酿发展中，聚集效应发挥潜在作用促进生产要素的集中，这种空间无组织状态具有极端的低效率。

（2）点、轴开始形成阶段。社会经济客体开始集聚，点、轴同时开始形成，区域局部出现有组织状态，区域资源开发和经济进入较快增长期。按照社会经济发展阶段衡量，属工业化初期阶段。

（3）主要的点轴系统框架形成阶段。随着经济发展步入工业化中期，社会结构、空间结构发生剧烈变动，空间结构变动幅度大，呈现出工业化中期阶

① 陆大道．区域发展及其空间结构［M］．北京：科学出版社，1995：138；陆大道．关于“点—轴”空间结构系统的形成机理分析［J］．地理科学，2002，22（1）：1-6.

段的空间结构特征。

(4)“点—轴”空间结构系统形成阶段。区域进入全面有组织状态，其形成是社会经济要素长期自组织过程的结果，也是科学的区域发展政策、规划调控的结果。从宏观角度考察，空间结构重新恢复到“均衡”阶段。这一阶段社会组织、经济组织虽然效率高，但作为社会发展标志的人口、经济的增长却并非高速。

5.3.2.3 点轴空间结构系统的形成机制

点轴空间结构系统的形成有着深刻的驱动机制。空间结构的形成过程存有空间集聚和空间扩散两大趋向，这是社会经济客体运动的基本特征，也是点轴系统的形成机理。点的形成是由于空间聚集的需要，因为聚集效应能影响区域内的要素集中，获得规模效应和正外部性。然而空间集聚并不总是有效率的，当集聚的负外部性逐渐处于主导地位时，空间扩散就成为必然选择。空间集聚和空间扩散从来都是双向进行的。只有既充分发挥规模效应和聚集效应，又注重空间关联和空间扩散，社会经济资源的利用才能实现最佳组织和最佳规模。

点轴渐进式扩散是点轴空间结构系统形成的关键（陆大道，1995，2002）。① 点轴渐进式扩散直接导致点轴空间结构系统的形成。即社会经济客体发自一个或多个扩散源，沿着若干线状基础设施（束）（“扩散通道”）渐次扩散社会经济“流”，在距中心不同距离的位置形成强度不同的新集聚。由于扩散力随距离延伸而衰减规律的作用，新集聚的规模也随距离的增加而变小，相邻地区扩散源扩散的结果使扩散通道相互联结成为发展轴线。随着社会经济的进一步发展，发展轴线进一步延伸，新的规模相对较小的积聚点和发展轴不断形成。区域可达性和位置级差地租是点轴空间结构系统形成的重要原因。区域可达性要求点轴渐进式扩散，位置级差地租制约土地利用的空间结构，两者共同作用于区域开发模式的选择，影响区域空间结构的格局和发展方向。

5.3.3 网络式空间结构

网络式空间结构理论模式由区域经济学家魏后凯（1988）首倡。② 网络是

① 陆大道．区域发展及其空间结构［M］．北京：科学出版社，1995：164；陆大道．关于“点—轴”空间结构系统的形成机理分析［J］．地理科学，2002，22（1）：1-6.

② 魏后凯．区域开发理论研究［J］．地域研究与开发，1988（1）：16-19.

指一定区域内不同规模等级的节点与轴线之间经纬交织所形成的区域经济系统。网络式空间结构模式是点轴空间结构模式的拓展，强调均衡发展以实现区域整体推进。

5.3.3.1 网络式空间结构的内涵

网络式空间结构作为空间结构的高级形态，具有丰富的内涵。从空间结构要素组合角度而言，它是点、线、面协调的区域经济系统；从经济发展目标角度而言，它是谋求实现区域的均衡发展；从空间结构演变角度而言，它是实现空间一体化的必然选择；从效应机制角度而言，在网络式空间结构中，扩散效应大于极化效应。①

1. 网络式空间结构是集点、线、面于一体的区域经济系统

“点”不再是单纯的经济聚点，而是包括人口、经济活动和社会组织的综合性的点（即城镇体系），是节点发展的高级形态，在区域经济发展中充当着各级层次的经济增长极。“线”是指联结各点的线状通道，不仅包括一般的线状基础设施，而且包括无形的信息流通道、跨区域产业链条、人才交流通道、科技创新通道等诸多区际联系通道。这些立体结构的通道提高了点与点之间的可达性，加强了区域之间、城市之间的联系，在区域经济发展中发挥着要素传递和资源配置的双重作用。网络上的各点通过对周边区域辐射其经济能量，组织和带动整个区域的经济社会发展，从而构成了分工合作、功能各异的点、线、面统一体。

2. 网络式空间结构以区域均衡发展为目标

区域经济发展初期，由于要素“瓶颈”的制约，某一区域的开发和发展不能全面而均衡地进行，只能采取不平衡增长战略，集中有限的资源和能力优先重点建设一个或若干个经济集聚点，以发挥这些集聚点的经济带动作用。区域经济发展进入中期阶段后，点轴系统的形成加强了区域之间的技术经济联系，不同地域单元之间逐渐协调发展，区际间经济差距呈现出缩小的趋势，但区域非均衡发展状态仍然明显。区域经济发展进入高级阶段后，网络式空间结构取代点轴式空间结构占据主导地位。此时区域经济发展遵循的是公平优先、

---

① 聂华林，高新才，等．区域发展战略学［M］．北京：中国社会科学出版社，2006：109-110.

兼顾效率的基本原则，通过区域间协调发展，缩小区际经济差距，逐步实现区域全面均衡发展。

3. 网络式空间结构是实现空间一体化的必然选择

区域经济空间结构演变的最终阶段是点线面协调的空间一体化均衡阶段。实际上，点轴式空间结构是空间一体化过程前期的必然要求，而网络式空间结构是空间一体化过程后期的必然选择。网络式空间结构中的网络类型一般包括自然网络、人工网络和综合网络三类。其中，自然网络由流域网、海岸线等组成，根据其自然属性，这类网络具有一定的稳定性和脆弱性；人工网络是区域经济发展的伴生物，是由交通网、通信网、电网等线状基础设施束组成的网络体系，根据人文属性，这类网络具有一定的灵活性和可操作性；综合网络是由自然网络和人工网络交织而成的，是网络式空间结构中的一种高级形态。空间一体化中的网络超出了自然网络和人工网络的简单范畴，是由自然网络和人工网络错综形成的综合网络。网络式空间结构通过重点建设点轴与其腹地之间的综合网，将生产能力和经济能量传播到更广的范围，创造更多的发展机会，优化区域经济空间结构，进而促进区域经济一体化，实现区域经济空间结构的优化。

4. 网络式空间结构以扩散效应为主、极化效应为辅

由于网络式空间结构是以区域均衡发展为主要目标的，因此，网络式空间结构演化过程主要以扩散效应为主。这种扩散效应可以在缓解极化效应的过程中，将要素资源和生产能力传播到整个区域范围内，加强点与点之间、轴线与轴线之间的经济技术合作，缩小经济发展高梯度地区和低梯度地区的发展差距，实现区域经济可持续发展。

5.3.3.2　网络式空间结构的形成机理

当区域经济发展到高级阶段时，点轴系统中不同等级的点与点之间、轴线与轴线之间的技术经济联系进一步加强，为了满足要素资源跨区域配置和区域市场向外拓展的需求，各点开始与周围的多个点发生联系。相应的，点与点之间纵横交错的多路径发展轴线也相互连接，形成具有不同层次、功能各异的供给网络。网络的形成沟通了区域之间、城市之间的经济社会联系，促使点轴系统的经济能量向周围更大空间范围全面渐进式扩散，从而在区域空间上逐渐形成了以线状基础设施为脉络的网络式空间结构。

网络式空间结构的形成必须具备一定的基本条件：

1. 网络空间结构的产生需要社会分工高度发达

由于空间网络需要经济要素在更大空间系统内部更充分地自由流动，各经济部门间分工达到相当高的专业化程度，因此网络式空间结构是区域经济发展到较高级阶段的重要表征，在区域经济发展的低级阶段，空间结构更多地趋向于极核结构和点轴结构。

2. 网络空间结构中的轴线模式必须是立体网络结构

当区域经济发展到一定程度后，空间结构中的点必然是存在紧密经济分工的点，而连接轴线比点轴系统中的轴线要求更高。专业化分工和产业的集聚需要轴线是立体网络式结构。这种立体网络不仅是空间上的网络，而且也是实物网络、信息网络与金融网络的立体结构，这样才能充分保证网络结构的稳定。

3. 网络式空间结构的形成与网络开发密不可分

网络开发是与区域开发高级阶段相适应、服务于网络式空间结构发展的开发模式。一方面，网络式空间结构的形成必然要求对区域内经济要素进行全面整合，从以重点开发为主的点轴开发模式向以谋求区域协调发展为主的网络开发模式转变；另一方面，网络开发只有在经济发展到一定程度、区域要素资源足够丰富、网络式空间结构初步形成的情况下，才能发挥其构筑经济网络的作用。网络开发能有效加快空间结构从点轴模式向网络式结构转变。

5.3.4 双核式空间结构

经济地理学家陆玉麒于20世纪90年代中期在皖赣沿江地区空间结构的实证研究中，最早发现双核式空间结构现象，并在《区域发展中的空间结构研究》（1998）一书中系统论述了区域发展中的双核式空间结构理论模式（简称“双核结构模式”）。①

5.3.4.1 双核式空间结构模式的内涵

双核结构模式是指在某一区域中，由区域中心城市和港口城市及其连线所组成的一种空间结构现象。从机理上考察，它源于港口城市与区域中心城市的

① 陆玉麒．区域发展中的空间结构研究［M］．南京：南京师范大学出版社，1998：74-146.

空间组合，由于兼顾了区域中心城市的居中性和港口城市的边缘性，从而可实现区位上和功能上的互补。

双核结构模式的形成有三个重要前提：①区域中心城市是所在区域的经济中心；②双核结构模式中两端点城市的经济实力与规模能级相当；③两端点城市在功能上互补，社会经济联系紧密。双核结构模式中的区域中心城市是政治、经济、文化三位一体的大城市，一般是省会城市；港口城市则行使区域中心城市的门户港城的功能。双核结构模式中的两个端点城市是区域经济发展的主要增长极。在端点城市的各种连接轴上，存在着规模不等的中点城市（即端点城市之间的非端点城市），中点城市可成为仅次于区域中心城市和港口城市的二级核心城市，其附近地区可形成双核结构都市带的二级单元聚集体。

双核结构模式并不仅仅限于中心城市与港口城市的空间组合模式，许多内陆国家虽没有港口但仍存在典型的双核结构模式特点。由于存在一个对外输出源与经济中心进行大规模的经济联系，边境城市和边界城市往往充当这种角色。所以可将区域中心城市与港口城市的组合视为双核型结构的原生形态或称第一形态，将区域中心城市与边缘城市的组合视为双核型空间结构的次生形态或称第二形态。

5.3.4.2　双核式空间结构模式的形成机理

从作用机制而言，双核式空间结构是区域发展中的一种比较有效的空间结构形式。由于中心城市的经济与社会辐射力大大高于其周边区域，基于空间结构优化的考虑，为了更好地发挥区域中心城市的作用，中心城市应尽量位于所在区域的几何中心。但区域的发展离不开对外经济文化的交流，这种对外性又要求中心城市尽量位于区域的边缘，这使得中心城市不得不在区域内寻找一个伙伴（即港口城市），使中心城市能与区外发生有效的联系。与之相应的是，港口城市需要区域中心城市的支撑以获得持续发展的动力和源泉。基于各自利益的需要，中心城市和港口城市相互支撑、共同发展，实现区位上和功能上的互补，从而形成了区域内的双核式空间结构。

双核式空间结构的形成具有三大内在动因：

（1）中心城市的趋中作用。在其他因素相同的条件下，中心城市要对所在区域充分发挥作用，最基本的要求是趋中性，即应当尽可能位于所在区域的几何中心。中心城市的趋中性，是经济要素集聚与扩散的内在要求。

（2）港口城市的边缘效应。区域中心城市的发展应以所在区域作为自身的坚实依托，而港口城市则由于大多位于区域边界上而具有明显的边缘效应优势，即具有突出的中转枢纽功能，其最突出的特点还在于可充分发挥水运优势而适宜临江（海）或临港型工业发展。

（3）区域港口城市与区域中心城市的空间耦合。出于与区外交往的需要，拉动中心城市的区位向区域边界方向推移，以至有不少区域中心城市位于区域边界上。尽管这种空间结构有利于与区外的交往，但并不利于对所在区域的带动。双核式空间结构则兼顾了上述两大方面的需要，实现了区域中心城市的趋中性与港口城市的边缘性的有机结合。

5.3.4.3 双核式结构模式的适用范围①

1. 基于流域背景的双核结构模式

在水运时代，区域中心城市首先通过干流与港口城市发生最有效的联结。流域的基本框架由水系构建，而水系的形成受许多自然因素，特别是地质、地貌条件的影响。一般情况下，流域型双核结构具有以下三大共同点，据此可构建双核结构的理想图示（见图5.6）。

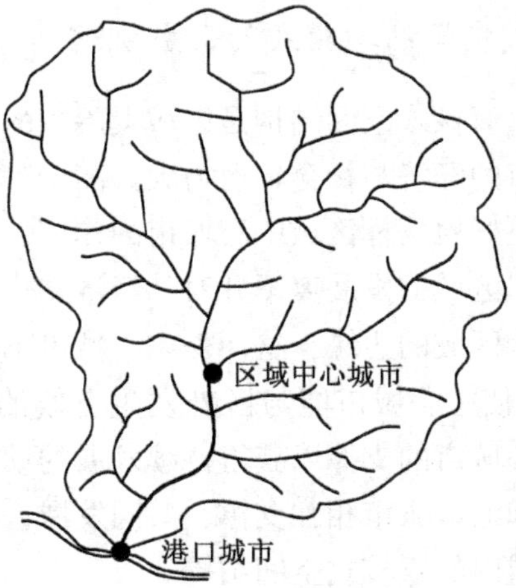

图5.6 双核结构理想图示

资料来源：陆玉麒．区域双核结构模式的形成机理［J］．地理学报，2002，57（1）：85-95.

① 陆玉麒．区域双核结构模式的形成机理［J］．地理学报，2002（1）：85-95.

（1）区域中心城市往往位于主要支流与干流的交汇处。具有水陆交界、水水中转的双重边缘效应的区位优势，是构成区域中心城市发展的内在动力。

（2）区域中心城市并非位于所在区域的几何中心，而更可能是经济重心或人口重心。区域中心城市区位的趋中性指向并不意味着一定坐落于所在区域的几何中心。

（3）港口城市一般是干流的主要港口，包括条件较好的江河港口和入海港。港口城市必须具有良好的通航条件，能够起到对外经济交流的枢纽作用。

2. 双核结构模式适用范围由流域向非流域拓展

双核结构模式的产生和发展并不仅限于流域。美国的纽约—芝加哥双核结构即为非流域型双核结构模式的典型个案。双核结构模式的区域背景由流域向非流域拓展，主要源于以下原因：

（1）流域自然条件。流域型双核结构的形成与水运的低成本优势有很大关系。在水运时代，水运成为城市之间联系的主要方式。促成双核结构形成的前提条件是可通航性。对于水流湍急、落差过大的河流，由于种种原因，其流域一直未得到充分开发，难以形成双核结构。

（2）近代交通方式的变化和运输结构的改变。进入近现代社会以后，水运地位下降，而铁路、公路等地位明显上升，甚至成为城市间联系的主要方式，由此形成跨流域的双核结构。如徐州由于位于京沪线与陇海线的交汇点上而成为淮海经济区的中心城市，它与欧亚大陆桥东桥头堡连云港组成该经济区域最主要的双核结构。

（3）交通主通道的方向和路径。在同一流域中，双核结构中的港口城市一般位于河口，但当有更好的出海口时，则可跨越流域，与流域外的海港城市组成双核结构。如意大利的经济重心在北部，北部的重心又在波河流域。位于该流域的米兰是全国最大的工业和金融贸易中心，但它并没有与位于河口的威尼斯形成双核结构，而是向南与位于利古里亚海岸的热那亚组成双核结构。

5.4 区域经济空间结构演化过程理论

区域经济空间结构演化过程理论侧重分析区域经济空间结构随区域经济成长发展而不断变化的一般性规律。

5.4.1　西方学者的区域经济空间结构演化过程理论

不少西方学者曾对区域经济空间结构演化过程的规律性进行了研究，其中以弗里德曼的论述最为经典。

在弗里德曼所倡导的区域中心—外围模式中，任何区域的空间系统都由中心和外围两个空间子系统组成。在区域经济的增长过程中，空间子系统的边界将发生变化，并促使空间关系重组。这种过程将按照一定的次序进行，直到实现全国经济的完全一体化。弗里德曼（1966）把区域空间结构的演进分为四个阶段（见图5.7）。

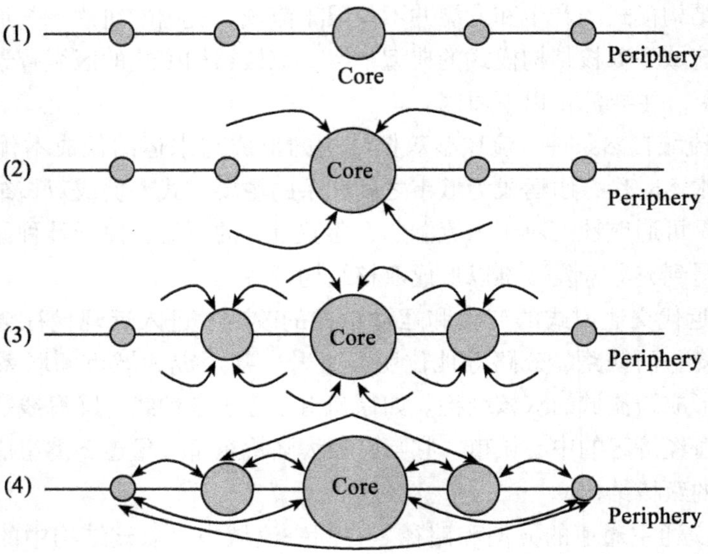

图5.7　弗里德曼区域经济空间结构演进阶段图示

资料来源：FRIEDMANN J. Regional development policy：a case study of Venezuela［M］. Cambridge，Mass：MIT Press，1966.

1. 前工业化阶段的空间结构

该阶段产业特征是工业产值比重小于10%，空间特征是在均质无序的区域中存有若干缺乏等级结构的独立地方中心，呈现出相对稳定的初始形态。在前工业社会，由于生产力水平低下，社会分工和商品生产极不发达，整个区域结构以农业和农村为主体，空间系统由广大的农村和许多独立的地方中心构成，没有等级结构，每个地方中心都位于各自狭小的飞地中心，地区间相互缺乏联系并相互割裂，存在着大量的自给自足经济，经济发展处于均衡停滞状态。由于这一阶段的区域经济发展不平衡现象不显著、经济发展水平很低，国家区域经济政策的主要目标是为经济起飞创造条件。

2. 过渡阶段的空间结构

该阶段产业特征是工业产值比重在 10% ~25% 之间，空间特征是开始拥有单个强有力的中心，呈现出空间结构的不稳定形态。这一阶段区域空间系统由单个强有力的中心区和衰落的外围区所组成，中心区以压倒一切的力量维系着对外围区的支配地位，这种空间结构反映了工业化初期的典型特征。中心区与外围区的力量对比使企业家、劳动力和资源纷纷由外围区向中心区大规模迁移。国民经济发展实际上缩小为增长潜力有限的单个大城市区域的经济发展，而外围区由于受中心区的掠夺，经济往往处于停滞甚至衰落状态，从而可能导致外围区社会、经济甚至政治上的不安定。为了防止这种不安定局面的出现，国家区域经济政策目标大多定位于缓解或消除中心区与外围区间的不平衡。

3. 工业化阶段的空间结构

这一阶段产业特征是工业产值在 25% ~50% 之间，空间特征是次级中心开始出现。区域空间系统由简单的中心—外围结构逐渐转变为多中心结构，大城市间的外围区取代了全国范围的外围区，这种空间结构反映了工业化成熟阶段的基本特征。全国规模的外围区收缩为较小的、易于管理的城市外围区，使得外围区的重要资源进入国民经济的生产循环，整个国民经济的增长潜力增强。同时，由于次级中心的出现，城市体系也趋于完善，综合工业体系日渐形成，抑制了全国性中心的过度膨胀，在一定程度上缩小了中心区与外围区的差距。这一阶段尽管城市外围区仍然存在着贫困和文化的落后，但就国家区域经济政策总体而言仍是鼓励经济活动的中心化，只是到了后期阶段才着手弱化中心区与外围区的反差。

4. 后工业化阶段的空间结构

这一阶段的产业特征是工业产值比重开始下降，空间特征是功能上相互依赖的城市等级结构形成。大城市间的外围区被吸纳到大城市经济中，形成了功能上一体化的空间结构体系。这是工业化后期或后工业化时期的空间结构特征。在这一阶段地域组织的主要目标得到实现，如全国经济一体化、布局高效益、增长潜力最大化以及必要的区际平衡。

弗里德曼从产业结构演进和空间结构演化相结合的视角构建的区域经济空间结构演进阶段理论，不仅揭示了区域经济发展过程中空间结构的阶段性变化规律，而且也揭示了区域工业化和城市化过程的一般规律。它无论是对于研究区域发展史，还是指导区域开发和区域城市化实践，都具有一定的指导意义。

5.4.2 中国学者的区域经济空间结构演化过程理论

1. 陆大道的区域经济空间结构演化过程理论

陆大道（1988，1990，1995，2003）在排除社会制度以及海陆相对位置、区域内自然条件的差异等前提条件下，将区域经济空间结构视为历史发展的函数，提出了区域经济空间结构演进四阶段理论。①

（1）农业经济占绝对优势阶段的空间结构。这一阶段经历了漫长的历史时期，生产力发展水平低下，生产基本处于自给自足状态，人口绝大多数从事广义的农业。该阶段商品经济逐渐有所发展，各类小城市缓慢出现但未构成等级关系。城乡之间人员、物资、信息交流很少，道路等区域基础设施不完善，分布上形不成网，经济停滞，社会发展缓慢，空间结构状态具有较大的稳定性。社会经济空间结构基本特征表现在：①没有形成大区域间的经济发展不平衡（即疏密问题）。②社会经济空间组织构架呈原始状态，道路网等级特征不明显，形不成发展轴的功能。③区域的城镇居民点未形成等级—规模体系。

（2）由农业经济向工业化过渡阶段的空间结构。社会内部的变革和外部条件的变化，导致社会经济较快发展。社会分工加快，农业不断发展，还出现

---

① 陆大道关于区域空间结构演化过程的论述最早见于《区位论及区域研究方法》（北京：科学出版社，1988：97-98），在《中国工业布局的理论与实践》（北京：科学出版社，1990：218）中沿用1988年的表述，将区域经济空间结构演进表述为社会经济结构中以农业占绝对优势的阶段、由农业经济向工业化的过渡阶段、工业化和经济起飞阶段、技术工业和高消费阶段四个阶段；在《区域发展及其空间结构》（北京：科学出版社，1995：104-107）、《中国区域发展的理论与实践》（北京：科学出版社，2003：311-313）等著作中进一步规范完善。此外，陆大道（1995，2002）还论述了点—轴系统空间结构演变阶段规律，参见本章第三节。

了繁荣的手工业以及矿业、原材料工业和制造业；开辟了水上交通，铁路网和公路运输开始出现；商品经济有了较大发展，城乡交流频繁，城市日益扩大，且不断有新城镇出现。区域经济的增长集中在城市，并形成区域中心。中心的集聚作用加大，空间不平衡出现，远离城市的地方仍十分落后，空间结构不稳定。社会经济空间结构的基本特征表现在：①大区域的经济发展不平衡开始出现。一些地区开始得到加速开发，另一些地区仍是原来的农业经济状态，即开始形成一定的空间经济梯度。②社会经济空间组织构架在先发达起来的地区开始形成点等级特征。③区域的城镇居民点开始形成等级—规模体系。

（3）工业化中期阶段的空间结构。这一阶段生产力进一步得到解放，国民收入大幅增长，投资大量用于扩大再生产，国民经济进入强烈的动态增长时期。科技水平提高，第三产业发展起来。区域的第二、三级中心得到加强，城市之间的交换、交流关系极为频繁，城市体系逐渐形成。由于经济实力还远非强大，并非所有边缘地带都得到了充分开发，空间结构仍处于变化之中。这一阶段经济增长速度较快，社会经济结构的变化较快，空间结构也相应急速变化。社会经济空间结构的基本特征表现在：①大区域间的发展不平衡程度愈来愈烈，集聚经济原则在社会经济区位决策中占统治地位。区域发展和以消除大区域间发展不平衡为目标的区域政策研究普遍受到重视。②社会经济空间组织构架形成，发展轴线和城镇居民点形成“点—轴系统”，社会及产业主要集聚于高等级的城市和轴线上。③由于集聚经济因素的强烈作用，大城市愈来愈发达，等级—规模达到最大。

（4）工业化后期及后工业化阶段的空间结构。这一阶段科学技术在经济生活的各方面得到广泛应用。居民收入增加，现代化的交通和通信系统深入影响社会生活。社会经济客体区位决策的经济原则作用下降，生态系统平衡原则受到重视，地区间不平衡问题逐步得到解决。区域等级系统形成，空间结构系统重新恢复到平衡之中。这一阶段产业结构趋于高度化，社会福利水平大为提高，再加上人口增长趋缓，使得经济增长速度趋缓。社会经济空间结构基本特征表现在：①由于过疏过密问题逐步解决，欠发达地区得到发展，大区域间的不平衡变得不再明显。集聚经济在区位决策中的作用下降，而平衡布局渐受重视。②形成完善的“点—轴”空间结构系统，但等级差别愈来愈小。③由于集聚因素的作用不强，而分散化的作用效果愈来愈重要，城镇居民点等级—规模趋缓。引发社会经济空间结构演进的根本原因是经济因素，即集聚经济导致第一阶段向第二和第三阶段转换，之后“集聚经济”发展超过了所能允许的边界，形成了所谓“集聚不经济”，导致高级“平衡”状态的出现。

2. 安虎森、郝寿义的区域经济空间结构演化过程理论

安虎森（1997、2004）、郝寿义等（1999、2004）认为，区域空间结构的演化是一个不断从低级到高级的过程，其演化过程是始于极化导致的二元性加强、继而核心向外扩散导致的二元性削弱，最终实现区域空间在新的发展水平上的均质性，从而形成逐级传递和逐级推进的动态演变过程，区域经济空间结构呈现四阶段的演化规律。①

（1）均质—低水平均衡发展阶段。这一阶段是经济发展的初期。首先，由于生产力发展水平低下，经济以农业为主，生产自给自足，尚无大区域间的经济发展不平衡及疏密问题。其次，区域的城镇居民点没有形成等级—规模结构，居民点只是居住地而不承担服务职能。随着商品经济的逐渐发展，各类小城市开始出现，但仍是一种小地域范围内经济活动的封闭式循环。小城市规模和影响范围都很小，且职能单一，主要作为商品交换的场所和小范围的管理中心。小城市之间在性质和规模方面没有从属关系或等级关系。再次，社会经济空间组织的构架呈原始状态，道路网等级特征不明显，不能成为发展轴。城乡之间在人口、物质、资金、信息等方面的交流很少，小城镇之间缺乏联系，常以小城镇为中心形成若干地域分割，因此，区域社会经济发展缓慢。在这一阶段，导致区域差异和空间结构变化的作用因素尚未出现或者作用力较弱，空间结构表现出极大的稳定性，处于一种均衡发展状态，区域社会经济的空间组织呈现原始或较原始状态。

（2）聚集—二元结构形成阶段。这一阶段是农业经济向工业化经济的过渡阶段，其最主要的特征之一是区域间经济发展不平衡凸显，开始形成一定的空间经济梯度，即极核区与农业经济状态区形成了分化。随着农业的发展，区域内逐渐形成分工和专业化生产，出现繁荣的手工业以及矿业、小规模的原材料加工业和制造业，水上交通、铁路网和公路运输也逐渐发展。工业化过程在少数具有优势区位的经济中心开始集聚。受规模收益递增以及集聚经济效益的

---

① 该理论最早见于安虎森的《区域经济非均衡增长与区域空间二元结构的形成》（延边大学学报（社会科学版），1997（1）：63-67）。他认为，区域空间结构演进分为农业经济占优势的低水平均衡阶段；集聚、核心—外围形成阶段；扩散—多核阶段；区域空间结构一体化阶段。郝寿义、安虎森主编的《区域经济学》（北京：经济科学出版社，1999：309-311；第二版，北京：经济科学出版社，2004：327-329）、安虎森主编的《区域经济学通论》（北京：经济科学出版社，2004：490-493）进一步完善了该理论。

影响，这些中心进入极化增长阶段，并成为核心区；其他地方成为受其支配的外围区域，从而形成核心—外围的二元结构。城镇居民点开始形成等级—规模体系，且以不同等级城镇之间的纵向联系为主，在一般情况下，相邻等级城市之间规模差距越来越明显。这一阶段极化效应远大于扩散效应，在中心城市的作用（输出商品，发挥政治、经济的领导地位和组织职能）下，空间集聚程度极不平衡，远离城市及经济中心的外围地带仍处在落后状态，空间结构极不稳定。

（3）扩散—三元结构的形成阶段。这一阶段处于工业化中期，是社会经济发展的决定性转折点。最显著的特征是区域间的发展不平衡程度越来越大，聚集经济原则在社会经济区位决策中占统治地位。这一时期经济得到极大发展，产业间联系加深，第三产业蓬勃发展，综合交通运输体系逐步形成，基本部门体系层次更加丰富。这一阶段区域由单纯的“中心—外围”空间结构逐渐变为多核心结构，并形成城乡边缘区，区域的第二、三级中心得到加强。落后地区资源和潜力更多地被吸引进经济循环中，并分配给原有的中心和新形成的中心。由于经济实力还不是很强大，并不是所有的外围地带都得到了充分开发，空间结构仍处在变化之中。在强烈的聚集经济因素作用下，大城市规模越来越大，规模—等级悬殊越来越明显。这一阶段最突出的表现就是工业化和城市化，相应的空间结构的变化也非常迅猛。核心、城乡边缘区和外围地区之间的经济联系日益密切，逐渐形成三元结构。区域发展和消除大区间发展不平衡是这一时期制定区域经济政策的主要目标。

（4）区域空间一体化阶段。在这一阶段，整个社会进入了后工业化时期。科技高度发达并被广泛应用，生产的增长率大大超过人口的增长率，社会及其成员的收入达到很高的水平，形成发达的交通和通信网络。这一阶段社会经济客体区位决策的经济原则的作用有所下降，生态环境原则受到更多的重视，地区间的不平衡、就业、收入、消费水平和选择机会的差异等都逐渐趋于消失。由于空间和资源得到充分利用，空间结构的各组成部分完全融合为有机整体，相互作用，相互依赖，从而重新恢复到“平衡”之中。在区域布局中，聚集经济在区位决策中的作用下降，而平衡布局、发挥社会效益和生态效益变得越来越重要。

3. 唐富藏的区域经济空间结构演化过程理论

唐富藏（1986）根据威廉姆逊（J. G. Williamson）的倒“U”型理论，创

造性地将区域经济空间结构演进分为三个阶段：①

（1）早期发展的集中阶段。这一阶段反映的是工业革命前和进入工业革命后的区域空间结构的变化情况。在工业革命以前，少数区域或为原料所在地，或位处要塞，或因历史因素等而具有区位优势，因而成为人口聚集中心。工业革命后，经济迅速发展，人口、产业活动则向这些已具有区位利益的聚集中心聚集，从而形成区域的中心城市，空间各结构要素间的差异程度扩大。

（2）集中后分散阶段。由于中心城市的聚集效果继续增强，其经济力量日益强大，通过外部需求和技术知识的扩散使工业化、城市化的影响传递到其他空间点，从而促成次级中心（如卫星城镇）兴起。次级中心通过同样的集中过程，增强聚集力量，并波及其他更低一级中心。

（3）分散后地方中心成长阶段。次级中心不断接受中心城市的波及效果，在达到成长所需的最小发展规模后，便开始加速成长。最小发展规模是由经济发展所需的最小需求门槛与供给门槛所决定的。前者是指该中心提供商品与劳务的最小服务范围，后者是指该中心必须具有发展所需的起码的劳动力市场与资金市场。最小发展规模也与该中心人口密度、经济结构、技术变动等有关。这一阶段中心城市的成长速度将不一定高于其他次级中心。因为中心城市扩张到一定极限后，城市区内距离增大，通勤成本及旅行时间提高，工资和土地价格上涨，城市的拥挤和各种污染出现，造成聚集不经济。至此，资本、劳动力、住户和厂商不再迁入，中心城市的成长速度逐步减缓，甚至低于次级中心的成长速度。因此，空间成长的差距将缩小，趋于空间均衡成长。

4. 薛普文的区域产业结构—空间结构协同演化过程理论

区域经济空间结构的核心是城镇，城镇的主体是包括工业、服务业在内的各种产业，产业的分布特征直接影响到城镇体系的结构状态。因此，区域经济空间结构的分析应当以部门结构分析为基础，从不同阶段部门结构的发展特征来分析部门的空间分布，进而推断城镇体系的变化规律。据此，薛普文（1988）提出了与部门结构演变相对应的区域空间结构演进四阶段模式。②

（1）低水平的均衡阶段——以经济活动分散孤立、小地域范围内封闭式循环为特征的空间结构。这一阶段代表了准封闭型的自给自足的小农经济时期，区域生产力水平低下，农业是经济主体，非基本部门占有绝对优势，为本

① 于宗先，等．空间经济学［M］．台北：联经出版事业公司，1986：144-145.

② 薛普文．区域经济成长与区域结构的演变［J］．地理科学，1988（4）：379-384.

地服务的商业、地方农产品加工工业和地方小型制造业等也有所发展。它们的规模有限，仅在一定的地域范围内构成内部封闭循环的空间单元，影响范围狭小。在城镇体系中，各级城镇规模较小、等级均衡、职能单一、相对封闭，仅以上、下等级城镇之间的行政、商业以及其他服务性活动的联系为主，同级城镇之间缺乏联系，无职能分工，形成均衡、稳定的低水平城镇体系。

（2）极核发展阶段——以极核发展为特征的空间结构。随着经济的发展，基本产业部门开始形成和发展，但受区域经济基础薄弱的制约，基本部门以水平发展为主，集中发展的这些基本部门，聚集在极核点地带，形成区域发展的极核，极核点在集聚效应下不断吸引基本部门较大规模的集聚。这一时期区域空间结构已从上一阶段的低水平均衡状态演变为极核城镇发展较快的非均衡体系，基本部门在空间集聚发展，促使较高等级城市发展迅速，形成区域经济发展中心，较低等级城镇变化不大，城镇之间的联系仍以不同等级的纵向联系为主。

（3）扩散阶段——以极核城市（地带）向外扩散为特征的空间结构。这一阶段区域经济发展已具有一定的基础，基本部门开始向纵深发展，层次更为丰富，原有的水平发展模式被垂直发展模式所取代。不同层次的活动在空间分布上发生变化，极核城市不断涌现出新的更高层次的经济活动，原有的已经丧失经济优势的经济活动开始向较低等级城镇扩散，区域内出现了空间经济转移，极核城市与其辐射范围内的城镇之间联系密切，进而形成了由极核城市向较低等级城镇逐步扩散发展的非稳定的城镇体系。

（4）高水平的均衡阶段——以网络化、均衡化、多中心为特征的空间结构。这一阶段区域社会经济已比较发达，区域内新的基本部门不断涌现，社会经济形成了多样化、多层次的基本部门体系，产业结构呈现出多种类、非集聚、网络状交错分布的状态。经济结构的多样化、多层次促使各城镇开始在职能上进行分工，打破过去单一部门结构所造成的同级城镇的经济结构相似性较大和互不关联的局面，促成同级城市和不同等级城市之间相互联系的网络的形成，各级城镇的经济结构变得复杂稳定，城镇体系向均衡化发展。此时，区域内多种较高等级的经济活动在空间分布上出现分异，往往不是集中于单一中心城市，而是分别分布于多个城市，使这些城市具有某些较高等级的经济职能，提高它们在城镇体系中的地位，出现多中心的结构。总括而言，这一阶段空间结构演化成为以一个综合性中心城市或者数个功能分异、互补的中心城市为核心，大中小城市之间交错联系的均衡网络。

5.5 区域经济空间结构的形成与发展机制理论

区域经济空间结构是社会经济发展在空间上的投影，决定着社会经济发展的方式和水平。同时，区域经济空间结构又通过复杂的反馈机制影响社会经济的发展。这种相互作用和相互影响的关系和机理是区域经济空间结构形成和发展的基本机制。

5.5.1 区位势能机制①

区位势能指在特定区域内由自然条件、资源分布、交通方式、人口状况、技术经济水平、人为政策优惠等因素在不同地点的组合所形成的差别程度。这种差别程度决定区域经济发展的活力和后劲。一般来说，影响区位势能形成的主要因素有：①自然条件势能。由自然因素的区域差异所形成的区域经济发展潜力的不同。②自然资源势能。由资源的分布组合及其开采价值的差别所导致的区域经济发展潜力差异。③人口分布势能。由人口分布密度和人口素质差异所导致的区域经济发展潜力差异。④交通运输势能。主要包括交通运输水平、运输能力、便捷程度等相异而形成的差异。⑤行政和政策势能。由行政中心或行政权利与优惠政策等特殊原因的差别所造成的发展潜力的不同。⑥技术经济势能。由技术水平、教育水平、创新能力不同所导致的区域经济发展潜力差异。

区位势能的作用机制主要体现为：①聚集作用。指具有较高区位势能的区域能够有选择地聚集资源，它不仅吸收本区域的劳动力、资源和资金，而且还把其他区域的资源、资金和人才吸引到自身区域内。②增值作用。指高区位势能的区域对资源进行加工而使资源增值。③辐射作用。高区位区域向其他区域扩散技术、输送产品、投资等。④自强作用。具有高区位势能的区域在聚集、增值和辐射的过程中，自身得到不断增长和发展。上述四种作用是通过具有不同区位势能的区际人流、物流、资金流、信息流实现的。一般情况下，不同区位势能的区域之间，资源通常由综合势能低的区域流向综合势能高的地区，产

① 刘再兴，等．区域经济理论与方法［M］．北京：中国物价出版社，1996：176-179。也有学者以“区位指向”来解释促使区域经济空间结构演化的这一机制，参见李小建，等．经济地理学［M］．北京：高等教育出版社，1999：179-180；李小建，等．经济地理学（第二版）［M］．北京：高等教育出版社，2006：190.

品则相反。在这种资源和产品的流动过程中，不同势能的区域都有自强作用，但各自的自强速度是不同的。一般而言，高势能区域自强作用增长快，低势能区域自强作用增长慢。

区域经济空间结构是区位势能不断变化的结果。任何一个势能因子的作用力强弱的变化都有可能对区域经济发展产生影响，并改变区域经济空间结构。区位势能在形态上通常表现为点状、线状和面状等。点状的区位势能表现为大型的矿产地、交通运输枢纽、城镇等，点状势能的变化导致节点的形成和发展。线状的区位势能表现为交通线、河流及海岸线、大型矿脉等线形体。线状区位势能常常发展成城镇、人口和经济、技术的相对密集带，形成区域经济带。面状区位势能主要表现为大面积的矿产、农产品基地、工业密集区等．它形成城市带、经济中心区和经济密集区。区位势能的变化常导致一些节点城镇、产业带和经济密集区的兴衰，从而引致区域经济空间结构的不断变化。

5.5.2　集聚与扩散机制①

此处所讨论的集聚与扩散机制，与极核式空间结构的形成机制理论中的极化与扩散效应基本一致，在此仅阐述集聚与扩散对区域经济空间结构的形成与发展的作用。

集聚指资源、要素和部分经济活动等在地理空间上的集中趋向与过程。由于经济活动的区位指向、经济要素之间的内在联系和集聚经济效应，集聚机制的形成是必然的。集聚过程一旦开始，就极易形成循环因果式的促进集聚的力量，从而加速集聚进程。

扩散是与集聚完全相反的要素流动形式，指资源、要素和部分经济活动等在地理空间上的分散趋向与过程。扩散既是源于经济活动本身运行规律的要求，也是源于追求利益的市场主体对集聚不经济的一种规避。

集聚与扩散相互对立和并存，是制约区域经济空间结构形成与发展的重要机制。两者的关系体现在：

（1）在区域空间结构形成与发展的不同阶段，集聚与扩散机制发生作用的强度不一样。在区域空间结构形成初期，集聚机制起着主导作用，引发区域内部发生空间分异。在区域空间结构进一步发展时期，集聚机制的作用将逐步

---

① 覃成林，等．区域经济空间组织原理［M］．武汉：湖北教育出版社，1996：86-87；李小建，等．经济地理学［M］．北京：高等教育出版社，1999：180-181；李小建，等．经济地理学（第二版）［M］．北京：高等教育出版社，2006：190-192.

减缓，扩散机制逐渐发挥作用。当区域空间结构进入成熟期，集聚机制与扩散机制同时作用，其表现形式和程度较为复杂，通常是扩散机制的作用强于集聚机制。

（2）集聚机制与扩散机制的作用都存在一定的惯性。集聚或扩散一旦发生，就将沿着其固有的方向持续下去。在没有人为干预的情况下，只有等到出现集聚不经济或扩散不经济时，集聚或扩散才会受到遏制，并有可能由集聚为主转化为扩散为主或由扩散为主转化为集聚为主。此时，原来的集聚或扩散趋势不会消失，仍与扩散或集聚同时存在。但集聚或扩散在内容、规模、层次、速度等方面将不断发生变化。

尽管集聚与扩散机制的作用有一定的惯性，但其作用是有限度的。集聚机制的作用超过一定的限度，就会产生集聚不经济，从而遏制集聚。同样，扩散机制的作用达到一定的限度也会产生扩散不经济，从而抑制扩散。这是因为扩散过度就会割裂经济活动之间所固有的联系，失去发展所必需的外部环境，不能开展合理的分工与协作，从而会导致生产与经营效益下降，甚至连正常的生产或经营过程也难以维持。

极化机制导致经济活动由外围向中心移动，其表现形式多种多样。极化方式主要有：①向心式极化，即周围区域向极化中心的极化过程。②等级式极化，即基层小节点向区域次级极核极化，而次级极核又向首级极核极化。③波状圈层式极化，即极化现象是围绕极化中心向外做波状圈层式展开。在一个区域中心，几种极化方式可能同时存在。（见图 5.8）

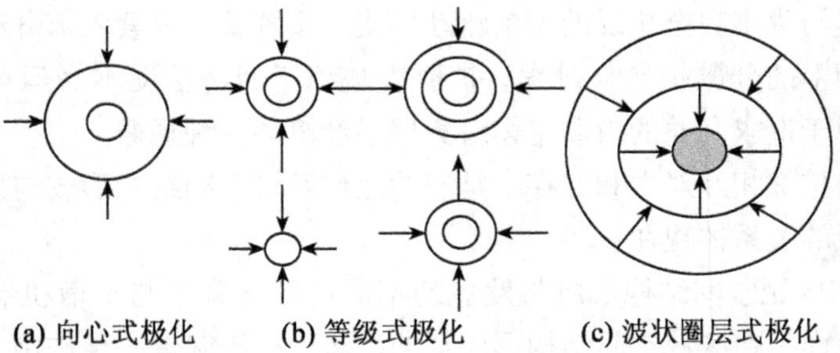

图 5.8　极化方式示意图

资料来源：崔功豪，魏清泉，陈宗兴．区域分析与规划［M］．北京：高等教育出版社，1999：224.

扩散方式主要有：①核心扩散，即由极化中心向四周扩散，主要发生于中心城市向近郊或近邻地区扩散。②等级扩散，即按照极核中心的等级层次，由高级到低级逐渐进行辐射。这种扩散方式中，距离因素将退为次要地位。③波状扩散，即由中心向外围逐步扩散，并随距离远近而逐渐衰减。④跳跃式扩散，即扩散不受距离和等级影响，直接由一个极核跳至另一个极核区域（见图 5.9）。另外，有些扩散是无规律的，呈现随机扩散模式。

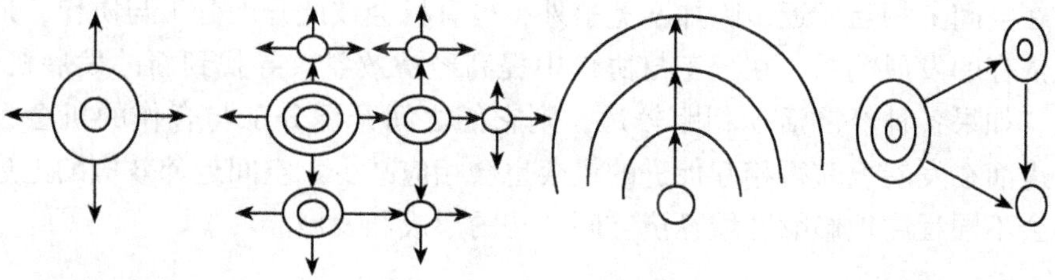

图 5.9　扩散方式示意图

资料来源：崔功豪，魏清泉，陈宗兴．区域分析与规划［M］．北京：高等教育出版社，1999：225.

5.5.3　空间近邻效应①

空间近邻效应指区域内各种经济活动之间或各区域之间的空间位置关系对其相互联系所产生的影响。根据空间距离衰减原理，区域的经济影响力是随空间距离的增大而减小的，那么，在区域经济空间结构的形成与发展中，各种经济活动或区域之间的空间距离远近不一样，相互间发生联系的机会和程度也就存在差异，因而对它们的空间分布与组合也就产生了不同的影响，从而对区域经济空间结构的形成和发展产生不同的影响。

空间近邻效应对区域经济空间结构的形成与发展的影响表现在三个方面：①促使区域经济活动就近扩张。在满足发展所需条件的前提下，各种经济活动一般都会采取由近及远逐步推进的方式来扩大自己的影响空间、建立分支机

①　覃成林，等．区域经济空间组织原理［M］．武汉：湖北教育出版社，1996：92-95. 李小建，等．经济地理学［M］．北京：高等教育出版社，1999：183-184. 李小建，等. 经济地理学（第二版）［M］．北京：高等教育出版社，2006：192-193.

构、寻求发展合作伙伴等。②影响各种经济活动的竞争。由于在一定时期内可投入到经济发展中的资源和要素是有限的，同时市场的需求也是有限的，所以，位于同一区域或相互靠近的各种经济活动在利用资源及要素、开发市场时势必会发生激烈竞争。如同类经济活动之间会对相关资源、要素进行全面竞争，不同类经济活动对能源、劳动力、资金、基础服务设施、土地等一般性资源和要素也会展开竞争。相反，如果经济活动彼此在空间上相距较远，则它们之间的竞争就可能减小。③影响各种经济活动在发展上的相互促进。各种经济活动在空间上相互靠近，除加剧竞争外，也有机会彼此开展分工与协作，形成相互依存的发展关系，在分工与协作中提高经济效益，寻找到新的发展机会。反之，如果各种经济活动相距较远，则它们之间开展分工与合作的机会会减少，进而在发展上获得相互促进的机会也会相应减少。空间近邻效应的上述作用都会不同程度地影响区域经济空间结构的形成和发展。

5.6 区域经济的空间开发模式

从资源空间配置的角度看，区域经济开发的目标大体可分为两类：一是提高资源空间配置的效率，促进经济的高速增长；二是逐步缩小区际差距，实现合理的空间均衡和经济一体化。前者称为效率或增长目标，后者称为均衡目标。一般而言，在较短的时间内，一个区域要同时实现上述两个目标相当困难。因此，不同经济发展阶段要针对不同的经济目标实行不同的开发模式。一般而言，在经济发展落后或者工业化的初期阶段，一般采取极点开发模式；在经济发展已有一定基础或者工业化的初中期阶段，一般采取点轴开发模式；而在经济发展基础较好或者工业化的中后期阶段，则通常采取网络开发模式（魏后凯，2001）。①

5.6.1 增长极开发模式

增长极开发模式是增长极理论在区域经济开发实践中的具体应用形式。在佩鲁增长极理论的基础上，增长极理论演化为产业增长极（功能增长极）、区域增长极（地理增长极、空间增长极）两大理论流派，强调对特定产业或区域进行优先开发，通过特定产业的发展带动其他相关产业的发展，或通过特定

① 魏后凯．走向可持续协调发展［M］．广州：广东经济出版社，2001：31.

区域的发展带动周边区域的发展。①

增长极开发模式强调集中开发、集中投资、重点建设、集聚发展、政府干预、注重扩散等。但增长极开发模式的应用必须结合具体国情、区情，切忌盲目套用。增长极理论是在西方成熟的市场经济背景下产生的一种经典的经济不平衡增长理论，其在实践中的应用需要具备一定的社会经济条件，诸如较为广阔的市场、通畅的运输网络、发达的城市经济、健全的城镇等级体系等。因此，在落后区域实施增长极开发，必须首先构建起当地的产业联系和空间联系，并培育市场环境。在区域规划实践中，区域增长极开发规划需要特别注意以下问题（崔功豪等，1999、2006）：②

（1）增长极与城镇的关系。不能把增长极与城镇等同起来。增长极一般要依托城市，或在城市附近建立，但并非所有的城镇都是增长极。增长极是指具有推进型产业的产业集聚点，它能在一定的地域范围内起到经济集聚与扩散的作用，同地方经济融合为一体。只有具备推动型或启动型产业的城镇才能称为区域的增长极。

（2）增长极类型与规模的选择。要根据当地的资源、对外经济联系条件、社会经济基础以及市场的变动趋势来选择推进型产业，并确定适合本区域发展的主导部门和发展规模。

（3）选择适宜的地点培植增长极。增长极通常不是布置在具有相当规模的城镇建成区中，而是在原有城镇的附近或边缘，在不发达的较低层次的发展轴线上。这样既可以使增长极有充分的发展余地，又能使一定区域获得增长极带来的社会经济效益。

（4）充分发挥增长极的功能。增长极最主要的功能是发展推动型工业，核心是建立强大的工业系统。但增长极也应该是创新中心、社会交往与信息集聚中心和服务中心。因此，培育增长极既要大力发展推动型工业，也要大力发展满足区域发展多种社会职能的服务设施。

（5）建立增长极体系。要从城镇体系发展的要求出发，考虑增长极的体

① 吴传清，孙智君，李群峰．促进中部崛起的产业增长极战略研究［J］．学习与实践，2007（10）：26-32；吴传清，李群峰．促进中部崛起的区域增长极战略研究［J］．经济前沿，2007（11）：19-22.

② 崔功豪，魏清泉，陈宗兴．区域分析与规划［M］．北京：高等教育出版社，1999：227；崔功豪，魏清泉，刘科伟．区域分析与区域规划（第二版）［M］．北京：高等教育出版社，2006：308.

系问题，应有不同规模、等级的增长极，并考虑增长极的分工与联系。

(6) 对增长极要集中投资。要完善增长中心各项基础设施建设，创造有利于增长极发育成长的软环境，以此产生较高的投资效果。

作为一种区域空间开发模式，增长极开发模式强调通过资源优先配置于某些特定区域，形成集聚经济效应，具有能在短期内促进特定区域经济迅速增长的作用。这为促进不发达区域在短期内实现经济增长提供了一种行之有效的战略选择。但增长极开发也存在着一定的局限性：

(1) 增长极开发往往带来区域内发展的不平衡。增长极对周围落后区域的推动作用及经济影响，主要通过极化效应和扩散效应来体现。在增长极发展的初期阶段，极化效应远大于扩散效应，扩散效应被极化效应抵消后的净溢出效应为负值，亦即增长极的极化效应往往以牺牲外围区域的发展为代价。只有在达到一定的临界点后，扩散效应才会超过极化效应，净溢出效应为正。因此，增长极开发需要正确处理区域发展不平衡带来的相关问题，并在适宜时机从增长极开发向点轴开发过渡。

(2) 增长极开发对区域设施和环境配套要求较高。增长极作用的发挥需要有适当的周围环境与配套设施的建立。如果增长极中的主导工业和推进型企业属技术先进的现代化大工业，而周围区域又缺乏与之相适应的产业配套，工业企业只能增加对区外的购买和销售，那么经济“飞地”现象则不可避免。

(3) 增长极对区域内就业的贡献不高。增长极一般以现代工业为目标，技术装备和管理方法较为先进，培育增长极并不可能解决较多的就业问题。

5.6.2 点轴开发模式

5.6.2.1 点轴开发的内涵

点轴开发是增长极开发的延伸，它要求在区域增长极开发的同时，重点对连接各增长极的线状基础设施束（交通、通信干线和能源、水源通道）进行开发。轴线上集中的社会经济设施通过产品、信息、技术、人员、金融等，对附近区域产生扩散作用，最终在基础设施束上形成产业聚集带。① 具体而言，即在特定区域范围内，确定若干个具有有利发展条件的轴线以及轴线地带的若干个点（城市及城市区域—发展中心）予以重点发展；随着经济实力的不断

① 陆大道．关于“点—轴”空间结构系统的形成机理分析［J］．地理科学，2002，22（1）：1-6.

增强，经济开发的注意力愈来愈多地被放到较低级别的发展轴和发展中心上，并使发展轴线逐步向较不发达地区延伸（包括发达地区内距发展轴和发展中心较远的地区），将以往不作为发展中心的点确定为较低级别的发展中心。此即点轴开发模式。①

5.6.2.2　点轴开发的作用效果

点轴开发可按“点—轴”空间结构系统配置和改善生产力的空间结构，产生以下五方面效果，促使区域得到最佳发展：②

（1）以“点—轴系统”模式发展可顺应社会经济发展及其客体必须在空间上集聚成点、发挥集聚效果的客观要求。在各种不同地域范围内，当确定了合理的工业、农业、第三产业结构及经济活动与区域性基础设施之间的有机结合时，便会产生巨大的空间集聚效果。只有以“点—轴”的模式发展才能充分利用这种效果。

（2）以“点—轴系统”模式发展可充分发挥各级中心城市的作用。城市是区域的核心和统帅，是在区域经济发展中产生的，依靠所影响区域提供的原料、能源、食品、劳动力等发展，以供给工业品、信息、技术、政策等统帅其影响区域。要把广大区域发展起来，必须把各级中心城市作为不同等级的开发重点。

（3）以“点—轴系统”模式发展可实现生产布局与线状基础设施之间最佳的空间结合。可使各级范围内重点的交通干线、能源、水源建设线路与重点建设的城镇、工矿区取得必须的一致，避免两者在空间上、时间上的相互脱离。

（4）以“点—轴系统”模式发展有利于城市之间、区域之间、城乡之间便捷地联系。客观上有利于实现地区间、城市间的专业化与协作，形成有机的区域经济网络。在信息化和知识经济社会里，这种网络对促进区域经济发展的作用愈来愈强。

（5）全国各级区域范围内重点发展轴线的确定，可使全国战略和地区战略较好地结合起来。点轴系统模式可使区内各地区、各部门有明确统一的地域开发方向，有利于提高基本建设的投资效果和管理组织水平。

---

① 陆大道．二〇〇〇年我国工业生产力布局总图的科学基础［J］．地理科学，1986（2）：110-118.

② 陆大道．二〇〇〇年我国工业生产力布局总图的科学基础［J］．地理科学，1986（2）：110-118.

5.6.2.3 重点发展点和发展轴线的选择

实行点轴开发一般需要具备一定的条件：①在经过第一阶段的极点开发后，初步形成了启动区域经济发展的增长极；②具备一定的物质技术基础和经济实力，能够提供进行大规模带状开发所需要的资金、技术和人才；③初步建立了一个高效畅通的交通网络系统，并具备一两条能作为重点开发轴线的主要交通干道。① 如果尚不具备这些条件，就应进行前期的准备工作，如培育区域增长极、改善交通条件等。在以上条件基本成熟的条件下，点轴开发的关键是选择重点发展轴和重点发展点。

1. 重点开发轴线的选择

重点开发轴线的类型主要包括海岸轴、江河轴、铁路轴以及基于前三者的复合型轴线。一定时期内，区域内的经济发展轴线，尤其是高层次的重点发展轴线不应该也不可能很多。当原有的发展轴线还没有完全形成或发展不够时，除非是选择错误，一般不宜再开辟新的轴线。由于区域发展轴线不是一般的交通线，而是产业、城镇、运输和通信等线状基础设施集中成束的地带和走廊，甚至是地理上的一个经济产业带（如我国东部沿海地带和长江沿岸地带），所以，最佳的重点开发轴线是以水陆交通运输干线为依托的经济核心区域和发达的城市工业带。当然，自然条件优越、建设用地条件好、农业发展水平较高、矿产资源和水资源丰富且有一定开发规模的区域也可作为重点开发轴线。

重点开发轴线有等级之分，国家级开发轴线应是能带动全国经济发展，对区域经济起决定作用的轴线；区域级开发轴线，应根据区域经济发展的现实状况，选取那些能有效布局区域主导产业，特别是有利于优势产业发展的轴线作为重点发展轴线。重点发展轴线的选择需要根据国家和地区的区域发展政策进行适时变动，新轴线的确定应选好时机，不应有所偏废。

2. 重点开发点的选择

点轴开发中的“点”是各级中心城镇，由于开发轴线的确定，重点开发点就必须是轴线上的点或与轴线有密切经济关系的点。由于各级点的层次和主次不同，重点开发点就应当从各城镇发展的条件及其在区域中的地位、职能、发展规模方面进行考虑，选取那些在区域中起着关键增长极作用的城市作为主

---

① 魏后凯．走向可持续协调发展［M］．广州：广东经济出版社，2001：35.

要开发点，同时加强对资源型城市或有发展潜力的城镇的开发和保护。

点轴开发模式的实施，是从高级轴线向次级轴线、从高级城市向次级城镇逐步展开的过程，因此确定重点发展城镇时，应根据城镇空间分布的现状，在与中心城市相适宜的距离上，选择有较好发展条件的点作为重点发展的城市，使之成为次级发展中心，并形成规模不等的城市群或城市圈。如我国的长江轴线上，重庆、武汉、南京、上海是天然的重点开发点，可以围绕以上几个重点城市，选择与之有着紧密经济关系的其他城市作为二级重点开发点。

5.6.2.4　双核开发与点轴开发的空间耦合

我国国土开发的空间结构中具有明显的空间双核结构，双核开发模式可以看作是点轴开发的一种发展。由于区域中心城市与港口城市具有天然的经济联系，而且二者的经济交流比其他类型的点状联系更具经济效益，能够有效促进二者间轴线和中点城市的发展，故而，双核开发模式是点轴开发中的一种优化模式。根据双核结构理论，应该在特定区域内，选取两个有一定规模、在产业上互补并且其中一个城市具有良好的对外商品输出通道的城市进行重 点开发。双核开发的重点是加强中心城市和港口城市之间的产业联系，疏通二者间的交流渠道，拓展它们之间的合作范围，使其成为区域经济发展的双核。

点轴开发和双核开发在我国国土开发中得到了广泛应用。陆大道（1986）基于点轴系统理论指出，“应将海岸沿线和长江沿岸作为全国一级发展轴线，组成国土开发和区域发展的T字形结构；将经过有较大发展潜力的铁路干线附近作为二级发展轴，并确定若干中心城市，组成不同层次重点建设的点轴空间系统”。① 上述主张被1987年编制的《全国国土总体规划纲要（草案）》、1990年编制的《全国国土总体规划纲要》采纳。② 在“T”型开发模式的基础上，陆玉麒（1999）认为“双核型空间结构是控制我国沿海和沿江地区区域

---

① 陆大道. 二〇〇〇年我国工业生产力布局总图的科学基础［J］. 地理科学，1986(2)：110-118.

② 《全国国土总体规划纲要（草案）》中提及：在生产力的总体布局方面，以东部沿海地带和横贯东西的长江沿岸相结合的“T”型结构为主发展轴线，以其他主要交通干线为二级发展轴线，按照点、线、面逐步扩展的方式进一步展开生产力布局。《全国国土总体规划纲要》提及：2000年前后，我国生产力布局以沿海、沿长江、沿黄河为主发展轴线，结合陇海、京广、浙赣—湘黔、太焦—焦枝、哈大、南昆铁路沿线等为二级发展轴线，构成我国国土开发和建设总体布局的基本框架。

经济发展的基本空间结构形态”。① 从图 5. 10 中可见，点轴开发与双核开发在我国国土开发的应用中存在较强的空间耦合。沿海和沿江两条轴线的发展对带动国家经济发展发挥了巨大的作用，而区域内双核开发的应用，又能更好的提升区域经济水平，加快区域结构调整，带动周边地区的经济发展。

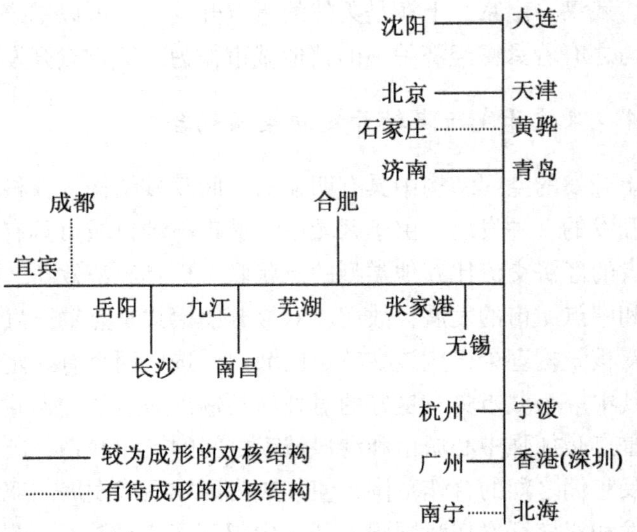

图 5. 10　我国 T 型开发模式中的双核型空间结构图

资料来源：陆玉麒．双核型空间结构模式的应用前景［J］，地域研究与开发，1999（3）：10-13。

5. 6. 3　网络开发模式

当经过极点开发和点轴开发后，区域经济具备了持续发展的基础和能力，为了促进区域的协调发展，有必要进行网络开发。网络开发模式是点轴模式的延伸，是一种比较完备的区域空间组织模式，是区域经济相对发达条件下的产物。网络开发模式最早由魏后凯（1988）倡导并系统阐述。②

在经济发展到一定阶段后，一个区域形成了不同规模等级的增长极（各类中心城镇）和发展轴，增长极和发展轴的影响范围不断扩大，在较大的区

① 陆玉麒．双核型空间结构模式的应用前景［J］．地域研究与开发，1999（3）：10-13.

② 魏后凯．区域开发理论研究［J］．地域研究与开发，1988（1）：16-19.

域内形成商品、资金、技术、信息、劳动力等生产要素的流动网络以及交通、通信网，区域产业布局形成了相互联系的网络拓扑结构。此时，应以主要节点之间（即主要城市之间）的分工协作为基础，充分发挥各城市的优势，建立具有特色的产业结构，提高区域内生产要素交流的广度和深度，使区域经济向一体化方向发展。这种对区域内经济结构进行整体调整，建立新的增长极，全面开发城镇体系、产业体系以适应区域一体化的开发模式，即为区域网络开发模式。

网络开发可以分为三个阶段。在初期阶段，其首要目标是建立通道与竞争市场，使原有增长极之间建立起紧密的经济联系，为此，加大交通等基础设施投资，完善市场经济体制，是网络开发应采取的重要举措。当网络开发进入第二阶段后，按比较优势与竞争优势原则对区域内城市性质、产业功能进行适当的分工与定位，强化增长极之间的协同性，削减互损性竞争。网络开发的第三阶段是按照城市网络体系形成与有效运行的要求，寻找网络开发的新发展点、新发展极、新发展轴。

网络开发是点轴开发到一定程度后实行的区域空间开发模式，一般需要一定的前提条件，即：①区域面积较大，资源分布及载体质地相对均匀；②交通系统已经或容易形成网络状；③已有三个及三个以上分散的增长极，两条及两条以上的发展轴；④区域增长极和发展轴存在较强的扩散效应，新增长极和发展轴具有良好的生长与发展条件。①

在经济发展已有较好基础或工业化中后期的阶段，区域经济开发采取网络开发模式的原因主要表现在三个方面，即：第一，由于整个区域经济已进入一个新的阶段，经济的空间均衡及区际差距的缩小成为区域经济进一步发展的必要条件。同时，资金供给对区域经济开发的约束已不像工业化前期阶段那么明显，区域经济实力已允许或能够全面开发新区，进行大幅度的空间结构调整，以促使区域经济逐步趋向均衡。第二，集聚规模经济是有其限度的。经济活动在少数点、地带上过度集聚时，将会产生一系列的“膨胀病”，如运力紧张、原料供应不足、用地用水困难、环境质量下降、公共服务成本及基础设施建设成本迅速增加等，这将使集聚产生的规模不经济超过集聚带来的利益。第三，网络技术和网络经济要求区域开发具有网络性。随着网络时代的来临，经济活动分布逐步由集中走向分散，这也对空间网络开发提出了时代要求。②

① 魏后凯，等．现代区域经济学［M］．北京：经济管理出版社，2006：333-334.

② 魏后凯．区域开发理论研究［J］．地域研究与开发，1988（1）：16-19.

◎ 复习思考题

1. 概念解释

区域经济空间结构；城乡边缘区；极核式空间结构；网络式空间结构；双核式空间结构

2. 简述区域经济空间结构组合要素“点”、“线”、“面”的基本内容。

3. 简述区域经济中心—外围二元空间结构理论的基本内容。

4. 简述区域经济城市—城乡边缘区—乡村三元空间结构理论的基本内容。

5. 简述极核式空间结构的形成机制。

6. 简述点轴式空间结构的内涵及形成机制。

7. 简述双核式空间结构的形成机制。

8. 简述弗里德曼区域经济空间结构演化过程理论的基本内容。

9. 简述陆大道区域经济空间结构演化过程理论的基本内容。

10. 简述区域经济空间结构形成和发展机制理论的基本内容。

◎ 开放性讨论题

1. 分析增长极开发模式、点轴开发模式、双核开发模式和网络开发模式等区域经济空间开发模式的适用条件及其利弊。

2. 在区域经济发展实践中，如何实现区域产业空间组织形态和区域经济空间开发秩序的有机协调，促进资源要素在区域产业—空间双重结构上的优化配置？

3. 分析政府调控、市场机制在区域经济空间结构优化重组中的不同作用。

4. 如何认识区域经济空间结构演化过程中的“空间集聚—扩散”规律？

5. 在区域空间开发规划实践中，应如何采用定性分析与定量分析相结合的方法科学地选择空间开发轴线？

◎ 参考文献

1. 周起业，等．区域经济学［M］．北京：中国人民大学出版社，1989.

2. 陈栋生，等．区域经济学［M］．郑州：河南人民出版社，1993.

3. 刘再兴，等．区域经济理论与方法［M］．北京：中国物价出版社，1996.

4. 张敦富，等．区域经济开发研究［M］．北京：中国轻工业出版社，1998.

5. 郝寿义，安虎森，等．区域经济学［M］．北京：经济科学出版社，1999.

6. 郝寿义，安虎森，等．区域经济学（第二版）［M］．北京：经济科学出版社，2004.

7. 安虎森，等．区域经济学通论［M］．北京：经济科学出版社，2004.

8. 崔功豪，魏清泉，刘科伟．区域分析与区域规划（第二版）［M］．北京：高等教育出版社，2006.

9. 崔功豪，魏清泉，陈宗兴．区域分析与区域规划［M］．北京：高等教育出版社，1999.

10. 聂华林，高新才，等．区域发展战略学［M］．北京：中国社会科学出版社，2006.

11. 魏后凯，等．现代区域经济学［M］．北京：经济管理出版社，2006.

12. 魏后凯．走向可持续协调发展［M］．广州：广东经济出版社，2001.

13. 陈才．区域经济地理学原理［M］．北京：中国科学技术出版社，1991.

14. 李小建，等．经济地理学［M］．北京：高等教育出版社，1999.

15. 李小建，等．经济地理学（第二版）［M］．北京：高等教育出版社，2006.

16. 郭熙保，等．发展经济学经典论著选［M］．北京：中国经济出版社，1998.

17. 陆大道．区位论及区域研究方法［M］．北京：科学出版社，1988.

18. 陆大道．中国工业布局的理论与实践［M］．北京：科学出版社，1990.

19. 陆大道．区域发展及其空间结构［M］．北京：科学出版社，1995.

20. 陆大道，等．中国区域发展的理论与实践［M］．北京：科学出版社，2003.

21. 董锁成．经济地域运动论［M］．北京：科学出版社，1994.

22. 覃成林，等．区域经济空间组织原理［M］．武汉：湖北教育出版社，1996.

23. 曾菊新．空间经济：系统与结构［M］．武汉：武汉出版社，1996.

24. 曾菊新．现代城乡网络化发展模式［M］．北京：科学出版社，2001.

25. 陆玉麒．区域发展中的空间结构研究［M］．南京：南京师范大学出版社，1998.

26. 钱运春．亚中心结构与区域平衡发展［M］．上海：上海远东出版社，2003.

27. 陈修颖．区域空间结构重组—理论与实证研究［M］．南京：东南大学出版社，2005.

28. 顾朝林，甄峰，张京祥．集聚与扩散：城市空间结构新论［M］．南京：东南大学出版社，2000.

29. 叶裕民．中国区域开发论［M］．北京：中国轻工业出版社，2000.

30. 甄峰．信息时代的区域空间结构［M］．北京：商务印书馆，2002.

31. 于宗先，等．空间经济学［M］．台北：台湾联经出版事业公司，1986.

32．［法］弗朗多瓦・佩鲁．略论增长极概念［J］．李仁贵，译．经济学译丛，1988（9）：67-72.

33. ［美］Albert O. Hirschman．经济发展策略［M］．徐育珠，译．台北：台湾银行经济研究室，1974.

34. ［美］赫希曼．经济发展战略［M］．曹征海，潘照东，译．北京：经济科学出版社，1991.

35. ［日］藤田昌久，［比］雅克-弗朗科斯・蒂斯．集聚经济学——城市、产业区位与区域增长［M］．刘峰，等译．成都：西南财经大学出版社，2004.

36. ［日］藤田昌久，［美］保罗・克鲁格曼，［英］安东尼・J・维纳布尔斯．空间经济学——城市、区域与国际贸易［M］．梁琦，主译．北京：中国人民大学出版社，2005.

37. ［美］保罗・克鲁格曼．发展、地理学与经济理论［M］．蔡荣，译．北京：北京大学出版社，中国人民大学出版社，2002.

38. ［英］G. L. 克拉克，［美］M. P. 费尔德曼，［加］M. S. 格特勒主编．牛津经济地理学手册［M］．刘卫东，等译．北京：商务印书馆，2005.

39. 陆大道．二〇〇〇年我国工业生产力布局总图的科学基础［J］．地理科学，1986（2）．

40. 陆大道．论区域的最佳结构与最佳发展——提出“点—轴系统”和

"T"型结构以来的再回顾［J］．地理学报，2001，56（2）．

41. 陆大道．关于"点—轴"空间结构系统的形成机理分析［J］．地理科学，2002，22（1）．

42. 李仁贵．区域经济发展中的增长极理论与政策研究［J］．经济研究，1988（9）．

43. 李仁贵．区域核心——外围发展理论评介［J］．经济学动态，1991（9）．

44. 李仁贵．增长极理论与政策研究［D］．武汉：武汉大学博士论文，2005.

45. 安虎森．区域经济非均衡增长与区域空间二元结构的形成［J］．延边大学学报（社会科学版），1997（1）．

46. 安虎森．城乡边缘带以及经济区域空间的三元分法［J］．延边大学学报（社会科学版），1997（2）．

47. 安虎森．增长极理论评述［J］．南开经济研究，1997（1）．

48. 魏后凯．区域开发理论研究［J］．地域研究与开发，1988（1）．

49. 薛普文．区域经济成长与区域结构的演变［J］．地理科学，1988（4）．

50. 杨开忠．二元区域结构理论的探讨［J］．地理学报，1992，47（6）．

51. 陈佑启．试论城乡交错带及其特征与功能［J］．经济地理，1996（3）．

52. ［美］保罗·克鲁格曼．收益递增与经济地理［J］．吴启霞、安虎森，译．延边大学学报（社会科学版），2006，39（1）．

53. 曾坤生．佩鲁增长极理论及其发展研究［J］．广西社会科学，1994（2）．

54. 陆玉麒．区域双核结构模式的形成机理［J］．地理学报，2002，57（1）．

55. 陆玉麒．双核型空间结构模式的应用前景［J］．地域研究与开发，1999，18（3）．

56. 陆玉麒．双核型空间结构模式的探讨［J］．地域研究与开发，1998，17（4）．

57. MYDAL G. Economic theory and underdevelopment regions. London：Duckworth，1957.

58. FRIEDMANN J. Regional development policy：a case study of Venezuela，Cambridge，Mass：MIT Press，1966.

第6章 区际经济传递理论

在整个国民经济的宏观背景下，分析一国范围内各区域之间的经济关系，并揭示其内在的一般性规律，是区域经济学理论体系中内容极其丰富的独特研究领域。区际经济关系理论研究涉及区域之间的分工和协作①、区域之间生产要素（资本、劳动力、技术等）的流动、区域之间的企业迁徙及产业转移、区域之间的商品贸易与服务贸易②、区域之间的经济差异变动及其协调、区域之间的经济利益冲突与协调、区域之间的经济竞争与联盟、区域之间的竞争力评价与比较分析等内容。“区际经济传递”是经典区域经济不平衡增长理论所倡导的一个重要命题。本章以区际经济传递理论为题，整合部分较为成熟的区际经济关系理论内容，重点阐述区际经济传递的内涵和内容、经典区际经济传递理论的流变、区际生产要素流动理论、梯度推移理论、区际产业转移理论等内容。

---

① 目前国内出版的大多数区域经济学教科书基本上都是沿用国际经济学中的国际经济分工理论、经济地理学中的劳动地域分工理论来阐释一国范围内区际经济分工问题，尚未建立起完整的、具有区域经济学学科特色的区际经济分工理论体系。有关原苏联马克思主义经济地理学家的劳动地域分工理论、中国学者的代表性劳动地域分工理论的述评可参见《马克思主义区域经济理论研究》（吴传清，等．北京：经济科学出版社，2006：25-36、141-152）。

② 目前国内出版的大多数区域经济学教科书基本上都是沿用国际经济学中的国际贸易理论来阐释一国范围内区际贸易问题，未能揭示出区际贸易的一般性规律，区域经济学的区际贸易理论亟待拓展建设。

6.1　区际经济传递的内涵和内容

6.1.1　区际经济传递的内涵

1. 区际经济传递概念的界定

美国经济学家赫希曼在《经济发展战略》(1958) 一书中首倡 “经济增长的区际传递” (Interregional Transmission of Economic Growth，又译作 “经济增长的区际传播”、“ 经济增长的区际传导”) 概念,① 但他并未对这一概念作出明确的界定。国内学者在借鉴赫希曼理论的基础上，采用 “区际传递”、“区域传递”、“域际传递” 等概念探讨区际经济传递问题。在概念界定上，具有代表性的观点有：

(1) 郭万清的 “区际传递” 定义说。即：经济增长的区际传递是两个或两个以上的区域之间经济结构变动要素的相互转移或变动机制的相互过程 (郭万清，1988)。② 曾坤生 (1998) 在此基础上进一步表述为：经济发展过程中的区际传递是指两个或两个以上的区域之间经济结构变动要素的相互转移和变动机制的相互影响的过程。③

(2) 程必定的 “区域传递” 定义说。即：区域传递是指两个或两个以上区域间经济发展中的某些因素相互影响、波及而使区域经济结构发生变化的过程 (程必定，1995、1998)。④

相比较而言，程必定的 “区域传递” 定义说流传最广，为区域经济学界广泛采用。武友德 (2000) 的 “域际传递” 定义说⑤、马海霞的 “区域传递” 定义说⑥均采用了程必定的观点。

---

① 赫希曼在《经济发展战略》(1958) 中专辟一章 (第十章) 论述经济增长中的区际传递和国际传递问题，内容涉及区际传递的效应分析、区际传递与国际传递的比较等。

② 郭万清. 论经济增长的区际传递 [J]. 江淮论坛，1988 (3)：18-25.

③ 曾坤生. 动态协调发展：迈向 21 世纪的中国区域经济 [M]. 北京：中国建材出版社，1998：133-134.

④ 程必定. 区域的外部性内部化和内部性外部化 [J]. 经济研究，1995 (7)：61-66；程必定. 区域经济空间秩序 [M]. 合肥：安徽人民出版社，1998：117.

⑤ 武友德. 不发达地域经济成长论 [M]. 北京：中国经济出版社，2000：134.

⑥ 马海霞. 体制转轨中的区域传递机制 [M]. 乌鲁木齐：新疆人民出版社，2003：13.

2. 区际经济传递的基本要素

区际经济传递包括四类基本要素：①

（1）传递的起始区域。传递的起始区域指各生产要素的移出区域。

（2）传递的接受区域。传递的接受区域指各生产要素的输入区域。

（3）传递对象。区际经济传递对象不仅包括商品、资本、劳动力、技术、信息等直接对象，而且还包括由此引起的经济增长或失衡等结构上的变化。

（4）传递渠道。区际经济传递渠道不仅指经济传递的物质载体（如交通、通信设施等），而且还指这些载体所负荷的社会经济技术联系，如贸易的销售网络、要素流动的渠道等。

6.1.2 区际经济传递的内容

区际经济传递的内容包括两个或两个以上的区域之间生产要素的流动、商品贸易与服务贸易、企业迁徙或产业转移等。区际经济传递的对象主要是生产要素，区际产业转移必然伴随着生产要素的传递，区际产业转移过程实际上通过产业中的企业对各种生产要素在不同区域的组合来实现，亦即生产要素在不同空间内组合的变换。图 6.1 揭示了区际经济传递的主要内容和方式。

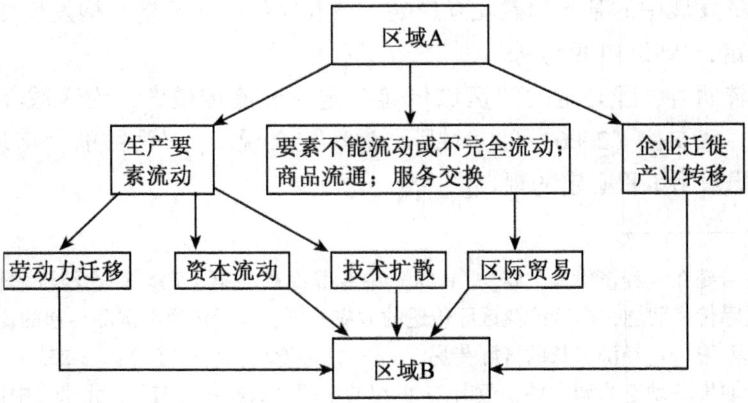

图 6.1 区际经济传递的主要内容和方式

---

① 郭万清．论经济增长的区际传递［J］．江淮论坛，1988（3）：18-25.

6.2　经典区际经济传递理论的流变

在 20 世纪 50 ~ 80 年代具有代表性的经典区域经济不平衡增长理论丛林中，布代维尔的区域增长极理论、缪尔达尔的循环累积因果原理及地理上的二元经济结构理论、赫希曼的区际经济不平衡增长理论、弗里德曼的核心—边缘理论、威廉姆逊的倒 U 型理论、阿朗索的钟型理论等，均涉及区际经济传递内容。其中，20 世纪 50 年代缪尔达尔、赫希曼关于区际经济传递效应的论述最为经典，两人被誉为区域经济学区际经济传递理论的奠基人。20 世纪 70 年代理查森进一步发展了区际经济传递效应理论。

自 20 世纪 80 年代以来，国内学者对西方区际经济传递理论进行了大量的理论拓展与实证研究，代表性学者有郭万清（1988）、程必定（1995、1998）、曾坤生（1998）、厉以宁（2000）①、武友德（2000）、马海霞（2001、2002、2003）② 等。最具代表性的理论成果是梯度推移理论，目前前沿理论研究热点是区际产业转移理论。

本节侧重总结代表性学者的经典论述，梯度推移理论和区际产业转移理论另列单节阐述。

6.2.1　缪尔达尔的回波效应—扩散效应学说

瑞典经济学家缪尔达尔（G. Mydral，又译作“米尔达尔”）在《经济理论与不发达地区》（1957）③ 一书中系统阐述了循环累积因果原理，并运用该原理分析了地理上的二元经济结构的成因，倡导以“回波效应”（Backwash Effect，又译作“回流效应”）和“扩散效应”（Spread Effect，又译作“扩展

---

① 厉以宁，等．区域发展新思路［M］．北京：经济日报出版社，2000：26-30、245-271.

② 马海霞．区域传递两种空间模式的比较分析［J］．甘肃社会科学，2001（2）：30-32；马海霞．区域产业传递与欠发达地区经济的发展［J］．新疆师范大学学报（哲学社会科学版），2002（4）：21-24；马海霞．区域传递理论的起源与发展问题探析［J］．甘肃社会科学，2003（3）：82-85；马海霞．体制转轨中的区域传递机制［M］．乌鲁木齐：新疆人民出版社，2003.

③ MRDAL G. Economic theory and underdeveloped region［M］. London：Duckworth，1957.

效应”）概念阐述区际经济关系。因此，其区际经济传递理论又称为“回波效应—扩散效应学说”。

所谓“地理上的二元经济结构”（Geographical Dual Economy），即指在不发达国家经济发展过程中，存在着经济发达区域和落后区域并存的二元经济结构。在经济发展的初期，各区域人均收入、工资水平和利润率均基本相同，生产要素可自由流动，但如果某些区域受到外部因素的作用，其经济增长速度快于其他某些区域，经济增长就会出现不平衡。这种不平衡累积到一定程度，就会产生区际经济差距。由于循环累积作用的存在，资源趋向更高利润水平的区域，会使得发展快的区域由于大量吸收外部的经济要素而发展更快，而发展慢的区域由于资源的外流而发展更慢，进而拉大区域间的经济差距，从而形成地理上的二元经济结构。

地理二元经济结构的存在，使得经济要素的流动存在一定的方向性。缪尔达尔认为，由于集聚经济效应的作用，一个区域的扩张既会对另一个区域产生不利影响，也会对其产生有利的影响。前者称为“回波效应”，后者称为“扩散效应”。

所谓回波效应，即指劳动力、资本、技术、资源等要素因收益率差异或其他一些非经济因素而发生的由落后区域向发达区域流动的现象。劳动力、资本、商品和服务的运动本身并不能抵消区域不平等的自然趋势，“累积过程通过人口流动、资本运动和贸易的方式而出现，使得幸运的地区向上运动，不幸的地区向下运动。通常，它们对前者有正面后果，对后者的影响则是负面的”①。产生回波效应的原因主要表现在：

（1）经济活动正在扩张的区域将会从其他区域吸引净人口流入。由于人口流动具有选择性，劳动人口流向发达区域，在一定的范围内，会使得发达区域的就业人口数量增加，就业人口的增加往往会带动生产和消费的增长，并进一步刺激区域经济增长。对于落后区域而言，劳动力的大量迁出，技术人员（他们往往追求高工资而流向发达区域）的缺乏和劳动力的减少会引致区域经济增长滞缓。因此，“人口流动本身对高速增长的地区有利，对其他地区

① 冈纳·米尔达尔．一国地区经济不平等的趋势［G］//郭熙保，等．发展经济学经典论著选．北京：中国经济出版社，1998：349. 国内区域经济学界一般将作者及该文献译作：“冈纳·缪尔达尔”；“一国区域经济不平衡的趋势”（引者注）。

不利”。①

（2）资本运动也会增大区域间的不平等。在经济扩张中心，需求的增加将会刺激投资，它又将会增加收入和需求，从而引发第二轮投资，依此类推。储蓄将会由于收入更高而增加，但从资本供给持续满足其旺盛需求而言，储蓄将滞后于投资。而在相对落后区域，缺乏新的扩张势头，即使与储蓄的供给（由于收入较低它也呈现下降趋势）相比较，对投资资本的需求仍相对疲软。如银行系统不对其行为进行调节，这一行为往往会把较为贫困区域的储蓄虹吸到资本回报率高且较为可靠的较富裕区域。

（3）贸易活动的情况也往往是偏向有利于发达区域而不利于落后区域。市场的自由运行和扩张常常把这种竞争优势给予已具一定规模基础的产业．这些产业通常是在报酬递增的条件下经营。如果一个发达区域在产业上具有较大的领先优势，以至于可以支配该领域的市场，那么发达区域往往会将技术含量高的制成品销往落后区域，而从落后区域购买低层次的商品，这种过程往往会使他们获得较高的差额利润。

回波效应的作用并非无节制，区域间经济差距的扩大也是有限度的。与“回波效应”相对应，还存在一个离心的“扩散效应”，它把扩张动力从经济扩张的中心扩散到其他区域。② 在地理二元经济结构中，当发达区域发展到一定程度后，由于人口稠密、交通拥挤、污染严重、资本过剩、自然资源相对不足等原因，该区域的生产成本将逐渐上升，外部经济效益逐渐变小，经济增长势头逐渐减弱。在这种情况下，发达区域如果再扩大生产规模，就会变得相对不经济，因而发达区域的资本、技术为追求更高的边际效益，开始向周边落后区域扩散，带动周边落后区域经济发展。此外，发达区域增长的减速，会使社会对不发达区域的农产品、资源等的需求增加，从而刺激落后区域的发展。这种倾向于缩小区域间经济差距的效应，即为“扩散效应”。

米尔达尔认为，从工业扩张中心向其他区域传递的扩散效应（主要通过对其产品需求的增加进行），以和回波效应相同的方式，通过因果循环与累积性社会过程交织在一起，对抗着回波效应建立的抵消性的变化。如：所有位于扩张中心的外围区域都会从不断增长的农产品销售中获益，而且刺激该区域各

---

① 冈纳·米尔达尔．一国地区经济不平等的趋势［G］// 郭熙保，等．发展经济学经典论著选．北京：中国经济出版社，1998：349.

② 冈纳·米尔达尔．一国地区经济不平等的趋势［G］// 郭熙保，等．发展经济学经典论著选．北京：中国经济出版社，1998：352.

部门的技术进步；落后区域内一些为扩张中心生产原材料的行业也将由于购买的增加而变得有利，如果存在充足的就业机会，那么消费也将受到激励。当这些区域的扩张力强大到足以克服来自老的中心的回流效应时，它们就会成为新的自我维持的经济扩张中心。

回波效应倾向于扩大区际经济差距，而扩散效应则可以抵消这种变化。由于市场机制的作用，回波效应大于扩散效应，在循环累积过程中，市场力量的作用通常是倾向于增加而不是减少区际经济差异。因此，缪尔达尔提出了如下的经典论断："市场力量的作用一般倾向于增加而非减少地区间的不平等"；"如果只听凭市场力量发挥作用，而不受任何政策干预的阻碍，那么，工业生产、商业、银行、保险、航运等几乎所有的经济活动，以及科学、艺术、文学、教育、文化等事业都将云集在某些特定的地点和地区，使得该国的其他地区或多或少地处于死水一潭的落后状态之中"。①

根据循环累积因果原理，缪尔达尔提出了发展中国家区域经济发展优先秩序理论。即：可借助政府干预来调节区域经济发展，当某些区域累积起发展优势时，应当采取不平衡发展战略，通过经济计划的制订、实施，以及重点部门、行业的投资选择和评价，优先发展先发区域，以求得较好的投资效率和较快的增长速度，并通过这些区域的发展及其"扩散效应"带动其他区域的发展。在资源、技术、熟练劳动力有限的情况下，若全面投资发展各个区域，会降低资源利用效率，引起经济效益下降，导致各区域都难以迅速发展起来，反而会减慢经济增长。同时，各区域的差别不宜拉得太大。在发达区域发展起来后，为防止循环累积性因果作用造成的贫富差距无限制扩大，不应消极地等待发达区域产生"扩散效应"来消除差别，而应由政府采取一定的特殊措施来刺激落后区域发展，尤其是落后区域的政府应制定相应的对策促进本区域经济发展，积极缩小区际经济差异。

6.2.2 赫希曼的极化效应—涓滴效应学说

美国经济学家赫希曼（Albert O. Hirschman）倡导以"极化效应"（Polarization Effect）和"涓滴效应"（Tricking Down Effect，又译作"淋下效应"、

① 冈纳·米尔达尔．一国地区经济不平等的趋势［G］//郭熙保，等．发展经济学经典论著选．北京：中国经济出版社，1998：348.

“渗透效应”）概念阐述区际经济关系，① 因此，其区际经济传递理论又称为“极化效应—涓滴效应学说”。赫希曼最早在论文《不发达国家中的投资政策与“二元性”》（1957）② 中提出该学说，继而在专著《经济发展战略》（1958）③ 中对其作了系统阐述。

赫希曼认为，“经济进步不会在所有地方同时出现，而且它一旦出现，强有力的因素必然使经济增长集中于起始点附近地域”；④在经济发展过程中，“增长点”或“增长极”的出现，说明了区域间经济增长的不平衡性是增长本身不可避免的伴生结果。在他看来，“增长极”或“增长点”的增长动力主要来源于“极”内所出现的聚集经济利益和“动态增长气氛”（Dynamic Growth Atomsphere）。

从地理的视角而言，经济增长必然是不平衡的，某一点的进步会给其他附近点带来走向增长的压力、拉力和强制力量。为阐述区际经济关系，赫希曼以“北方”指代经济相对发达区域，以“南方”指代经济相对落后区域。北方的经济增长对南方将会产生各种影响，有利的影响称为“涓滴效应”，不利的影响称为“极化效应”。

涓滴效应主要表现在两大方面：（1）在互补的情况下，北方商品购买的增加和南方投资的增加，会给南方带来发展机会，从而刺激南方的经济增长；

---

① 赫希曼1958年指出：他关于极化效应与涓滴效应的论点最初来自其论文《不发达国家中的投资政策与“二元性”》（载《美国经济评论》1957年9月第47期）；他发现缪尔达尔在《经济理论与不发达区域》（1957）一书中也对相同问题进行了探讨，使用的概念工具相类似，缪尔达尔的回波效应和扩散效应正和他的极化效应与涓滴效应相对应，但在重点与结论部分仍然存在明显的差异。赫希曼认为缪尔达尔的分析存在明显的缺陷：“首先，他没能认识到增长点的出现和由此引起的区域之间、国家之间的发展差异是不可避免的，而且也是任何地方进一步成长的条件；其次，他对累积因果机制的先入为见，使他看不到一旦向南北极的分化运动在某国内持续一段时间，就会出现强大的力量，把它推向转折点；最后，他所描述的国际间的增长传递仍然太黯淡，因为他忽视了国家之间的极化（回波）效应要比在同一国家区域间的极化效应薄弱得多。”参见［美］艾伯特·赫希曼．经济发展战略［M］．曹征海，潘照东，译．北京：中国经济出版社，1991：169-170.

② HIRSCHMAN A O. Investment policies and “Dualism” in underdeveloped countries ［J］. American Economic Review，1957（47）：550-570.

③ HIRSCHMAN A O. The strategy of economic development ［M］. New Haven：Yale University Press，1958.

④ ［美］艾伯特·赫希曼．经济发展战略［M］．曹征海，潘照东，译．北京：中国经济出版社，1991：166.

(2) 北方吸收南方一部分潜在的失业人口，在一定程度上可缓解南方的就业压力，有利于南方解决隐蔽性失业问题，并由此提高南方的边际劳动生产率及人均消费水平。

极化效应主要表现在以下三个方面：

(1) 南方劳动力要素流入北方，削弱了南方的经济发展能力。由于北方的经济增长，对劳动力需求上升，特别是对技术性劳动力的需求增长较快。同时，北方的工作报酬收入水平也高于南方，这样，南方劳动力在就业机会和高收入的诱导下向北方迁移，北方因南方劳动力的流入而经济增长加快，南方则因优秀的技术人才、管理人才和富有进取精神的年轻劳动力的外流，经济增长的劳动力贡献减少。南、北方之间的劳动力单向流动，对南方造成的损失高于北方由此所获得的利益。

(2) 南方资金流向北方，也削弱了南方的经济发展能力。北方的投资机会多于南方，投资收益率也高于南方，伴随着技术和企业的流动，南方有限的资金也必然流向北方，从而使南方的经济发展能力被削弱。

(3) 北方的贸易条件优于南方。一是在专门从事制造业生产的北方和专门从事初级产品生产的南方之间，面对南方初级产品价格上涨和南方初级产品性能差的情况，北方有可能改变其所需初级产品的获取方式，转而从国外进口或自己生产初级产品，以替代南方的初级产品，这样将使南方的生产、贸易受到压制，南方通过南北方的区际贸易获得的利益将被大大削减。二是由于北方在南方没有的行业中实现工业化，南方由原来可按较低价格由北方进口的商品，变为不得不在高额关税保护下向北方购买其所需商品。三是在出口方面，南方生产效率相对较低，无法与北方进行竞争，结果可能导致南方出口的衰退。

在赫希曼看来，涓滴效应与极化效应相比，终究将会占据优势。当经由涓滴效应和极化效应显示的市场力量导致极化效应占暂时优势时，可通过国家干预政策（公共投资的区域分配政策）有效地矫正此种情势。

缪尔达尔和赫希曼关于区际经济传递的“极化效应（回流效应）”、“涓滴效应（扩散效应）”学说，被后人统称为“缪尔达尔—赫希曼学说”，它初步揭示了区际经济传递的内容、效应等一般性规律。理查森（1976）对区际经济传递的极化效应和扩散效应二者的相互关系作了进一步研究，得出极化效应是时间 t 的二次函数、扩散效应随时间 t 呈指数分布的结论，并将扩散效应的正影响与极化效应的负影响的叠加（即扩散效应减去极化效应）称为溢出效应（Spillover Effect）。①溢出效应实为极化效应与扩散效应复合作用的效应。通常以溢出效应的正负值来判断区域经济由局部聚集不平衡向相对平衡发展过程中所处的阶段。理查森的扩散、极化效应及其叠加影响的溢出效应曲线如图 6.2 所示。

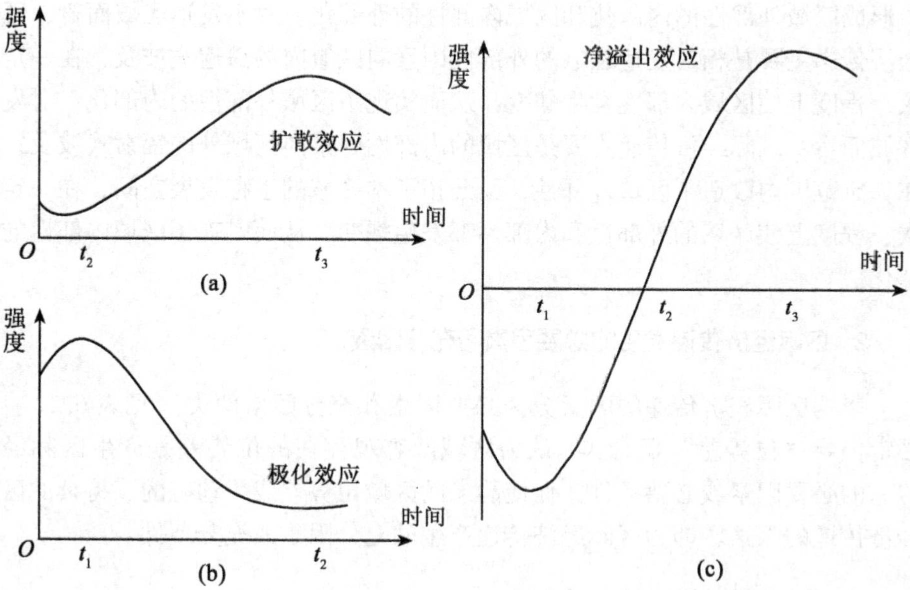

图 6.2　理查森的扩散、极化效应及其叠加影响的溢出效应曲线

6.2.3　程必定的区际经济传递理论

程必定的区际经济传递理论②是国内最早的系统化区际经济传递理论，其理论贡献主要表现在：

1. 区际经济传递的实质

程必定（1995，1998）采用“区域内部性”、“区域外部性”概念分析了

① RICHARDSON H W. Growth pole spillovers：the dynamics of backwash and spread［J］. Regional Studies，1976（10）：1-9.

② 程必定采用的术语是“区域传递”或“经济发展的区域传递”。

区际经济传递的实质作用。①“区域内部性”即指由区域内部的经济发展诸要素所决定的区域经济结构、技术构成、市场力和经济发展水平交会而成的区域特征，它存在于区域之内。“区域外部性”即指相对于某一区域而言的外部区域的内部性，它存在于区域之外。区际经济传递是区域外部性内部化、内部性外部化的基本形式，是在比较利益机制作用下的区域之间的互补，在区域互补中形成区域外部性的内部化和区域内部性的外部化。对不发达区域而言，区际经济传递主要是相对发达区域的外部性因素向区域内的渗透式波及，在一定层次、程度上使区域内部性发生蠕变，从而实现了区域外部性的内部化；对发达区域而言，区际经济传递主要是区域的内部性因素向区域外的辐射式波及，既在一定范围内改造了区域外部性，又开拓了本区域的生存发展空间，在一定层次、程度上使区域的外部性和内部性都发生蠕变，从而实现了区域内部性的外部化。

2. 区际经济传递发生的必要因素和充分因素

影响区际经济传递的因素分为必要因素和充分因素两类（见表6.1）。程必定倡导“位势差”概念，② 认为区域间客观存在的位势差是产生区际经济传递的必要因素或必要条件，促使静态的区域位势差成为动态的、持续的区际经济传递的因素，即为区际经济传递产生的充分因素或充分条件。

3. 区际经济传递的基本规律

区际经济传递在空间形态上呈现以下基本规律：③

（1）区际经济传递的梯度指向规律。区际经济传递与区域间的位势差程度成正比。无论是区域内还是区域间，经济传递的空间指向一般按位势差的梯度方向传递。在一个区域内部，经济传递的指向总是由区域的经济中心（中心城市）向广大腹地传递。区域间的经济传递按位势差大小的梯度方向传递。

---

① 程必定．区域的外部性内部化和内部性外部化［J］．经济研究，1995（7）：61-66；程必定．区域经济空间秩序［M］．合肥：安徽人民出版社，1998：101-102、117-118.

② “位势差”是借用气象学上表示不同高度空间大气压力差的常用术语，反映区域间经济发展现状差异的经济术语。其中，“绝对位势差”包括区域间经济总量差异；由自然、地理因素形成的带有“总量”意义上的区域差异。“相对位势差”反映区域间经济发展水平的差异。“综合位势差”包括绝对位势差、相对位势差和物价位势差。参见程必定．区域经济空间秩序［M］．合肥：安徽人民出版社，1998：73-81.

③ 程必定．区域经济空间秩序［M］．合肥：安徽人民出版社，1998：87-100.

表6.1　**区际经济传递发生的必要因素和充分因素**

必要因素	充分因素
1. 绝对位势差 （1）自然资源赋存的区域差异 （2）人文资源赋存的区域差异 （3）开发程度和经济增量的区域差异 （4）地理相邻性和区位优势差异 **2. 相对位势差** （1）生产率的区域差异 （2）人均经济总量的区域差异 **3. 物价位势差** （1）成本区域差异 （2）收入区域差异 （3）市场条件的区域差异	**1. 区域生产的商品化**（主要是区域商品经济发展状况）和社会化（以劳动地域分工为标志的区域生产社会化）因素 **2. 区域技术进步因素** **3. 区域经济主体**（经济法人、劳动者、地方政府）的自主利益因素

资料来源：整理自程必定．区域经济空间秩序［M］．合肥：安徽人民出版社，1998：80-87.

（2）区际经济传递的距离递减规律。区际经济传递与传递的空间距离成反比，即随空间距离的增加而减少。两类因素直接影响区际间经济传递力的大小，一类是受传递区域的吸纳条件或吸纳能力（即受传递区域的经济结构状况、技术进步需求、市场发育程度等），一类是区际经济传递的阻力状况（即交通邮电条件、自然地理条件、区际贸易条件、区域开放程度等）。

（3）区际经济传递的加速规律。区际经济传递一经形成，便会以越来越快的速度和越来越大的规模持续推进。

4. 区际经济传递的基本类型

从区域间经济发展的互补性视角而言，区际经济传递分为三种类型（程必定，1995、1998）：①

① 程必定．区域的外部性内部化和内部性外部化［J］．经济研究，1995（7）：61-66；程必定．区域经济空间秩序［M］．合肥：安徽人民出版社，1998：119-128.

(1) 资源互补式区际经济传递。即指资源禀赋存有差异的区域之间，在经济发展中以资源为对象互补不足的一种区际经济传递类型。主要表现为原料、能源、劳动力资源、资金、技术在区际传递中得到互补。

(2) 产品互补式区际经济传递。即指在劳动地域分工条件下，区域间以产品互补不足的一种区际传递类型。主要表现为产品的流出和流入。

(3) 产业互补式区际经济传递。即指在区域产业结构高度化演变过程中，以区域间的产业推移为主要形式的一种区际经济传递类型。产业推移的区域指向是产业层次较高的发达区域向产业层次较低的不发达区域推移，在产业层次上构筑了发达区域和不发达区域之间的产业互补。

区际经济传递的三种类型之间具有递进关系。资源互补是区际经济传递的初级形式，资源互补积累到一定程度必然会引发产品互补，产品互补积累到一定程度又必然会引发产业互补。产业互补是区际经济传递的高级形式，但并不能完全取代资源互补、产品互补，相反，在许多场合下还会带动和促进区域间的资源互补、产品互补。三种类型对区域外部性内部化和区域内部性外部化的作用程度不同，其中，资源互补式区际经济传递的作用程度最小，而产业互补式区际经济传递的作用最大。

6.2.4 厉以宁的区际经济辐射理论

厉以宁所倡导的区际经济辐射理论①，是对区际经济传递理论的一种新拓展。其理论要点如下：

1. 区际经济辐射的内涵

物理学意义上的“辐射”指能量高的物体和能量低的物体通过一定的媒介互相传递能量的过程。区际经济辐射即指“经济发展水平和现代化程度相对较高的地区与经济发展水平和现代化程度相对较低的地区进行资本、人才、技术、市场信息等流动和思想观念、思维方式、生活习惯等方面的传播”。②经济发展水平和现代化程度相对较高的区域为“辐射源”。辐射的媒介主要是交通、通信等。它们所决定的市场一体化水平，直接决定着辐射的有效性。区际

① 厉以宁等采用的术语有“中心城市联网辐射战略”、“中心辐射战略”、“经济发展的辐射”等。本书根据该理论的内容，统称为“区际经济辐射理论”。

② 厉以宁，等．区域发展新思路［M］．北京：经济日报出版社，2000：246.

经济辐射是一种双向辐射，辐射的目的是实现区域间优势互补。

2. 区际经济辐射的类型

区际经济辐射的类型分为三种：（1）点辐射。点辐射一般以大中城市为中心向周边区域推开。（2）线辐射。线辐射一般以铁路干线、公路干线、大江大河以及大湖沿边航道和濒临沿海的陆地带为辐射干线（辐射源），向两翼区域或上下游区域推开。（3）面辐射。点辐射和线辐射交织组成的辐射网络向外推开时即形成面辐射。区域之间通过三种方式的辐射，可实现区域间优势互补、共同发展的目的。

6.2.5　马海霞的区际经济传递理论

马海霞进一步拓展了区际经济传递理论，① 其理论贡献主要表现在：

1. 基于内在机制视角的区际经济传递分类

马海霞归纳了基于实现形式的区际经济传递分类法（资源互补式传递、产品互补式传递和产业互补式传递）、基于作用的社会条件性质的区际经济传递分类法（计划经济条件下的区际经济传递、市场经济条件下的区际经济传递）、基于空间层次的区际经济传递分类法，特别倡导基于内在机制视角的区际经济传递分类法。根据区际经济传递的内在机制，区际经济传递可分为两类：一类是区际产业传递，即指在区域竞争优势获取过程中，以产业跨区域扩张和区际产业转移为主要形式的一种区际经济传递类型；一类是区际要素传递，即指以产业传递为载体的区域间资本、劳动力、技术等生产要素的传递。② 区际经济传递是以产业为载体的传递，产业传递必然伴随着要素的传递。区际要素传递的状况主要取决于产业传递的规模和速度，以及要素在区域间流动的自由程度；而区际产业传递的规模和速度则取决于区域产业结构高级化的程度，以及区域优势产业的培育与发展状况。

---

① 马海霞采用的术语是“区域传递”。

② 马海霞．体制转轨中的区域传递机制［M］．乌鲁木齐：新疆人民出版社，2003：22.

2. 区际经济传递的动力机制①

区域自然资源禀赋位势差（资源基础）、区域经济发展综合位势差（经济基础）、区际传递通道的开辟（交通通信设施完善增强区域间可达性、区域生产的商品化和社会化）等为区际经济传递奠定了客观基础。厂商、居民和政府等区域经济活动主体对自主经济利益的追求为区际经济传递提供了动力源。决定区域经济发展水平的区域竞争优势的获取过程构成了区际经济传递的内在机制。

3. 区际经济传递的空间模式

区际经济传递的空间模式直接影响传递效应的发挥。梯度推进模式和中心辐射模式是区际经济传递的两种主要空间模式。②

（1）梯度推进模式。即指经济发展过程中，要素和产业在空间形态上沿梯度方向进行的传递。其作用方式主要包括等级极化、等级扩散。等级极化即生产要素由规模较小的节点中心向规模较大的节点中心集聚和组合的过程。等级扩散与等级极化相对应，即生产要素按节点规模等级由高到低逐步扩散渗透的过程。跳跃式扩散或蛙跳式扩散是等级扩散的特例。以区域技术梯度为核心的区域产业传递是梯度推进的内在决定因素。区域间技术梯度水平决定了产业由高梯度区域向低梯度区域转移这一传递方向。

（2）中心辐射模式。即指经济发展过程中，要素和产业在经济发展水平相对较高区域与周围经济发展水平相对较低区域间进行的传递。传递方式包括点辐射、线辐射和面辐射。点辐射一般以大中城市为中心向周围区域推展，作为一个双向的过程，中心与外围之间的辐射包括向心极化和辐射扩散。线辐射常以基础线状设施为辐射干线，向两翼或上下游区域推展，体现在线辐射方式中的双向传递主要为轴线汇集和辐轴扩散。面辐射在双向传递过程中的方式主要有波状极化与波状扩散。

---

① 马海霞．体制转轨中的区域传递机制［M］．乌鲁木齐：新疆人民出版社，2003：37-52.

② 马海霞．区域传递两种空间模式的比较分析［J］．甘肃社会科学，2001（2）：30-32；马海霞．体制转轨中的区域传递机制［M］．乌鲁木齐：新疆人民出版社，2003：58-82.

6.3 区际要素流动理论

6.3.1 区际要素流动的方式和作用

1. 区际要素流动的方式

作为一种重要的区域相互作用模式，区际要素流动主要缘于区域发展的非均衡性，却又蕴含着促使商品要素价格均等化的平衡机制。借鉴物理学中的热传递理论，区际要素流动的具体调节方式可分为三种：①对流。以人和物质的移动为特征，如产品、原材料在生产地和消费地之间的运输以及劳动力流动等。②传导。指区域间的各种交易，以会计学的系统为特征，通过簿记程序完成，如财政交易等。③辐射。通常是信息的流动和新思想、新技术的扩散等（郝寿义等，1999）。① 这三种方式相互交叉、彼此包容，借助于各种交通和通信联络工具，推动各种生产要素纯收益及区域收入趋于平衡状态。

同时，这种调节机制也是生产要素的空间再分配过程。通常，要素的区际流动具有不同的地域表现形式：①辐合流动。要素跨越区域边界向另一个区域的某一个中心集合的倾向，一般以自发性流动和由引力引发的流动为主，如农业剩余人口向区域外发达城市的劳务输出等。②辐散流动。要素从一个中心向周围地区扩散，如技术在区域间的扩张传播大多是从城市开始，以近邻扩散、等级扩散和位移扩散等方式辐射展开。③轴线汇集。要素跨越区域向某一线状地带聚集，如铁路动脉、内河河流及富裕的狭长平原等均可能成为目标集中地段。④区际推移。要素从一个区域移向另一个区域的相对分散的流动（陈栋生等，1993）。②

2. 区际要素流动的作用

在开放性的系统环境中，区际要素流动是推动区域经济增长的内在动力，对区域经济发展影响深远。其作用主要体现在：

（1）产生组合效应，推动区域经济生活协调有序。生产要素只有按一定

---

① 郝寿义，安虎森，等．区域经济学［M］．北京：经济科学出版社，1999：285.

② 陈栋生，等．区域经济学［M］．郑州：河南人民出版社，1993：206.

要求进行组合才能有效发挥作用。区际要素流动可通过迁移、交换、流通等作用过程，将空间上原本分散的经济主体及经济活动吸纳、组织到一个统一的系统中，促使区域社会经济生活逐渐秩序化，引导各经济主体通过相互配合、彼此协调，形成协同共生的经济生态网络。

（2）强化竞争机制，提高区域劳动生产效率。区际要素流动客观上增强了区域内特定生产要素的供给能力，弱化了要素垄断与不可替代性，扩大了要素市场与产品市场的范围及规模，从而使争夺稀缺性资源、高等生产要素以及购买者的竞争更为激烈，刺激企业不断改进产品质量及管理水平，提高劳动生产效率。尤其是在知识经济时代，技术扩散所诱致的各种创新行为是社会生产力进步不可或缺的关键因素。

（3）发挥比较优势，优化资源配置。生产要素的自由流动，有利于各区域更好地发掘自身在生产流动过程中的比较优势，以资源禀赋等实际状况为基础，专注于价值链条上的少数环节，发展特色经济，从而强化了劳动的地域分工和生产的专业化程度，减少了因产业结构雷同所导致的浪费与损耗，有利于资源的优化配置。

（4）缩小区际差距，创造均衡和谐格局。在有效的区域经济政策工具的有效引导与激励下，区际要素流动有利于落后区域通过劳务输出、招商引资和承接产业转移等方式，推动高等级生产要素的引进和低等级生产要素的外流，从而改善区域生产要素结构，增强自我发展及模仿创新的能力，充分发挥后发优势，为缩小区际差距、创造更为均衡和谐的区际发展格局创造条件。

6.3.2 区际要素流动的基本规律

通常，区际要素流动的内容不同，其特征及方式也因此有所差异。但相对而言，它在总体上仍受到一些共性的基本规律所支配。区际要素流动的基本规律主要有：

（1）增值导向规律。与理性经济人追逐利润最大化的行为目标相契合，生产要素在区域间、产业间的流动带有明显的增值倾向。高回报率、价值的实现及增加是决定其投向的最核心准则。

（2）需求导向规律。需求引力越大，说明要素稀缺性越强，要素的供需矛盾越尖锐，因此越易吸引其他区域的要素流入。

（3）组合效益导向规律。各种要素最大生产能力的发挥是以按照一定比例投入生产并相互配合为客观基础的。区际要素流动的一个重要驱动力和预期目标在于区域生产要素结构的优化提升及组合效益的最大化。

(4) 近邻空间优先规律。一般而言，空间距离越邻近，要素转移的成本及难度相应越低，信息传播得越完备越迅速，越可能形成稳定持续的双向交流局面。在信息化时代，这种空间距离除真实的地理空间外，也包括虚拟的网络空间。

6.3.3　区际要素流动的基本内容

1. 劳动力的区际迁移

多数劳动力迁移理论模型对劳动力区际迁移动因的解释侧重于经济层面，如新古典经济学强调工资收益差异和就业概率是诱导区际劳动力迁移的根本原因，而人力资本理论将劳动力迁移视为一种长期投资，迁移决策是对长期收益的理性反应等。但实际中往往更为复杂，区际劳动力迁移不仅取决于各种经济因素（如经济周期、产业结构、投资规模及其空间分布、薪酬福利、成本开支及失业风险等）所导致的就业机会与待遇差异，也受到各种非经济因素（如地理区位、人口结构、信息传递、政策制度、文化习俗、心理距离等）的影响。

区际劳动力迁移形式多样，按户籍关系的变化性质可分为暂时迁移和长期迁移；按调节机制不同可分为计划性迁移和自发性迁移；按驱动力的形式差异可分为由引力引发的迁移（如追求更高生活水准）和由推力推动的迁移（如生活质量恶化被迫迁出）等。区际劳动力迁移有利于缓解区域劳动力供求的结构性矛盾，优化产业结构，加速城市化进程，促进充分就业和经济发展宏观目标的实现，同时也对商品价格及贸易方式、教育、交通、环境、社会治安、生活理念等各层面产生广泛的外部效应。

2. 资本的区际流动

资本可分为实物资本和金融资本两种。区际资本流动通常指狭义的金融资本在区域间的流入和输出，其流动形式主要包括直接投资（如跨区域创办企业、购买其他区域的企业股票等）、借贷性融资、贸易资金流动等。追求高利率回报、规避投资风险是资本的本性，因此，利润率和风险程度是影响区际资本流动的最主要因素。同时，由于在很大程度上决定了资本的可获得性和行业投向，金融机构的行为和区域经济政策（如区域开发政策、产业扶持政策、大型工程项目的财政支出及选址等）也是影响资本区域空间配置的重要工具。此外，企业的发展策略、经济活力及信息的充裕与否，软、硬投资环境的完善程度等，也是影响区际资本流动时机或意愿的客观因素。

对相对落后区域而言，区外资本的流入有助于缓解落后区域资本存量不足的瓶颈，催生规模经济效益，提高区域收入水平，从而促进地区经济增长和人们生活水平的提高。

3. 技术的空间扩散

技术是增强区域竞争力的关键要素，创新能力强、技术水平高的区域通常是增长较快的区域。技术的空间扩散包括近邻式扩散、等级式扩散和位移式扩散等多种形态，可由核心区域向边缘区域展开，也可在核心区之间进行；组织形态可以是横向的区际技术联合，也可以是开放性的多区域技术市场。其成功与否主要取决于：①经济因素。如购买力水平与收入分布、经济结构、产业集中度、城市化水平、交通设施状况等，共同构成技术空间扩散的外部市场环境。②技术因素。如技术基础设施、科研人员及服务、产学研转化机制等，直接决定技术空间扩散能力。③文化制度因素。如居民受教育水平、对技术创新的敏感度和认同度、政府优惠政策及知识产权管理条例等。

一般而言，技术区际扩散的规模越大、速度越快，越有利于促进区域乃至国家整体经济的发展和经济效益的提高，对缩小区际科技水平及经济社会发展水平差距具有积极作用。

6.4 梯度推移理论

6.4.1 “梯度”的内涵

自然地理学中的“梯度”（Gradient）概念是地理系统在时空上非均衡性的反映。决定地理梯度强弱的要素是两地间的绝对指标差度及两地间的距离。指标差度与地理梯度强弱成正比，距离长度与地理梯度强弱成反比。

西方区域经济学研究者最早将地理“梯度”概念引入区域经济学领域。如胡佛在《区域经济学导论》（1975）一书中，采用“地租梯度变化曲线”术语描述地租的变化轨迹；采用“密度梯度变化曲线”术语描述城市区空间利用集约度的差异；采用“收入梯度变化曲线”术语描述城市区居民收入的差异；采用“产业密度梯度变化曲线”术语描述城市区产业空间分布变化的差异。①

国内学者夏禹龙、冯之浚（1982）最早将“梯度”概念应用于区域经济分析，侧重强调“技术梯度”，将区域划分为“先进技术”地区、“中间技术”地区、“传统技术”地区。② 此后，国内不少学者都对“梯度”概念的经济内涵进行了探讨，代表性的观点见表 6.2。从表中可见，区域经济学视域中的“梯度”概念主要是指区际经济、技术水平的差距，这实际上是一种狭义的“梯度”概念。广义的“梯度”不仅包括区域之间的经济、技术梯度，而且还包括区域之间的社会、自然资源、生态环境、制度、文化等差异形成的梯度。国内梯度推移理论的演进大体上可分为狭义梯度推移理论和广义梯度推移理论两大流派，均是对西方区际经济传递理论的承继和新发展。

表 6.2 **国内区域经济学学者关于“梯度”概念界定的代表性观点**

学 者	视 角	基本观点
刘再兴	综合空间分布差距	梯度是指事物的空间分布在一定方向上呈有规则的递增或递减现象。是否存在着梯度分布，取决于是否存在着梯度差。梯度差即扩散地区与接受地区在经济水平、技术水平、人才知识水平、社会文化环境等方面的综合差距。
周起业	区际经济发展水平差别	梯度被广泛用来在地图上表现地区间经济发展水平的差别，以及由低水平地区向高水平地区过渡的空间变化历程。
刘茂松	区际经济发展水平差别	梯度是指产业布局一般都是由中心地向周围辐射，导致经济技术水平逐级递减而形成的地区间经济发展水平的差别。

① HOOVER E M. An introduction to regional economics [M]. New York: Alfred A. Knopf, Inc, 1975;［美］埃德加·M. 胡佛. 区域经济学导论［M］. 王翼龙，译. 北京：商务印书馆，1990：113-128，254-360，361-365，381-382.

② 夏禹龙，冯之浚. 梯度理论和区域经济［J］. 研究与建议，1982（8）：15-18.

续表

学　者	视　角	基本观点
陈秀山 张可云	区际经济发展水平差距	区域梯度是区域间经济发展差距在地图上的表示。若将全国各个区域的经济与技术发展水平在地图上标出，然后将数值相同的点连接成线，就会得到一张区域经济梯度图。
武友德	区际经济发展水平差异	梯度是指地区间的经济发展水平差异，以及区域经济从低水平阶段向高水平阶段过渡的空间变化过程。任何一个区域，都不同程度地存在着内部经济技术发展不平衡问题，客观上形成一种空间景观差异。

资料来源：刘再兴．论梯度理论——兼评《论中国工业布局的区位开发战略》［J］．经济问题，1988（6）：2-8；周起业，刘再兴，祝诚，张可云．区域经济学［M］．北京：中国人民大学出版社，1989：122；刘茂松．反梯度推移发展论［M］．长沙：湖南人民出版社，2001：21；陈秀山，张可云．区域经济理论［M］．北京：商务印书馆，2003：333；武友德，潘玉君，等．区域经济学导论［M］．北京：中国社会科学出版社，2004：167-168.

6.4.2　狭义梯度推移理论及其拓展

狭义梯度推移理论是与广义梯度推移理论相对应的一对范畴，特指以区际经济技术梯度为出发点的梯度推移理论。

6.4.2.1　狭义梯度推移理论的基本内容

区域经济学研究者把美国学者弗农（R. Vernon）的产品生命周期理论引入到区域经济分析中，创建了区域经济梯度推移理论。① 狭义梯度推移理论主要包括以下基本内容：

（1）区域之间客观上存在着经济、技术发展水平的梯度差异。由于资源

① 周起业，刘再兴，祝诚，张可云．区域经济学［M］．北京：中国人民大学出版社，1989：127.

禀赋、地理条件以及历史基础等原因，经济技术的发展在各区域之间必然是不平衡的，从而客观上形成了区际经济技术梯度。

（2）产业结构的优劣是衡量区域经济梯度水平的核心。一个区域的经济兴衰往往取决于其产业结构的优劣，而产业结构的优劣则取决于区域经济主导产业部门在产品生命周期中所处的发展阶段。如果某个区域的主导产业部门主要由产品生命周期中的兴旺部门构成，则该区域经济高速增长，那么该区域即成为高梯度区域。相反，若一个区域的主导产业部门主要由衰退部门构成，则该区域为低梯度区域。

（3）经济技术存在由高梯度区域向低梯度区域推移的趋势。一般情况下，拥有较高技术水平的产业往往发端于高梯度区域，并遵循生命周期阶段的更替次序向低梯度区域推移。这种推移之所以能进行，一是作为扩散源的核心区有进行推移的内在动力和外在的市场压力；二是作为接受地的边缘区存在着吸收扩散的需要，因为推移有助于促进边缘区经济技术的发展。

（4）梯度推移主要依托多层次城镇系统展开。经济要素由中心城市向中小城镇，进一步向农村推移，由发达区域向次发达区域推移，是区域经济梯度推移的一般形式。梯度推移往往是按“梯度最小律”推移。一般而言，只有处于第二梯度上的城市，才具备较强的能力接受并消化第一梯度的先进产业，随着产业的成熟与老化，逐渐向处于第三梯度、第四梯度的城镇推移，直至乡镇、农村。

（5）各区域所处的梯度是相对的和动态变化的。将循环累积因果理论应用于梯度理论分析，把梯度理论从静态分析提升到动态分析。融合了循环累积因果理论的梯度理论，可称为动态梯度理论。动态梯度理论认为，各区域所处的梯度是不断发展变化的。高梯度区域若不注重创新，就会导致产业结构老化，成为低梯度区域。反之，处于低梯度的区域若能有效组织技术创新并大量引入新技术和人才，则可促进产业的高级化，就会以更快的速度发展，成为高梯度区域。

狭义梯度推移理论从一个侧面揭示了技术、产业经济活动空间位移的客观规律性，具有一定的科学性，但同时也是一种并不十分成熟的理论。

6. 4. 2. 2　狭义梯度推移理论的拓展

狭义梯度推移理论在 20 世纪 80 年代初期被引入我国国土开发总体布局规划与区域经济发展战略研究中，成为 20 世纪 80 年代以来我国应用最为广泛、影响最为深远的一种区域经济不平衡增长（发展）理论。① 根据梯度推移理论，不少学者认为国内区域经济发展不平衡的特点使国内形成了明显的经济技术梯度，主张应将国民经济发展的重点放在具有比较优势的东部地区，然后随着经济的发展，将先进的技术依梯度指向向中部地区、西部地区推移，从而带动中、西部地区的经济发展，缩小东、中、西地带的区际经济差距。学术界围绕这种观点展开了长时间的持续、广泛争论，并催生出一系列新的空间推移理论，推动了狭义梯度推移理论的丰富发展。

1. 反梯度推移理论

反梯度推移理论是与梯度推移理论相对的范畴，是对梯度推移理论的拓展。该理论认为，现代科学技术有三个基本走向，即：一是向贸易比较发达的区域转移；二是向智力资源比较发达、技术水平比较高的区域转移；三是向自然资源比较丰富的区域转移。② 反梯度推移理论强调只要经济发展需要，而又具有条件，就可以引进先进技术、进行大规模开发，而不管该区域处于哪个梯度；落后的低梯度区域也可以直接引进世界最新技术，发展自己的高技术，实行超越发展，然后向二级梯度、一级梯度区域进行反推移。③ 反梯度推移理论还揭示了梯度推移理论存在的诸多缺陷（郭凡生，1984；魏后凯，1990）④，即：

（1）梯度推移理论设想通过技术转移的加速来逐步缩小区际经济差异的论点，在理论上、实践上均缺乏有力的证据。尽管随着经济的发展，技术转移会加速，但可能大都会在高梯度区域之间进行，并不能充分保证技术转移按梯度指向进行。如果技术梯度转移所产生的扩散效应在力量上弱于政府调控与市场机制双重作用下产生的极化效应，区际经济差距将不是缩小而是扩大。

---

① 20 世纪 80 年代以来，对中国区域经济理论研究及实践影响最为广泛、深远的区域经济增长（发展）理论主要有梯度推移理论、增长极理论（包括点轴系统理论等新拓展理论）、产业集群理论等。

② 郭凡生，王伟．贫困与发展［M］．杭州：浙江人民出版社，1988：121-128.

③ 周起业，刘再兴，祝诚，张可云．区域经济学［M］．北京：中国人民大学出版社，1989：151.

④ 郭凡生．评国内技术的梯度推移规律——与何钟秀、夏禹龙老师商榷［J］．科学学与科学技术管理，1984（12）：19-21；魏后凯．我国宏观区域发展理论评价［J］．中国工业经济，1990（1）：76-80.

（2）技术的梯度推移只是技术空间转移（扩散）的一种主要形式，而并非一条规律。从技术梯度的视角而言，技术的空间转移具有多种形式，既有纵向的梯度推移、反梯度推移或跨梯度转移，也有横向的水平推移（即技术水平相近区域的技术转移）。从技术转移（扩散）的空间形式而言，技术空间转移（扩散）有等级扩散、辐射扩散、邻里扩散、跳跃扩散等多种形式。梯度推移理论实际上是视技术梯度推移为技术空间转移（扩散）的唯一形式，因而是一种以偏概全的观点。

（3）梯度推移理论视技术梯度作为决定投资的区域倾斜和重点开发区域时序选择的唯一因素。实际上，重点开发区域的时序选择和投资区域指向往往受到多种因素的影响和制约。它要综合考量经济技术水平、地理区位、资源区域组合、产业优势度以及专业化程度等众多因素。

2. 多种梯度推移并存论

多种梯度推移并存论认为，技术的空间推移可分为纯梯度式推移、纯跳跃式推移、混合式推移三种类型。在不同时代及不同国家，三者作用的大小不同。在经济发展水平低下的时代，由于空间推移的规模很小，速度很慢，梯度式推移的作用很明显；随着经济的发展，特别是运输、通信手段的现代化，技术空间推移的规模大大扩大，推移的速度大大加快，跳跃式推移起着重要作用。在同一个历史时期内，发达国家中的跳跃式推移占优势；不发达国家中的梯度式推移占优势。①

3. 梯度推移主导论

梯度推移主导论尽管承认多种梯度推移并存论，但强调无论是过去还是现在，无论是国外还是国内，起主导作用的还是梯度推移，其他空间推移形式就其作用范围和程度而言，均不能与常规的梯度推移并论。

20世纪90年代以来，学术界新涌现的区域经济后发优势理论、区域工业化反梯度推移理论等研究成果，又进一步直接拓展了反梯度推移理论，更在一定程度上丰富了狭义梯度推移理论。

① 周起业，刘再兴，祝诚，张可云．区域经济学［M］．北京：中国人民大学出版社，1989：151.

6.4.3 广义梯度推移理论

狭义梯度推移理论强调区域之间和区域内部的经济、技术梯度，而忽视了因区际和区内社会、自然资源、生态环境、制度、文化等差异形成的梯度。基于这一认识，李国平等提出了“广义梯度推移理论”。

6.4.3.1 广义梯度推移理论的基本内容

1. “广义梯度”的内涵

广义梯度概念的内涵可用公式表述为：

$$grad\Phi = V\Phi/VS$$

其中，$grad\Phi$ 表示区域梯度水平；分子 $V\Phi$ 表示梯度的硬性或软性指标，主要指区域间在自然资源、制度、GDP、科学技术水平、产业结构状况、人口密度等方面的梯度分布；VS 表示经济距离，经济距离即指由于制度、交通、通信基础等设施改善而使人们产生的心里距离，随着交通通信业的发展、技术进步和市场机制的完善，经济距离会缩短，促进交易成本的下降。①

广义梯度推移理论强调区域间梯度分布的多样性，认为梯度分布包含三方面的内容：一是自然界中的物质能量等客观事物的梯度分布，二是经济、文化、社会发展水平的梯度分布，三是生态环境优劣程度的梯度分布。三种梯度分布互相区别，又互相联系。物质和能量的梯度分布是人类一切活动的基础与前提；经济、社会、文化发展水平在各区域间的梯度分布，是人类在此基础与条件下自主活动的人文结果；生态环境状况的梯度分布是自然和人类活动的自然结果。三种意义上的梯度分布在同一区域可能存在很大差异。一个资源富集区可能是也可能不是经济社会发达的区域，一个经济发达区域不一定是生态环境良好的区域，只有资源、环境、经济、社会协调发展的区域才可能成为完整意义上的高梯度区域。

2. 区域梯度分布评价

李国平等（2004）从资源、经济、社会、文化和生态环境五大方面设计了一套描述区域梯度分布状况的评价指标体系（见表6.3）。根据广义梯度分布评价指标体系，可构建区域梯度水平评价模型：

---

① 李国平，许扬．梯度理论的发展及其意义［J］．经济学家，2002（4）：69-75.

$$Z_j = \sum \alpha_i X_{ij}$$

其中，Z_j 为区域 j 的梯度分布综合指数，α_i 为 i 指标的权重，X_{ij} 为 j 区域 i 项指标的标准化值。

表 6.3　　　　区域梯度分布状况的评价指标体系

一级指标	二级指标	三级指标	四级指标
区域梯度分布综合指数	自然资源梯度分布	土地资源保障程度	人均土地面积
		土地资源利用程度	人均耕地面积
		水资源保障程度	人均水资源总量
		常规能源资源保障程度	人均常规能源资源占有量
	经济发展梯度分布	经济发展水平	人均 GDP
		经济实力	人均财政收入
		产业结构	非农产业比重
		经济外向度	地区进出口总额占 GDP 比重
		经济密度	GDP 总量/土地面积
	社会发展梯度分布	生活水平	恩格尔系数
		医疗水平	人均病床位数
		居住水平	人均住房面积
		城市化水平	非农人口占总人口的比重
		就业水平	就业率
	文化发展梯度分布	文化水平	文盲率
		教育水平	高中以上学历人员比重
		科技水平	地区科技人员比重
		教育投入水平	教育经费
		科技投入水平	科技经费
	生态环境梯度分布	森林保障程度	森林覆盖率
		绿化水平	绿化覆盖率
		废气处理能力	废气处理率 = 废气处理量/废气排放量
		废水处理能力	废水处理率 = 废水处理量/废水排放量
		工业固体废物处理能力	固体废物处理能力 = 废物处理量/废物排放量

资料来源：李国平，刘静．中国区域梯度分布的综合评价［J］．工业技术经济，2004，23（5）：67-71.

3. 区域梯度推移粘性

根据梯度推移理论，高梯度区域的产业总是在不停地向低梯度区域转移，但实际情况并不总是如此。李国平等（2005）通过研究发现，区域梯度推移粘性的存在是导致梯度推移不能循序推进的重要原因。所谓梯度推移粘性，是指在区域梯度推移过程中，由于历史的、现实的和潜在的诸多因素产生的区域竞争力的区位差异、区域环境的区位差异和区位引力场等现象，这些现象导致梯度推移不能循序进行，从而出现粘性。①

导致梯度推移粘性的因素主要由硬环境和软环境两类因素决定（见图6.3）。硬环境是指与基础设施相联系的交通、通信等环境以及与企业产、供、销密切相关的投资销售网络和市场容量等环境。具体包括初始投资地的人缘地缘关系、沉没成本、生产协作网络、基础设施、市场容量及市场化程度和投资信息传导机制等。软环境是指由社会、历史、文化、经济、政治制度和政府行为等决定和影响投资企业利益的因素所组成的环境，此类因素一般具有非物质性、非同质性、非永恒性、非直接性、非单一性等特点，具体包括政府政策与行为、信用与商业道德环境以及社会环境等。

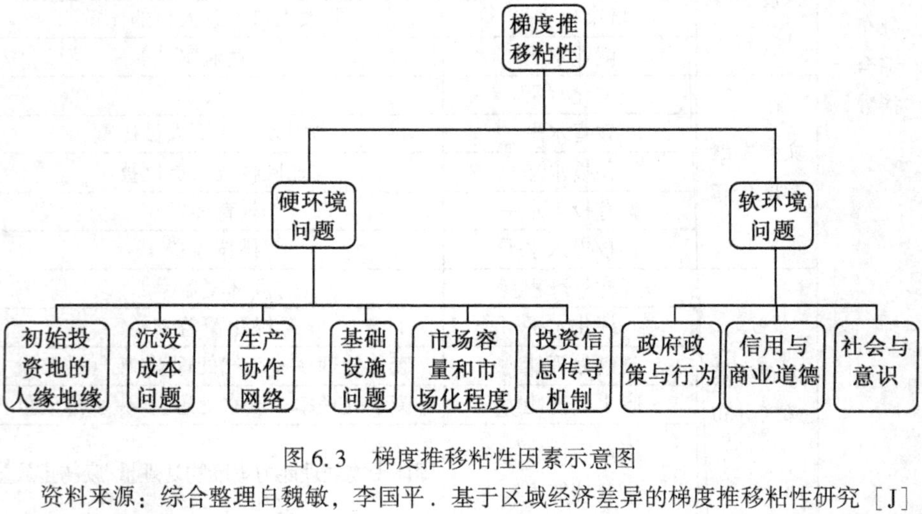

图6.3　梯度推移粘性因素示意图

资料来源：综合整理自魏敏，李国平．基于区域经济差异的梯度推移粘性研究［J］．经济地理，2005，25（1）：33-37.

① 魏敏，李国平．基于区域经济差异的梯度推移粘性研究［J］．经济地理，2005，25（1）：33-37.

（1）初始投资地的人缘地缘关系。高梯度区域作为初始投资地，在人缘地缘关系方面具有以下优势：①逐步建立健全规模不等、层次不同、功能各异的区域性市场体系。②铲除所有妨碍贸易的政策障碍。③加强流通领域合作，向世界促销区域的产品和服务。在低梯度区域则缺乏高梯度区域那样的人缘地缘关系，因而，高梯度区域产业为了发挥其优越的人缘地缘关系，是不会轻易向低梯度区域转移的。

（2）沉没成本问题。所谓沉没成本，即指不可收回的成本，或无法通过收益来补偿的成本。当一项资产的专用性强，特别是地理专用性和物理专用性强时，就比较容易形成沉没成本。“沉没成本”是阻碍产业梯度推移产生的一个重要原因。

（3）生产协作网络。城市经济区生产协作网络是城市经济协作的一种特殊类型，它是地理位置不一的城市为了开发区域经济、促进城市经济的发展而形成的规模不等、形式不一的技术与经济协作网络；是以城市为中心，以区域为依托,以企业、行业、部门为基础的、区域内和区际间的生产技术与经济合作的空间组织形式。“新产业空间”学派认为，在一个高度变动的市场环境下,本地化的生产协作网络存在降低社会交易成本和保护合作的作用。而处于低梯度的区域，尚未形成这种生产协作网络，如果将这些产业转移到低梯度区域，就会失去已经建成的生产协作网络，并难以在当地建成此类协作网络。

（4）基础设施问题。基础设施是能源、交通、通信、水利和城市设施等诸多领域的集合，是国民经济各行业和社会各项事业赖以生存的条件。低梯度区域的基础设施薄弱无疑限制了产业的梯度推移。

（5）市场容量和市场化程度。低梯度区域的市场化程度与高梯度区域存在差距，而这种差距的存在加剧了区域市场容量的差距，由于高梯度区域的产业向低梯度区域转移的主要动机就是为了获得更大利润，而低梯度区域的市场容量狭小严重制约着可能进行梯度推移的各个企业的利润，所以这种市场化程度的差异阻碍了产业梯度推移的产生。

（6）投资信息传导机制。低梯度区域对吸引外资仍然缺乏有力的引导机制，面向外资的社会化服务体系尚不健全，咨询业发展滞后，投资信息传导不畅，这些因素也会限制梯度推移的产生。

（7）政府政策与行为。低梯度区域政府在管理过程中的错位、缺位，以及政府工作效率的相对低下，都会导致梯度推移粘性的增大。

（8）信用与商业道德。现代经济发展不仅需要银行信用及证券融资，商业信用的地位也日益重要起来，其发达程度往往反映着城市经济的现代化水平。低梯度区域脆弱的信用体系是梯度推移产生的障碍。

(9) 社会与意识。一些低梯度区域经济主体存在墨守成规的思维惯性以及薄弱的开拓进取意识和开放开发意识，这也影响和妨碍了低梯度区域承接外来企业的转移。

6.4.3.2 广义梯度推移理论简评

广义梯度推移理论使梯度推移理论在区域可持续发展的背景下更具可操作性。与狭义梯度推移理论相比，广义梯度推移理论的创新贡献突出表现在：

(1) 对梯度概念的广义解释。广义梯度推移理论拓展了区域经济学视域中“梯度”概念的内涵，提出“梯度”应包含区域之间经济、技术、社会、自然资源、生态环境、制度、文化等差异形成的梯度。

(2) 广义梯度推移理论为区域开发过程中的代际公平、代内公平和区际公平的实现提供了理论基础。广义梯度推移理论主张区域开发应在可持续发展的前提下分阶段、有重点、非均梯级推进，反对实施不考虑环境成本、生态代价和社会效益的区域开发，强调区域开发应以可持续发展为基础，在注重效率的同时兼顾公平。

(3) 广义梯度推移理论是对狭义梯度推移理论的融合和新发展。在广义梯度推移理论框架内，梯度推移、反梯度推移实际上可视为广义梯度推移理论中各种梯度单向和双向推移的范例。

6.5 区际产业转移

产业转移是市场经济条件下普遍存在的一种经济现象。在区域经济发展过程中，一个区域不仅应善于承接国际产业转移谋发展，而且也应善于通过区际产业转移运动谋发展。区际产业转移不仅是当前国内区域经济发展实践中的一大热点，而且也是当前国内区域经济理论研究领域中的前沿论题。尽管国内区际产业转移理论研究始于 20 世纪 90 年代，研究内容涉及区际产业转移的概念、动因、模式、效应、政策设计、战略规划等多方面，但理论体系尚不成熟，且滞后于实践需求。本节重点阐述区际产业转移的内涵和类型、动力机制和效应等内容。

6.5.1　区际产业转移的内涵和类型

1. 区际产业转移概念的界定

产业的空间转移可分为世界范围内跨国界的国际产业转移、一国范围内跨区域的区际产业转移两大类，区域经济学侧重研究区际产业转移的一般性规律。目前学术界多采用“区域产业转移”、“产业区域转移”、“区际产业转移”等术语研究一国范围内的产业空间转移问题，① 在概念的界定上众说纷纭，尚未达成共识。相关观点大体可分为广义界定说、狭义界定说两类：

（1）区际产业转移概念广义界定说。代表性观点有：“产业区域转移”② 是指资源供给或产品需求条件发生变化后某些产业从某一地区转移到另一地区或国家的一种经济过程（陈建军，2002）；③ 区际产业转移是指某一区域通过长时间的经济发展形成了相对于其他区域的比较优势，在区域与区域之间资源、制度等条件不均衡的情况下某些产业从某一区域转移到另一区域的一种经济过程（王忠平、王怀宇，2007）。④

（2）区际产业转移概念狭义界定说。一种观点认为区际产业转移仅指衰退产业的空间转移，例如，区际产业转移是衰退产业实现退出的一种重要方式（王先庆，1997）；⑤ 区际产业转移是经济发展过程中区域间比较优势转化的必然结果，是发达区域向落后区域不断转移已经丧失优势的产业（陈计旺，1999）。⑥ 另一种观点认为区际产业转移包括成长产业和衰退产业的空间转移。

---

① 本书强调，与宏观经济学考察的基本单位为国家、微观经济学考察的基本单位为企业不同，区域经济学考察的基本单位为国内“区域”（即经济区域，专指一国范围内的地域空间）；一国范围内的产业空间转移现象宜采用“区际产业转移”概念命名。

② 本书认为，陈建军采用的“产业区域转移”概念是一个笼统概念，它实质上涵括了“国际产业转移”和“区际产业转移”。

③ 陈建军．产业区域转移与东扩西进战略——理论与实证分析［M］．北京：中华书局，2002：2.

④ 王忠平，王怀宇．区际产业转移形成的动力研究［J］．大连理工大学学报，2007（1）：22-26.

⑤ 王先庆．跨世纪整合：粤港产业升级与产业转移［J］．广东商学院学报，1997（2）：31-36.

⑥ 陈计旺．区际产业转移与要素流动的比较研究［J］．生产力研究，1999（3）：64-67.

如陈刚、陈红儿（2001）认为，区际产业转移是指在市场经济条件下，发达区域的产业顺应竞争优势的变化，通过跨区域投资，把部分产业（成长产业和衰退产业）的生产转移到发展中区域进行，从而使产业表现为在空间上移动的现象。①

综合以上观点，本书将“区际产业转移”概念进一步界定为：区际产业转移是指在一国范围内，由政府（中央或地方政府）经济政策的调控导向，以及科技进步、资源供给、产品需求等条件发生变化，引起的某些产业从某一区域转移到其他区域的空间迁移过程。

2. 区际产业转移的基本内涵

关于区际产业转移概念的科学理解，应把握以下基本内涵：

（1）区际产业转移的发生地域仅限于一国之内。区际产业转移和国际产业转移存在明显的不同。区际产业转移完全发生在一国范围内，没有突破国界线的地域限制；而国际产业转移则突破了国界线的地域限制。在一国之内，各区域在社会制度、经济体制、经济运行规则等方面是基本一致的，一般不存在国家之间常有的种种人为障碍（如关税限制、移民限制、技术转移限制、资本流动限制等），因此，国际产业转移和区际产业转移二者所面对的投资环境和应对策略迥然不同。在产业转移所引发的资本、劳动力、技术等生产要素流动特点方面，二者也存在明显的区别。

（2）区际产业转移具有综合性。区际产业转移是区际经济传递的重要形式，区际产业转移是区际要素流动的载体，是资本、技术、劳动力、信息等生产要素的集体流动，具有单个生产要素流动所不具备的特征和功能。

（3）区际产业转移表现为产业的空间移动。区际产业转移不同于区际直接投资、区际贸易、区际技术转让等具体的经济活动，它在客观上表现为产业的空间迁移现象。

（4）区际产业转移的实质是企业的空间扩张过程。从微观层次而言，产业的空间迁移过程即为企业的空间扩张过程，亦即企业的再区位（Relocation）和区位调整（Location Adjustment）的过程，产业转移是大量企业迁徙的量变和质变过程。

（5）城际产业转移、城乡产业转移为区际产业转移的特例。“区域”概念具有典型的二重性，它既是一个实体概念，又是一个抽象的空间概念。发生在

---

① 陈刚，陈红儿．区际产业转移理论探微［J］．贵州社会科学，2001（4）：2-6.

城市之间的城际产业转移、城市与乡村之间的城乡产业转移，均为区际产业转移的特例。

3. 区际产业转移的类型

（1）根据转移主体的性质、转移动机差别，区际产业转移可分为扩张性转移和撤退性转移。前者是指转出区域的成长性产业出于占领区域外部市场、扩大产业规模的动机而向转入区域进行的空间移动；后者是指转出区域的衰退性产业由于外部竞争与内部调整压力而向转入区域进行的战略性迁移。一般而言，撤退性产业转移是区域间产业竞争优势消长转换导致的产业区位重新选择的结果，是产业生命周期过程在空间上的表现形式，即产业演变的空间形态。

（2）根据产业转出区与产业转入区之间的发展水平差异，区际产业转移可分为水平转移与垂直转移。水平转移是指发生在经济发展水平相同或接近的区域之间的产业转移；垂直转移是指发生在经济发展水平差距较大的区域之间的产业转移。按照产业转移的方向，垂直转移又可分为梯度转移和反梯度转移。前者指产业由发达区域向欠发达区域的转移，后者指产业由欠发达区域向发达区域的转移。

（3）其他分类。根据转移的模式，区际产业转移可分为整体转移和部分转移。根据产业转移的移出地与承接地的地理位置关系，区际产业转移可分为邻域（相邻区域）产业转移与跨域（即飞地型）产业转移。根据转移的产业部门的不同，区际产业转移可分为区际农业产业转移、区际制造业产业转移以及区际服务业产业转移。根据投资性质及转移规模的差异，区际产业转移可分为存量转移（将现有的机构搬迁到新的区域）与增量转移（在维持原有设施的基础上，通过新建或购并等途径，将投资建设的重点转移至新的区域）。

6.5.2　区际产业转移的动力机制

一般而言，区际产业转移的过程是迁徙企业、转入区政府和转出区政府之间的动态博弈过程。分析产生区际产业转移的动力机制，应主要从区域、企业两大层面展开。

1. 推力、拉力和阻力三因素的共同作用与区际产业转移力的形成

一般而言，驱动产业转出的推力因素（Push Factors）和吸引产业转入的拉力因素（Pull Factors）是导致区际产业转移的重要环境因素。推力因素是促使产业离开现有区域向其他区域转移的各种因素的总和，包括缺乏用地的发展

空间、要素成本（劳动力工资、土地价格、水电价格等）的上涨、严格的劳动保护及环境保护法规、交通拥挤、环境质量和生活质量下降、远离消费市场等。拉力因素是吸引产业从其他区域转入本区域的各种因素的总和，包括充足低廉的要素（土地、劳动力、水电等）供应、政府的投资刺激政策、宽松的劳动保护及环境保护法规、接近当地市场等。

此外，来自转出区、转入区的阻力因素（Keep Factors）也是影响区际产业转移的重要环境因素。阻力因素是指转出区促使产业继续留在本区域的各种因素、转入区限制转出区产业转移的各种因素的总和。前者如维持现有劳动雇用关系、维持现有供应商关系、转移所需承担的迁移成本和沉没成本、来自地方政府的压力、管理者旅行成本的增加等；后者如转入区对污染性产业、高能耗性移入的限制或禁止等。在区际产业转移过程中，由于历史的、现实的和潜在的等诸多阻力因素的存在，区际产业转移有时也可能表现出的一种粘性状态，称为“区际产业转移粘性”。

总之，“推力因素”、“拉力因素”和“阻力因素”共同作用形成的合力，即构成了“区际产业转移力”。其中，推力和拉力都是在市场机制和政府政策调控作用下形成的。

（1）市场机制作用形成的推力和拉力。根据产品生命周期、产业生命周期原理，当区域内的某些产业发展到成熟阶段时，厂房、机器等设备趋于陈旧老化，劳动力工资也趋于大幅度上升，税负增加，土地价格飞涨及土地资源供给短缺使得产业无扩展空间，已有的高级管理技术人才可能被其他行业吸引走或自主创业，产业原有的竞争优势渐趋丧失；生产技术的定型化、标准化和自动化使得技术的空间扩散成为可能；产品市场也趋于饱和；随着环保意识的增强，产业的环保成本也明显增加，一些污染型产业甚至被禁止、淘汰。上述营商成本、资源供给、产品需求等条件的变化，使得该区域合力形成一种促使该产业向区外转出的推力。与此同时，某些区域由于拥有丰裕的劳动力资源、价格低廉的土地资源、巨大的潜在市场需求以及直接使用高效率的设备等潜在优势，并通过不断优化经济发展环境，将潜在的比较优势逐渐转化为现实的竞争优势，使该区域在某些产业发展环境上具有明显的比较优势，从而形成吸引其他区域同类产业转入的拉力。

（2）政府政策调控形成的推力和拉力。市场机制作用下的产业转移是通过微观经济组织——企业的竞争而实现的，而企业是一种以利益为导向的营利性组织，产业能否转移以及转移到何处，关键取决于该产业的产品成本在何处实现最小化，产品利润在何处实现最大化。而企业的趋利行为并不能导致宏观经济利益最大化。政府政策调控正是从这一角度出发，为企业的趋利行为创造更为有利的营商环境。中央、地方政府从经济社会发展的整体战略目标出发，通过产业政策及其他相关政策举措等一系列制度安排，引导产业进行空间转移，从而实现整体经济空间布局的合理化。根据作用力方向的差异，如果政府通过产业政策和其他的政策举措（如土地供给限制政策、劳动力工资标准限制政策、环保限制政策、信贷限制政策等）的调控作用，引导某些产业迁出某些特定区域，就形成促使产业转移的推力；如果政府通过产业政策和其他的政策举措（如土地供给保障政策、劳动力供给保障政策、信贷激励政策、财税优惠政策等）的调控作用，引导某些产业迁入某些区域，就形成促使产业转移的拉力。

2. 盈利空间界限与企业迁徙决策

区际产业转移是通过企业迁徙（Firm Migration）实现的，是大量企业迁移的结果。一般而言，企业以追求利润最大化为目标。在某一特定产业，企业通常会随时检查其盈利状况，以便能够达到该产业的平均盈利水平。如果区域硬、软环境发生变化使得企业盈利水平下降，甚至低于该产业平均盈利水平，那么企业实行迁徙将势在必行。企业迁徙的决策可运用行为区位学派代表人物史密斯的盈利空间界限理论进行解释（魏后凯，2003）。① 如图6.4所示，空间收入曲线用SRC表示；空间成本曲线用SCC表示。空间收入曲线和空间成本曲线的相交点M_1和M_2为企业盈利的空间界限。在M_1和M_2之间的任何区位都是盈利的，其中P是企业最大盈利点（即最优区位）。假定企业最初选择在最优区位点P，但由于外部环境的变化，企业的空间成本曲线由SCC变化为SCC′，盈利空间界限由M_1和M_2分别变为M'_1和M'_2，最大盈利点由P变为P'，过去的最优区位P超出盈利空间界限成为企业亏损点。亦即由于外部环境的变化，过去的最优区位变成为造成亏损的劣势区位，这促使企业必须通过迁移或者再区位到新的最大盈利点P'才能获取最大盈利水平。一般而言，当企业现有区位处于盈利空间界限之外时，企业将会考虑采取迁徙的办法来提高当前的盈利水平。然而，在大多数情况下，企业现有区位仍在盈利空间界限之内，企业决策者也发现其他区位可获得更高的预期盈利水平。因此，企业是否决定迁徙，不仅取决于“推力”和“拉力”大小，而且还取决于“阻力”的

① 魏后凯．产业转移的发展趋势及其对竞争力的影响［J］．福建论坛（经济社会版），2003（4）：11-15.

大小。

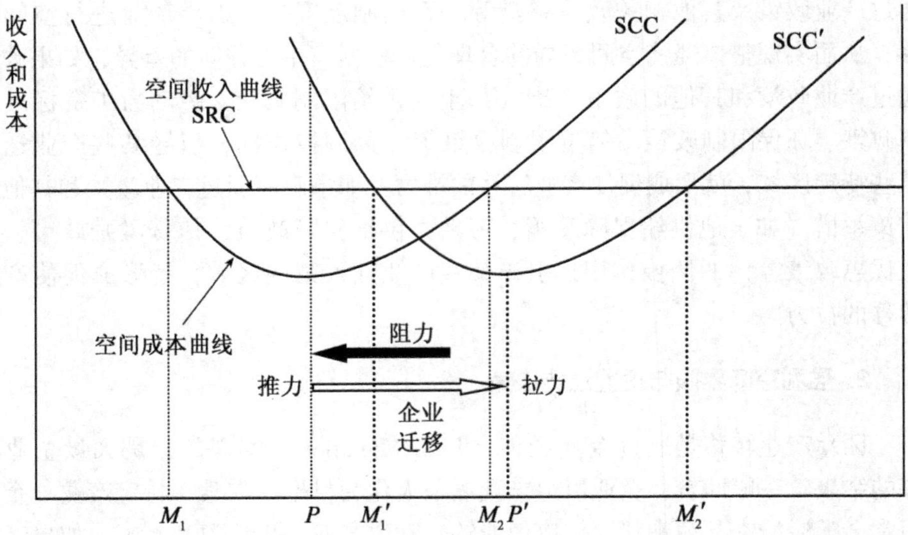

图 6.4　企业迁移与盈利空间界限变化

资料来源：魏后凯．产业转移的发展趋势及其对竞争力的影响［J］．福建论坛（经济社会版），2003（4）：11-15.

6.5.3　区际产业转移的效应

区际产业转移对产业转出区、产业转入区均具有正、负效应。

1. 对产业转出区的效应

对产业转出区而言，通过衰退产业的对外转移，衰退产业所集聚的土地、劳动力、资本等生产要素得以释放，为区域其他优势产业的发展提供了新的生产要素，从而促进了资源要素的重新配置，为转出区提供了产业结构优化升级的契机。但是，区际产业转移也会对产业转出区产生一些消极的影响，如引发某些产业萎缩、就业水平下降，甚至可能造成产业空心化的恶果。

2. 对产业转入区的效应

对产业转入区而言，区际产业转移将通过一系列传递扩散机制，促进转入区经济发展。外部产业的移入必然带动资本、技术等生产要素的迅速积累，有助于区域新兴产业的形成，或促进区域现有产业发展壮大、优化升级，推动区域间的产业分工。一般而言，区际产业转移对产业转入区的正效应具体表现在：①

（1）要素注入效应。由于产业转移往往伴随着大量的资本、技术等生产要素的转移，所以承接产业转移的区域能迅速积累起相对稀缺的生产要素，为区域产业经济的发展创造条件。此外，先进产业的移入必然伴随着与市场经济相适应的新思想、新观念、新意识和新的管理方式等无形资源的移入和传播，这些无形资源将对转入区域传统观念产生融合、更新、改造作用，这种非正式制度的变迁将为区域经济发展注入持久的精神动力。

（2）技术溢出效应。产业转移往往是由经济梯度较高的发达区域指向梯度较低的欠发达区域。这种梯度性决定了转入欠发达区域的产业的生产技术水平一般要高于该区域产业的平均生产技术水平，因此，移入产业的技术溢出效应将发生作用。技术溢出效应是指在产业转移过程中输出的先进技术被输入方消化吸收所导致的技术进步，以及技术转移过程所带动的输入方的经济增长。技术溢出效应产生途径有二：一是技术溢出效应产生的硬途径，即由于移入产业所包含的技术本身被移入区产业模仿、消化及吸收，促进转入区产业的技术进步；二是技术溢出效应产生的软途径，即具有先进技术的移入产业在对转入区相关产业产生前后波及作用的过程中，往往会拉动后者的技术进步。任何一种途径都将促进转入区产业技术水平的提高，有利于区域经济的进一步发展。

（3）关联带动效应。产业关联是指产业之间存在的广泛、复杂而密切的联系，包括后向、前向和旁侧关联。产业的关联带动作用实质就是移入产业关联效应的发挥过程，包括：①后向关联效应，即移入产业的发展会对各种要素产生新的投入要求，从而刺激相关投入品产业的发展。②前向关联效应，即移入产业的活动能通过削减下游产业的投入成本而促进下游产业的发展，或客观上造成产业间结构失衡而使其某些瓶颈问题得以解决，从而为新工业活动的兴起创造基础，为更大范围的经济活动提供可能。③旁侧关联效应，即移入产业的发展会引发其周围的一系列变化，如促进具有技术性和纪律性的劳动力队伍的建立，促进处理法律问题和市场关系的专业服务人员的培训，以及促进建筑业、服务业的发展等。总之，产业的关联带动作用是产业转移的重要功能，它将在很大程度上促进转入区域整个经济的发展。

（4）优势升级效应。欠发达区域产业结构的一个重要特征就是资源、劳

① 陈刚，陈红儿．区际产业转移理论探微［J］．贵州社会科学，2001（4）：2-6.

动密集而技术层次低的传统产业比重大，先进产业比重小。相应地，区域比较优势主要也以传统要素为依托，体现在传统产业上，因而在区际分工中的地位、层次都比较低。外部先进产业的移入，为传统产业比较优势的升级创造了机会。因为先进产业的移入必然带动着资本、技术等稀缺要素的迅速积累，引起区域要素比重的迅速变化，这种变化将有助于区域新兴主导产业或支柱产业的形成，从而推动产业比较优势的转换升级，提升欠发达区域在区际分工中的地位。

（5）结构优化效应。产业转移会直接或间接地影响欠发达区域产业结构的变动。一方面，先进产业的移入本身将使转入区产业结构中采用先进技术的部门在数量上和比例上增加，从而使区域产业结构体现出高级化的趋势；另一方面，先进产业的移入意味着新的生产函数的导入，这种蕴含新技术的新型生产组织方式会作为“扩散源”，引发原有的相对处于较低层次各等级的产业的“升级转型”运动，对其增长产生广泛的直接或间接影响，从而逐步提高产业整体的技术集约化程度，促进产业结构向着高级化方向演进。

（6）竞争引致效应。移入产业与转入区产业相比，在资金、技术、人才、市场、营销手段等方面往往占据着竞争优势，这种优势使当地产业卷入竞争之中，有可能使移入产业打破欠发达区域原有产业的低效垄断局面，改善区域产业的市场结构；另一方面，在竞争压力下，当地产业要在移入产业的阴影中生存发展，将不得不采用先进技术，或进行技术创新，通过新观念、新设计、新工艺、新产品等拓展市场，创造新的消费需求，以提升产业竞争力。因此，与产业转移相伴随的内外产业间的竞争，是欠发达区域经济运行效率得以提高的重要因素。

不可否认，区际产业转移也会给产业转入区带来一定的消极影响。如：一味引进低层次的产业，而不注重创新能力的培养，将导致区域产业结构长期处于低附加值化状态；甚至可能由于急功近利，将引进污染性产业、高耗能性产业视为“招商引资政绩”，作为推动区域经济增长的“润滑剂”和“兴奋剂”，而忽视环境保护及资源、能源与环境承载力，导致生态平衡被破坏、资源能源供应极端短缺的恶果。

总之，产业转入区应充分发挥政府、企业及行业协会、商会等在区域经济自组织过程中的主体作用，在产业转移承接力建设、产业转移承接载体（产业载体与空间载体）的选择与培育、产业对接式转移及联动式转移的规划引导、原有产业与移入产业的生态化及集群化规划发展、新兴产业培育与优势产业的壮大、产业竞争力的提升等方面，科学统筹谋划，因势利导积极推进。

◎ 复习思考题

1. 概念解释

狭义梯度；广义梯度；区域内部性；区域外部性；回波效应；扩散效应；极化效应；涓滴效应；点辐射；线辐射；面辐射；梯度推移粘性；区际产业转移力；沉没成本

2. 简述区际经济传递的内容。

3. 简述缪尔达尔的“回波效应—扩散效应学说”的基本内容。

4. 简述赫希曼的“极化效应—涓滴效应学说”的基本内容。

5. 简述区际经济传递的基本规律。

6. 简述区际要素流动的基本规律。

7. 简述狭义梯度推移理论的基本内容。

8. 简述广义梯度推移理论的基本内容。

9. 简述区际产业转移的形成机制。

10. 简述区际产业转移的效应。

◎ 开放性思考题

1. 在区际产业转移实践中，产业转出区域如何应对“产业空洞化”难题？产业转入区域如何应对“游移性产业”（Footloose Industry）难题？

2. 如何从企业迁移的微观视角、区域产业升级转型的中观视角和国家宏观经济政策调控的宏观视角，多层次多视角分析区际产业转移的动力机制？

3. 比较分析跨国界的国际产业转移和一国范围内的区际产业转移的异同。

4. 产业转入区域如何运用“产业转移承接营销”新思维、新理念积极承接区际产业转移？

5. 选择一个区际产业转移的典型个案，运用相关理论分析区际产业转移的动因及其效应。

◎ 参考文献

1. ［美］艾伯特·赫希曼．经济发展战略［M］．曹征海，潘照东，译．北京：中国经济出版社，1991.

2. 郭熙保，等. 发展经济学经典论著选［M］. 北京：中国经济出版社，1998.

3. 程必定. 区域经济空间秩序［M］. 合肥：安徽人民出版社，1998.

4. 曾坤生. 动态协调发展：迈向21世纪的中国区域经济［M］. 北京：中国建材出版社，1998.

5. 厉以宁，等. 区域发展新思路［M］. 北京：经济日报出版社，2000.

6. 陈鸿宇，等. 区域经济梯度推移发展新探索——广东区域经济梯度发展与地区差距研究［M］. 北京：中国言实出版社，2001.

7. 刘茂松. 反梯度推移发展论［M］. 长沙：湖南人民出版社，2001.

8. 刘茂松. 信息化与工业化反梯度推移［M］. 北京：经济科学出版社，2004.

9. 李立辉，等. 区域产业集群与工业化反梯度推移［M］. 北京：经济科学出版社，2005.

10. 马海霞. 体制转轨中的区域传递机制［M］. 乌鲁木齐：新疆人民出版社，2003.

11. 陈建军. 产业区域转移与东扩西进战略——理论与实证分析［M］. 北京：中华书局，2002.

12. 周起业，刘再兴，祝诚，张可云. 区域经济学［M］. 北京：中国人民大学出版社，1989.

13. 刘再兴，等. 区域经济理论与方法［M］. 北京：中国物价出版社，1996.

14. 张可云. 区域大战与区域经济关系［M］. 北京：民主与建设出版社，2001.

15. 张可云. 区域经济政策——理论基础与欧盟国家实践［M］. 北京：中国轻工业出版社，2001.

16. 陈秀山，张可云. 区域经济理论［M］. 北京：商务印书馆，2003.

17. 孙久文，等. 区域经济学［M］. 北京：首都经济贸易大学出版社，2006.

18. 陈栋生，等. 区域经济学［M］. 郑州：河南人民出版社，1993.

19. 魏后凯，等. 现代区域经济学［M］. 北京：经济管理出版社，2006.

20. 郝寿义，安虎森，等. 区域经济学［M］. 北京：经济科学出版社，1999.

21. 郝寿义，安虎森，等. 区域经济学（第二版）［M］. 北京：经济科学出版社，2004.

22. 陈计旺．地域分工与区域经济协调发展［M］. 北京：经济管理出版社，2001.

23. 张孝锋，蒋寒迪．产业转移与区域协调发展研究［M］. 北京：华龄出版社，2006.

24. 俞国琴．中国地区产业转移［M］. 上海：学林出版社，2006.

25. 郭万清．论经济增长的区际传递［J］. 江淮论坛，1988（3）.

26. 程必定．区域的外部性内部化和内部性外部化［J］. 经济研究，1995（7）.

27. 马海霞．区域传递两种空间模式的比较分析［J］. 甘肃社会科学，2001（2）.

28. 马海霞．区域传递理论的起源与发展问题探析［J］. 甘肃社会科学，2003（3）.

29. 李仁贵．增长极理论与政策研究［D］. 武汉大学博士论文，2005.

30. 夏禹龙，冯之浚．梯度理论和区域经济［J］. 研究与建议，1982（8）.

31. 夏禹龙，刘吉，冯之浚，张念椿．梯度理论和区域经济［J］. 科学学与科学技术管理，1983（2）.

32. 何钟秀．论国内技术的梯度转递［J］. 科研管理，1983（1）.

33. 陈栋生．生产布局战略浅议［J］. 城市规划，1984（5）.

34. 陈栋生．对我国生产力布局战略的探讨［J］. 中国工业经济，1985（3）.

35. 周仁贤，康翠萍．论技术的梯度理论与技术市场、转移（流通）规律［J］. 科学管理研究，1985，3（3）.

36. 郭凡生．评国内技术的梯度推移规律——与何钟秀、夏禹龙老师商榷［J］. 科学学与科学技术管理，1984（12）.

37. 郭凡生．何为"反梯度理论"——兼为"反梯度理论"正名［J］. 开发研究，1986（3）.

38. 蒋清海．也谈国内的"梯度理论"［J］. 开发研究，1988（5）.

39. 刘再兴．论梯度理论——兼评《论中国工业布局的区位开发战略》［J］. 经济问题，1988（6）.

40. 魏后凯．我国宏观区域发展理论评价［J］. 中国工业经济，1990（1）.

41. 刘赓生．地带梯度推移理论评析［J］. 当代经济科学，1990（4）.

42. 刘茂松．发展中地区工业化反梯度推移研究——我国产业结构调整中处理工业化与现代化关系的一种新思路 [J]. 求索，2001 (1).

43. 刘茂松. 论新世纪中国经济发展战略的新思路——以产业倾斜为主导的工业化反梯度推移模式 [J]. 天津行政学院学报，2002，4 (4).

44. 刘茂松. 跨越式发展的实质是工业化的反梯度推移——论产业倾斜战略 [J]. 湖南社会科学，2003 (3).

45. 李国平，许扬. 梯度理论的发展及其意义 [J]. 经济学家，2002 (4).

46. 李具恒，李国平. 西部开发的广义梯度推移战略 [J]. 科学学研究，2003，21 (1).

47. 李国平，李具恒. 梯度理论创新与西部开发的战略选择 [J]. 中国软科学，2003 (4).

48. 李国平，刘静. 中国区域梯度分布的综合评价 [J]. 工业技术经济，2004，23 (5).

49. 魏敏，李国平，陈宁. 我国区域梯度推移粘性因素分析 [J]. 人文杂志，2004 (1).

50. 李具恒，李国平. 区域经济发展理论的整合与创新——基于梯度推移理论内在机理的扩展分析 [J]. 陕西师范大学学报（哲学社会科学版），2004，33 (4).

51. 谢刚，李国平. 广义梯度理论中梯度的解释结构模型研究 [J]. 系统工程，2004，22 (5).

52. 李具恒，李国平. 区域经济广义梯度理论新解 [J]. 社会科学辑刊，2004 (5).

53. 魏敏，李国平. 梯度推移粘性：一个引致我国区域经济差异的因素 [J]. 探索，2004 (5).

54. 王育宝，李国平. 再论西部大开发理论基础的构建 [J]. 地域研究与开发，2004，23 (5).

55. 李具恒，李国平. 基于广义梯度理论的西部发展战略新模式 [J]. 开发研究，2004 (6).

56. 魏敏，李国平，王巨贤. 我国梯度推移粘性性质及其原因的研究 [J]. 当代财经，2004 (8).

57. 魏敏，李国平. 基于区域经济差异的梯度推移粘性研究 [J]. 经济地理，2005，25 (1).

58. 魏敏，李国平. 要素非均衡集聚视角下的梯度推移粘性研究 [J]. 云南财贸学院学报，2005，21 (3).

59. 魏敏，李国平．基于区域要素极化式聚集的梯度推移粘性研究［J］. 财贸研究，2005（3）.

60. 魏敏，李国平．基于区位引力场下的区域梯度推移粘性分析［J］. 科研管理，2005，26（6）.

61. 王育宝，李国平．狭义梯度推移理论的局限及其创新［J］. 西安交通大学学报（社会科学版），2006，26（5）.

62. 王忠平，王怀宇．区际产业转移形成的动力研究［J］. 大连理工大学学报，2007（1）.

63. 王先庆．跨世纪整合：粤港产业升级与产业转移［J］. 广东商学院学报，1997（2）.

64. 陈计旺．区际产业转移与要素流动的比较研究［J］. 生产力研究，1999（3）.

65. 郑燕伟．产业转移理论初探［J］. 中共浙江省委党校学报，2000（3）.

66. 陈刚，陈红儿．区际产业转移理论探微［J］. 贵州社会科学，2001（4）.

67. 王花荣．产业跨区域转移中的动力机制分析［J］. 金融经济，2007（18）.

68. 魏后凯．产业转移的发展趋势及其对竞争力的影响［J］. 福建论坛（经济社会版），2003（4）.

第7章 区域经济政策理论

区域经济运行调控的手段、方式主要有经济区划或功能区划、区域经济规划、区域经济政策、区域经济立法和区域治理等。① 区域经济政策是中央政府"自上而下"调控区域经济运行的一种重要手段。区域经济政策在提高资源优化配置效率、促进区域经济协调发展方面具有极其重要作用。本章主要论述区域经济政策的内涵和特征、区域经济政策目标和战略、区域经济政策工具等理论内容以及区域经济政策评价方法。

7.1 区域经济政策的内涵和特征

区域经济政策（Regional Economic Policy，一般简称"区域政策"）产生于20世纪20～30年代，起源于前苏联及东欧社会主义国家覆盖全部国土（即"所有区域"）的区域经济政策、英美等西方资本主义国家一般仅覆盖部分国土（即"问题区域"）的区域经济政策。凯恩斯倡导的国家干预主义学说是实施区域经济政策的学理基础。区域经济政策是一国经济政策体系的重要组成部分。

7.1.1 区域经济政策的内涵

中外学者关于区域经济政策概念的界定众说纷纭，代表性观点如表7.1所示。

① 本书仅选取"区域经济政策"、"区域治理"，分两章加以阐述。

表 7.1　**中外学者关于“区域经济政策”概念界定的代表性观点**

学者（年份）	基本观点
弗里德曼（1966）	区域政策处理的是区位方面的问题，即经济发展“在什么地方”。它反映了在国家层次上处理区域问题的要求。只有通过操纵国家政策变量，才能对区域经济的未来做出最有用的贡献。
陈栋生（1993）	区域经济政策是指中央政府旨在改善一国范围内经济活动地理分布的所有公共干预行为。其实质是力图纠正市场机制造成的某些空间后果，以达到经济增长和区域均衡两个相互关联的总目标。
刘勇、毛汉英（1995）	区域政策是一国政府对其国民经济运行的空间上出现的问题进行的各种形式的干预。
陆大道（1997）	区域政策是指中央和地方政府为了调整地区间发展状态、差异和分布而制定的对社会经济发展过程施加影响的政策和措施。
王一鸣（1998）	区域经济政策是一国中央政府根据区域差异而制定的促使资源在空间优化配置、控制区域间差距扩大，协调区际之间关系的一系列政策的总和。
陈　耀（2000）	区域经济政策是一国政府为改善经济活动的空间分布、促进国内各地区经济均衡和有效的发展而采取的各项政策措施。
张可云（2005）	区域经济政策是政府（主要指中央政府）干预区域经济的重要工具之一，它通过政府的集中安排，有目的地对某些类型的问题区域倾斜，以改变由市场机制作用形成的一些空间结果，促使区域经济发展与区域格局协调并保持区域分配合理。

资料来源：1. FRIEDMANN J. Regional development policy: a case study of Venezuela [M]. Cambridge, Mass: The MIT Press, 1966: 5.
2. 陈栋生，等. 区域经济学 [M]. 郑州：河南人民出版社，1993：246.
3. 刘勇，毛汉英. 中外区域政策对比研究 [J]. 地理研究，1995 (4)：51-61.
4. 陆大道，薛凤旋，等. 中国区域发展报告 [M]. 北京：商务印书馆，1997：1.
5. 王一鸣. 中国区域经济政策研究 [M]. 北京：中国计划出版社，1998：1.
6. 陈耀. 国家中西部发展政策研究 [M]. 北京：经济管理出版社，2000：16.
7. 张可云. 区域经济政策 [M]. 北京：商务印书馆，2005：6.

相比较而言，张可云的区域经济政策概念定义说较为全面、科学。① 结合区域经济政策的理论研究成果，对区域经济政策概念的理解，应把握以下基本内涵：

(1) 区域经济政策的决策主体是中央政府、国家立法机构等组织。一般而言，区域经济政策是一种高度集中化的公共政策，由中央政府、国家立法机构等组织负责区域经济政策的制定、实施、监督与评价工作。地方政府制定、实施的发展政策实质上是“地方政策”或“地方发展政策”。② 区域经济政策的高度集中化并不排斥地方政府的作用，地方政府的职能主要是区域经济政策手段与工具的实施，而不是区域经济政策手段与工具的选择。

(2) 区域经济政策是一系列具体的政策工具组合。区域经济政策具有显著的工具属性，它由一系列具体的政策组成。区域经济政策按工具性质可分为激励政策（“胡萝卜政策”）和限制政策（“大棒政策”）。前者是对特定区域的发展予以直接或间接支持的各种工具的集合；后者是对特定区域的发展实施一定限制的各种工具的集合。

(3) 区域经济政策的作用对象是问题区域。区域经济政策是针对区域问题而设计的，而区域问题落实到地域空间就形成了问题区域。目前世界上绝大多数国家的区域经济政策都是指向国内特定的问题区域。所谓问题区域（Problem Region），是指由中央政府区域管理机构依据一定的规则和程序确定的受援对象，是患有一种或多种区域病且若无中央政府援助就难以依靠自身力量医治其病症的区域。③ 问题区域大体上可分为落后区域（Backward Region）、萧条区域（Depressed Region）、膨胀区域（Excessive Growth Region）等类型。区域经济政策按作用对象可分为落后区域政策、萧条区域政策与膨胀区域政策。落后区域政策主要是有重点地援助发展水平低的区域，促其经济起飞；萧条区域政策侧重援助传统产业衰落区域及资源枯竭区域，促使其调整与改造，再现辉煌；膨胀区域政策则主要是运用直接控制或许可制度，限制并分散人口及经济活动过度集中的区域的发展。

---

① 张可云是国内区域经济政策理论研究领域最具代表性的学者之一，其代表作有：《区域经济政策——理论基础与欧盟国家实践》（中国轻工业出版社，2001）、《区域经济政策》（商务印书馆，2005）。

② 国内有不少地方政府制定、实施了覆盖其所在行政辖区的区域协调发展政策。如：广东省政府的粤北山区和东西两翼与珠江三角洲地区协调发展政策；江苏省政府的苏南与苏北协调发展政策。

③ 张可云．区域经济政策［M］．北京：商务印书馆，2005：13.

（4）区域经济政策的目标是“公平”和“效率”。政府干预资源要素空间配置一般有两个目的，亦即要达到两个目标：一是要促进国内各区域之间相对平衡发展，缩小区域经济差异，实现区域平等，即“公平目标”或“均衡目标”；二是促进资源要素在国内各区域之间的优化配置，提高整体经济增长效率，即“效率目标”或“增长目标”。权衡和协调这两个目标始终是各国区域经济政策需要面对的基本问题。英国区域经济学家泰波在《区域经济学》（1994）一书中强调：“区域政策的目的是实现经济活动更有效和（或）更公平的区际分布。”①其中，连接词“和”表明两个目标可能同时实现，两者存在一致的一面；连接词“或”则表示两个目标只可能取其一，两者存在相互冲突的一面。

7.1.2　区域经济政策的特征

区域经济政策呈现出以下显著特征：

1. 区域经济政策的高度权威性和积极空间倾斜性

区域经济政策始终是“来自上面”的政策，具有“高度集中化”的权威性特征，是由中央政府、国家立法机构等权威性组织负责制定、实施、监督与评价工作的。区域经济政策还呈现出“积极的区域倾斜”特征，即差别对待不同类型区域，对选定的地域单元予以利益补助，对解决区域问题产生积极的而非消极的影响。只有当各区域受惠到不同水平的政府支持或权利让与时，区域经济政策才存在。当所有区域被一视同仁，享受政府同等支持或获得相同的权利时，区域经济政策是不存在的。“积极的区域倾斜”和“高度集中化”是区域经济政策的灵魂，是区域经济政策区别于一般经济政策的突出特点。②

2. 区域经济政策的阶段性

区域经济政策是针对区域问题而设计的。在区域经济发展的不同阶段，所面临的区域问题的类型、性质都不同，因而解决不同的区域问题，需要采用不同的区域经济政策手段和工具。一劳永逸的区域经济政策是不存在的。因此，

---

① MARION TEMPLE . Regional economics [M] . ST：Martin’s Press Inc. , 1994：225.

② 张可云 . 区域大战与区域经济关系 [M] . 北京：民主与建设出版社，2001：452-453；张可云 . 区域经济政策——理论基础与欧盟国家实践 [M] . 北京：中国轻工业出版社，2001：26-27；张可云 . 区域经济政策 [M] . 北京：商务印书馆，2005：9-11.

适时更新区域经济政策是区域经济政策阶段性的要求。

3. 区域经济政策的有限性

（1）区域经济政策的作用领域是有限的。区域不论大小，本身是一个相对独立和完善的系统。区域问题不仅包括经济问题，而且还包括社会、政治、环境、文化等诸多领域的问题。区域经济政策所涉及的主要是经济领域，要解决区域问题，必须将它和其他政策紧密结合运用，才能发挥更大的作用。①

（2）区域经济政策的作用效果具有一定的局限性。区域经济政策不是解决区域问题的"灵丹妙药"，国家对欠发达区域实施发展援助政策本身就内含着一定的负面效应。主要表现在：区域发展援助可能存在援助决策的失误和援助实施过程的失误；区域发展援助能力小于援助意愿；区域发展援助本身隐含可能使受援区域对外援产生依赖心理，导致激励不足，产生要素价格信号的失真，产生相关的政治成本，产生一定的经济损失等。②

7.2　区域经济政策目标和战略

区域经济政策目标是指运用区域政策工具解决区域问题时所要实现的目的或要达到的目标，它对具体区域经济政策工具的选择、实施以及政策评价具有导向作用。区域经济政策战略是决定区域经济政策具体目标与工具类型的战略性选择。

7.2.1　区域经济政策目标

设定区域经济政策目标，既要从总体上处理好均衡目标与增长目标的关系，又要从技术上重视区域经济政策具体目标的设计与量化。

1. 区域经济政策总目标

从总体而言，政府干预区域经济活动追求的总目标是实现经济效益和社会公平的最大化，即：促进各区域之间均衡发展的"均衡目标"（或"公平目标"），提高资源要素空间配置效率促进国民经济快速增长的"增长目标"（或"效率

① 陈栋生，等．区域经济学［M］．郑州：河南人民出版社，1993：247.

② 陈耀．国家中西部发展政策研究［M］．北京：经济管理出版社，2000：42-45.

目标”)。

均衡目标和增长目标之间存在着反向关系。为了达到区域之间均衡发展的目标，国家要将有限的资源更多地投向经济欠发达区域，而这些区域的经济效益相对低下，因而又可能影响整体国民经济的增长速度；反之，为了实现整体国民经济的快速增长，国家应更多地将资源集中在经济效益较好的发达区域，这必然会导致经济欠发达区域发展更趋困难，从而拉大发达区域和欠发达区域的差距。

均衡目标和增长目标孰先孰后,孰重孰轻,两者如何权衡和协调始终是区域经济政策必须要面对的首要重大难题。大多数学者主张两者应统筹兼顾,根据本国国民经济的发展阶段特点选择适合本国国情的“结合空间”(见图 7.1)。① 在图 7.1(a)中,*A* 点的经济增长(效率)最高,但区域均衡(公平)为零,亦即区际经济差异最大;反之,*B* 点的区域均衡(公平)最大,亦即区际经济无差异,但经济增长(效率)为零;在 *AA′* 区间,过于偏重经济增长(效率)而忽视区域均衡(公平);在 *BB′* 区间,则过于偏重区域均衡(公平)而忽视经济增长(效率)。由图可见,均衡与增长存在多种“结合模式”,但较为适宜的结合空间应在 *A′B′* 区间。在均衡与增长的结合模式中,仍存在着是“增长(效率)优先,兼顾均衡(公平)”,还是“均衡(公平)优先,兼顾增长(效率)”的权衡。在图 7.1(b)中，前者以 *A′O* 区间表示，后者以 *OB′* 区间表示。

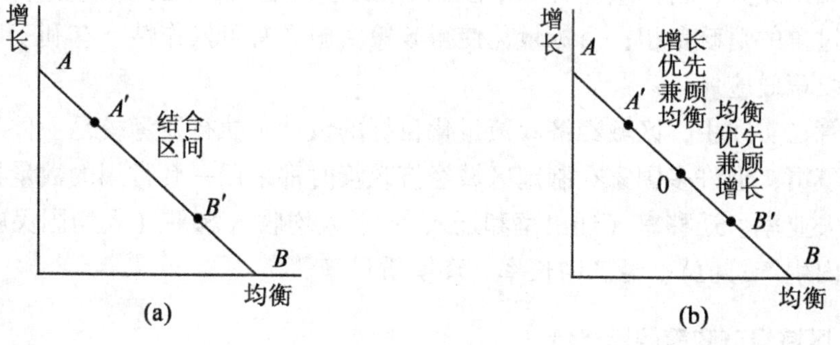

图 7.1　均衡与增长的权衡

资料来源：陈耀．国家中西部发展政策研究［M］．北京：经济管理出版社，2000：32.

① 陈栋生主编的《区域经济学》(郑州:河南人民出版社,1993:258)提出“经济效率和社会公平之间的替换关系”示意图,陈耀在《国家中西部发展政策研究》(北京:经济管理出版社,2000:31-32)进一步将其拓展为“效率与公平的权衡”示意图。

2. 区域经济政策子目标

从世界各国区域经济政策实践来看，区域经济政策目标具有不同的层次和等级水平。区域经济政策目标有总目标和子目标之分。区域经济政策子目标可分为经济目标、社会目标、生态目标、政治目标等类型。面对不同性质的问题区域，区域经济政策的子目标各不相同，且各子目标随时间推移不断变化，呈动态性特征。

在实际工作中，尽管要准确地表述区域经济政策的具体目标是一件困难的事情，但还是可以抽象概括出一些重要的目标。如：①提高区域内现有资源的利用水平（即减少资源的不充分利用）；②更有效地在区域内各种用途间分配资源；③实现区域内最佳增长；④在区域间有效地再分配生产要素以使总收入与总增长最大化；⑤区域间增长率的均等化；⑥区域间收入（通常用人均收入表示）的均等化；⑦为缓解通货膨胀压力而缩小区域差距；⑧减少区域内拥挤程度与其他布局造成的外部成本，并重新布局人口、工业等，以形成净社会利益最佳的空间结构；⑨保护、加强区域文化和个性等非经济目标。①

3. 区域经济政策目标量化

区域经济政策目标量化的必要性表现在：由于实施区域经济政策所需的公共财政支出庞大，目标量化有利于限制区域经济政策目标区域的数量和规模，以避免过重的财政负担；目标量化使得政策实施具有可操作性，有利于评价区域经济政策效应。

尽管在实践中，区域经济政策量化目标的设计、执行及考核是一件复杂而艰难的事情，但许多国家在制定区域经济政策时都采用一套常用的数量指标体系，如失业率、迁移率（迁出率和迁入率）、人均收入水平（人均国民收入和人均国内生产总值）、经济增长率、环境质量等。

4. 区域经济政策目标组合

要解决好区域经济政策总目标之间、区域经济政策子目标之间存在的矛盾冲突，有必要遵循一定的原则，根据具体国情对区域经济政策目标进行组合选择。具体而言，区域经济政策目标组合应遵循以下四大原则（陈栋生等，

---

① 张可云．区域经济政策［M］．北京：商务印书馆，2005：17.

1993；吴殿廷等，2003）①：

（1）根据具体的区域问题类型选择。在国民经济层面上，应根据最为典型的区域问题，选择主导的政策目标。如西方发达国家典型的区域问题是萧条区域的发展问题，其主导政策目标多为促进就业与分配的公平；发展中国家典型的区域问题是落后区域的发展问题，其主导政策目标多为促进经济的快速发展。在问题区域层面上，针对不同的问题区域，应选择不同的主导目标。如落后区域应以推进产业开发、促进经济起飞为主导目标；萧条区域应以调整优化产业结构、促进就业为主导目标；膨胀区域应以促进产业向外扩散为主导目标。

（2）根据特定的经济发展阶段进行选择。根据威廉姆逊的倒 U 型理论，缩小区际经济差异是有一定规律可循的。在经济不发达阶段，区域经济政策应选择增长（效率）目标；在经济发达阶段，区域经济政策应选择均衡（公平）目标。

（3）根据当前的区际差异程度进行选择。区际差距既引发经济问题，也引发社会问题。区际差距超过一定阈值时，就会引发大规模的、漫延全国的社会问题，并引发政治危机。因此，当区域经济差距过大时，区域经济政策应优先选择均衡（公平）目标；反之，在区域经济差距远未接近社会可容忍的临界值时，可将经济高速增长目标放在更加重要的位置上。

（4）根据未来的经济发展预测进行选择。区域经济政策的效果是由多种因素决定的，而根据未来的经济发展预测设定区域经济政策目标，可以提高目标实现的可能性和效益。如：经济处于繁荣阶段，则应以经济效益为主导目标，抢抓机遇，加快发展；经济处于萧条时期，则应以区域均衡（公平）为主导目标，既可缓解社会矛盾，又可刺激需求的增长。

7.2.2　区域经济政策战略

区域经济政策战略又称区域经济政策界限，是指为解决区域问题而明确的区域经济政策目标的大致方向，区域经济政策战略决定区域经济政策具体目标与工具类型的战略性选择。②

中外学者就区域经济政策战略涉及的主要内容进行了长时间的广泛讨论。代表性学者及观点主要有：

① 陈栋生，等．区域经济学［M］．郑州：河南人民出版社，1993：264-265；吴殿廷，等．区域经济学［M］．北京：科学出版社，2003：444-445.

② 张可云．区域经济政策［M］．北京：商务印书馆，2005：202、252.

（1）胡佛的国家区域发展援助战略论。美国区域经济学家胡佛将20世纪50～70年代国家区域发展援助战略的争论焦点概括为：是繁荣地区还是繁荣人口；援助目标区域的选择是以不景气为标准还是以发展潜力为标准，或分配区域援助是作为施舍还是作为投资；是集中援助少数增长中心还是广泛分散援助；可用的各种援助手段之间的选择。① 胡佛强调，这些有争议的问题均是紧密关联，无论哪一个都像"versus"（与……相对）一词所示那样非此即彼。

（2）陈栋生等的区域经济政策战略论。陈栋生、陈耀等认为，区域经济政策战略体系内容主要涉及：是救济还是开发（是输血式援助还是造血式援助）；是根据困难程度投资还是根据发展潜力投资；是"地区繁荣"还是"人的繁荣"（是援助地区还是援助人）；资金是集中使用还是分散使用；增长中心是少而大还是多而小；是迁移劳动力就职业还是就劳动力兴办产业（是"移民就业"还是"移业就民"）；是充分就业还是结构优化；是优惠不发达地区还是优惠发达地区；是分散污染产业还是集中污染产业；是发展大城市还是发展中小城市；是竞争性增长还是共同性增长；诱导企业迁移的重点是小企业还是大企业。②

（3）安虎森等的区域经济政策战略论。安虎森等认为，区域经济政策战略体系内容主要涉及："地区繁荣"还是"人的繁荣"；有限的公共投资是集中培育少数增长中心还是分散在整个区域；救济还是开发；经济增长还是保护环境；基础设施还是工业项目。③

（4）张可云的区域经济政策战略论。张可云认为，区域经济政策战略选择涉及区域间选择、问题区域内部选择两大方面。区域间选择问题主要有：是"移民就业"（People Move to Jobs）还是"移业就民"（Jobs Move to People）；是重"最困难区域"（Regions of Most Distressed）还是重"潜力最大区域"（Regions of Greatest Potential）。问题区域内部选择问题主要有：是"繁荣地区"（Place Prosperity）还是"富裕人民"（People Prosperity）；是重"充分

① ［美］埃德加·M. 胡佛. 区域经济学导论［M］. 王翼龙，译. 北京：商务印书馆，1990：312-340；［美］艾德加·M. 胡佛，弗兰克·杰莱塔尼. 区域经济学导论［M］. 郭万清，等译. 上海：上海远东出版社，1992：340-361.

② 陈栋生，等. 区域经济学［M］. 郑州：河南人民出版社，1993：265-271；陈耀. 国家中西部发展政策研究［M］. 北京：经济管理出版社，2000：35-41.

③ 安虎森，等. 区域经济学通论［M］. 北京：经济科学出版社，2004：810-816.

就业”还是重“结构优化”；是分散投入全面发展还是集中于少数增长中心。①

总之，区域经济政策战略涉及的内容是动态变化的，需要根据特定国家区域的具体问题以及经济发展阶段性特点来确定各类选择问题，而且不一定是相互排斥的。

7.3　区域经济政策工具

区域经济政策工具，又称区域经济政策措施，是指为实现区域经济政策目标而运用的、针对区域问题的具体措施；亦即区域经济政策工具是奖励与区域经济政策目标相符的区域经济行为和控制与区域经济政策目标相悖的区域经济行为的具体措施的总和。② 区域经济政策目标一般不是单一的而是一个体系，根据丁伯根原则③，要达成区域经济政策目标，必须组合多种区域经济政策工具。

7.3.1　区域经济政策工具的分类

中国学者常将区域经济政策工具划分为区域财政政策、区域产业政策、区域公共投资政策、区域金融政策、区域外贸政策、区域就业政策以及区域行政手段、区域法律手段等。这种分类方法尽管条目清晰，也具可操作性，但大多又是重叠交织的。本书侧重分析以下三种代表性的区域经济政策工具分类法：

1. 阿姆斯特朗—泰勒的区域经济政策工具分类法

英国区域经济学家阿姆斯特朗和泰勒认为，区域经济政策工具主要是用以影响个人和企业的区位选择或改变特定区域的收入和支出水平；区域经济政策工具可分为微观政策工具、宏观政策工具和协调政策工具（见表 7.2）。

阿姆斯特朗—泰勒的区域经济政策工具分类法经 1985 年、1993 年、2000 年三次修订，不断丰富完善，广为流传，它改造了传统的区域经济政策工具分

① 张可云．区域经济政策［M］．北京：商务印书馆，2005：202-219.

② 张可云．区域经济政策［M］．北京：商务印书馆，2005：257.

③ 荷兰经济学家、1969 年诺贝尔经济学奖得主丁伯根在《经济政策：原理与设计》（1962）一书中提出，实现 N 个独立的政策目标，至少需要相互独立的 N 个有效的政策工具。这一观点被称为“丁伯根原则”。

表 7.2　**阿姆斯特朗—泰勒的区域经济政策工具分类法**

<table>
<tr><td rowspan="12">微观政策工具</td><td rowspan="4">劳动力重新配置政策</td><td colspan="3">原地重新配置劳动力</td></tr>
<tr><td colspan="2" rowspan="3">劳动力的空间再配置</td><td>移民政策</td></tr>
<tr><td>流动政策</td></tr>
<tr><td>改进劳动力市场效率政策</td></tr>
<tr><td rowspan="8">资金重新配置政策</td><td rowspan="5">税收与补贴</td><td rowspan="3">对投入的补贴</td><td>对资本、土地与建筑物(补贴、税收)</td></tr>
<tr><td>对劳动力（工资补贴、移民补贴）</td></tr>
<tr><td>对其他投入品（补贴）</td></tr>
<tr><td colspan="2">对产出的补贴（出口减税、退税与价格补贴）</td></tr>
<tr><td colspan="2">对技术的补贴（R&D 补贴、技术信息转移补贴）</td></tr>
<tr><td colspan="3">改进资本市场效率政策</td></tr>
<tr><td colspan="3">行政控制</td></tr>
<tr><td colspan="3">发展社会资本的政策</td></tr>
<tr><td rowspan="5">宏观政策工具</td><td>贸易政策、财政政策与货币政策权利的区域转移</td><td colspan="3"></td></tr>
<tr><td rowspan="4">宏观政策的中央控制</td><td colspan="2" rowspan="2">区域差别的税收与支出政策</td><td>自动稳定器(所得税、社会保险税)</td></tr>
<tr><td>随机政策</td></tr>
<tr><td colspan="3">区域差别的货币政策</td></tr>
<tr><td colspan="3">区域差别的关税与其他贸易控制政策</td></tr>
<tr><td rowspan="4">协调政策工具</td><td rowspan="2">行政管辖区内的协调</td><td colspan="3">不同微观政策工具间的协调</td></tr>
<tr><td colspan="3">微观与宏观政策间的协调</td></tr>
<tr><td rowspan="2">行政管辖区间的协调</td><td colspan="3">中央与区域开发机构间政策协调</td></tr>
<tr><td colspan="3">区域开发机构同地方间政策协调</td></tr>
</table>

注：表中“行政管辖区间的协调”栏内容为 1985 年第一版《区域经济学与区域政策》中的相关内容，2000 年第三版《区域经济学与区域政策》已调整为“欧盟与成员国区域政策的协调”、“中央政府、地方与区域政策的协调”。

资料来源：整理自［英］哈维·阿姆斯特朗，吉姆·泰勒．区域经济学与区域政策（第三版）［M］．刘乃全，等译．上海：上海人民出版社，2007：198-199.

类法，并考虑到政策协调工具，因此，其分类较为全面。但这种分类法也存在明显的缺陷：将部分宏观经济政策纳入区域经济政策工具之内，使区域经济政策的内涵过于宽泛；财政政策内容在微观、宏观政策工具里重叠交叉出现。

2. 陈耀的区域经济政策工具分类法

陈耀在考察分析世界各国区域经济政策实践的基础上，提出了区域经济政策工具类型六分法。即将最常用的区域经济政策工具分为公共投资、转移支付、经济刺激、直接控制、政府采购和公共区位六类（见表 7.3）。其中，最重要的是前三种类型；最具灵活性、多样性的是经济刺激类工具。这种分类方法的特色在于它是对区域经济政策工具实践的总结概括，可操作性强；缺陷是其所划分的类型过于多、杂，而实际上部分类型是重叠的。

表 7.3　**陈耀的区域经济政策工具分类法**

类　型	主要工具
公共投资	公共基础设施（包括新城和工业园区）
	农业基础设施项目
	环境改善项目
	区域发展基金
	国有公司
转移支付	专项转移支付（有条件补助）
	一般转移支付（无条件补助）
经济刺激	工业投资补贴
	就业或工资补贴
	租金补贴
	居住区调整补贴
	所得税、进口设备关税、出口利润税收减免
	区位调整的税收返还和特许权
	运费调整和补贴
	特别折旧率
	优惠贷款
	信贷担保
	社会保险支付特许权
	土地征收和抵偿
	低价出租或出售厂房
	技术援助、培训和信息咨询服务

续表

类　型	主要工具
直接控制	新建扩建企业许可证制度
	城市功能区划分
政府采购	对落后地区公司的强制性采购比例
公共区位	政府机构和公营企业单位的扩散或区位调整

资料来源：陈耀．国家中西部发展政策研究［M］．北京：经济管理出版社，2000：73.

3. 张可云的区域经济政策工具分类法

张可云根据各种区域经济政策工具在解决区域问题中的具体功能，将区域经济政策工具分为奖励工具和限制（控制）工具两类（见图7.2）。

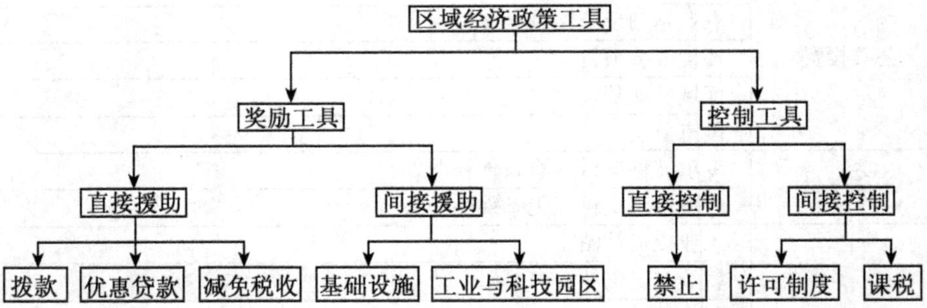

图7.2　根据工具功能性质的区域经济政策工具分类
资料来源：张可云．区域经济政策［M］．北京：商务印书馆，2005：263.

区域经济政策奖励工具又称“胡萝卜”政策，包括直接援助（拨款、优惠贷款和减免税收等）和间接援助（基础设施建设、建立工业与科技园区）两种。区域经济政策控制工具又称“大棒”政策，包括直接控制和间接控制两种。直接控制即直接禁止与区域经济政策目标相悖的特定经济行为；间接控制即规定在特定区域的经济活动必须缴纳高额税收或获得许可证。

区域经济政策工具功能分类法的优点表现在：凸显了各种工具的主要功能和性质；基本包含了主要的财政、金融、行政手段，也强调了基础设施建设、建立工业与科技园区的工具属性。其缺陷是忽视了政策协调工具。

7.3.2　区域经济政策工具的作用机制

1. 公共投资

公共投资是与私人投资相对应的一种政府行为，与私人投资主要按投资回报率选择投资区域不同，公共投资是按政府的政策目标进行投资区位选择，是区域经济政策的主要工具之一。公共投资主要有三种投资方向：社会性基础设施、经济性基础设施和产业项目。社会性基础设施投资是指对教育、文化卫生、广播、电视等领域的基础设施的投资，它一方面直接改善区域居民的社会福利，另一方面还通过投资在本地引发的乘数效应促进区域经济发展。经济性基础设施投资主要是指对能源、交通、电信等领域的基础设施的投资。经济性基础设施的改善不仅能降低企业在能源、运输、通信方面的成本，还能提高企业的生产效率，从而激励企业进行投资活动，并促进区域经济的发展。与社会性基础设施投资和经济性基础设施投资不同，产业项目投资是以赢利为目的投资活动，不属于公共物品投资的范围。作为区域经济政策工具的产业项目投资一般集中在资源开采、研发中心、集成装配厂等投资规模较大、技术较复杂、产业集成度较高的产业链环节上，这些产业项目投资不仅构成区域投资的一部分，还能通过其所提供的廉价中间产品供给或大规模中间产品需求吸引众多企业在其周边投资设厂，形成产业集群，促进区域经济的发展。在市场经济体制较完善的发达国家，作为区域经济政策工具的公共投资一般以社会性基础设施投资为主；而在我国，经济性基础设施投资则比重较大，用于产业项目的公共投资的比例也相当高。

2. 转移支付

转移支付是财政资金在政府间的再分配，是大多数市场经济国家处理各级政府间财政关系的有效手段，主要包括中央政府通过国民收入的分配和再分配，将其一部分财政收入单方面无偿地让渡到某些地方而发生的支出，以及地方财政资金（通过中央政府）向其他地方的横向转移支付。区域的财政收入规模是与其经济发展水平密切相关的，但按现代政府的施政理念，各区域（居民）应平等地享有基本的教育、医疗、文化娱乐、市政设施等，其财政支出规模与其经济发展水平的相关性较低，因此，不发达区域财政往往入不敷出。为实现各级政府财政的基本平衡，中央政府需要通过转移支付，调整中央政府与各级地方政府之间的财政纵向不平衡和地区之间的财政横向不平衡。在发达的市场经济国家，财政转移支付以实现各地方政府的公共服务均等化为目标；而在发展中国家，财政转移支付则以支持不发达区域经济发展为直接目标。

3. 优惠与补贴

优惠主要指税收优惠，是指对特定区域内的企业（包括个体业主）或居民进行经济活动的应纳税收的减免、退返等。补贴是对特定区域内企业或居民的特定经济活动给予的资金补助。优惠与补贴是区域经济政策中最普遍采用的通过吸引资本与劳动力流入支持区域发展的政策工具，其作用机制一是通过优惠与补贴提高区域企业的平均利润率水平，从而吸引外地企业的投资；二是通过提高企业的利润水平，从而提高其积累能力，并激励其将所得利润进行再投资。

4. 课税与收费

课税与收费是同优惠与补贴相对应的一种主要用于对膨胀区域的发展进行抑制的政策工具，是对特定区域企业的经济活动征收额外的税款或费用的行为。与区域经济政策工具相关的课税与收费项目主要有拥挤税、能源税、增容费等。额外的课税与收费会给企业造成成本压力，降低企业的利润率水平，从而对成本较敏感的企业产生向非拥挤的落后区域迁移的推力。

5. 金融与技术支持

金融支持是指对受援助区域的企业或居民有选择地提供与项目相联系的贷款，这些贷款一般具有利息低、期限长、额度可达到项目开支较大比例的特征，能有效降低受援助区域企业的融资门槛和融资成本，从而刺激企业在这些区域进行投资。技术支持是指对受援助区域提供免费的或低价的技术信息、技术培训、技术使用授权和技术转让，以及政府研究开发基金向受援助区域的倾斜性分配等，它们能有效改善受援助区域企业的技术水平，增强其实施技术创新的动力与能力，增强区域自主发展的基础。

6. 许可管制与放松管制

许可管制是由政府做出的、对个人和机构提出的必须遵守与服从的要求或规定的某些活动，不遵守或不服从管制将受到惩罚，其具体形式有规章、标准、许可、禁止、法律秩序和执行程序等。作为区域经济政策工具的许可管制可加大企业与居民进入或继续留在特定区域的壁垒，而放松管制则可降低这种壁垒，从而影响经济发展资源在区域之间的配置。许可管制与放松管制的直接成本较低、效果较明显，是财政实力较弱的发展中国家常用的政策工具之一。如我国《关于西部大开发若干政策措施的实施意见》中，就明确了对西部地区的数十项放松管制的项目，内容涉及信贷管制、外商投资领域管制、户籍与出入境管制、外贸（边贸）与进出口管制等。

7. 价格干预

价格干预是转型国家的重要政策工具之一。在这些国家，政府掌控着土地、矿产等大量的基础性资源，并具有极强的定价能力，而这些资源的价格对企业生产与居民生活的成本具有重大的影响，因此，政府能通过对这些资源价格的干预影响企业的生产成本与居民的生活成本，从而引导资金与劳动力资源在区域间的配置。如我国《关于西部大开发若干政策措施的实施意见》中，就涉及了铁路运价、航空支线票价、水价、电价、采（探）矿权使用费、土地出让金等多项价格干预。

8. 政府采购

政府采购是指各级国家机关、实行预算管理的事业单位和社会团体（统称采购机关）使用财政性资金以购买、租赁、委托或雇佣等方式获取货物、工程和服务的行为。政府采购的购买行为规范，购买力巨大，对社会经济具有十分明显的影响，有着极强的政策性，并因此而成为现代政府用于执行产业政策、区域政策、贸易政策的常用政策工具之一。作为区域经济政策工具的政府采购主要通过在区域间分配政府的商品和劳务采购合同来影响区域经济发展。如政府采购向受援区域倾斜，扩大落后区域产品的市场份额，就可以带动其经济发展。

7.4　区域经济政策评价

7.4.1　区域经济政策评价的必要性

区域经济政策作为一种具有重大影响的政策行为，只有严格按照一定的程序进行，才能确保区域经济政策的科学化、民主化。区域经济政策的制定、实施和评估过程如图 7.3 所示。即提出需要解决的区域问题、确定一定时期要达到的目标、设计政策方案（包括目标、工具、实施细则）、对政策方案进行事前评价、选择政策方案、政策正式实施、政策实施效果评价。区域经济政策的制定与实施还是一个循环往复的过程，包括多条反馈路径，主要是通过区域经济政策事前评价和事后评价实现。

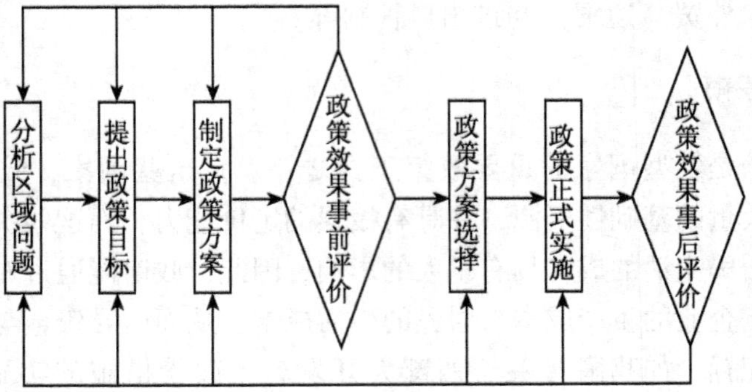

图 7.3　区域经济政策程序

资料来源：魏后凯，等．现代区域经济学［M］．北京：经济管理出版社，2006：536。引用时略有修改。

区域经济政策的制定和实施不可避免地会存在失误，因此，在充分掌握信息的前提下，依据特定的标准，对某项区域经济政策实施的影响、效果进行度量、分析和评价相当必要。

开展区域经济政策评价，有利于使政策目标的确定更符合实际要求，使政策工具的运用更具可操作性，使政策效果在更大程度上接近确定的目标，从而促进区域经济政策不断完善和科学化。区域经济政策评价的重要意义具体体现在：

1. 区域经济政策评价是区域经济政策走向决策民主化、科学化的必由之路

区域经济政策评价是区域经济政策程序的重要环节，在确保区域经济政策决策的科学化、民主化方面具有重要作用。区域经济政策决策实际上是在对多种政策备选方案科学评价的基础上，对是否实施区域经济政策和实施怎样的区域经济政策做出决定，没有区域经济政策方案效果评价（事前评价）所提供的决策支持信息，就不可能对区域经济政策做出科学决策。区域经济政策实施效果的事后评价是新一轮区域经济政策制定的起点，为政策修订提供决策背景资料与经验支持，同时，它还推动区域经济政策理论的发展，从而为区域经济

政策的制定提供科学的理论支撑。

在市场经济体制较完善的国家，区域经济政策评价一般由政策决策主体机构之外的专职机构来执行，如日本专设政策审议会，负责对包括区域经济政策在内的经济政策进行评价。同时，区域经济政策评价还应广泛邀请区域经济政策影响区域的代表、区域经济专家学者和政府官员的参与，并倾听与借鉴专业学者和其他群体的非官方评价结论。区域经济政策评价已成为区域经济政策民主化决策的重要机制。

2. 区域经济政策评价是及时纠正区域经济政策偏差、合理调整区域经济政策目标和工具的前提条件

区域经济政策评价作为对区域经济政策实施可靠的信息反馈，无疑有助于决策者全面了解并及时纠正区域经济政策在实施过程中所出现的偏差，进而合理调整区域经济政策的目标和工具，以实现政策收益的最大化。缺少区域经济政策评价这一信息反馈机制，决策者将很难及时发现政策偏差和减少政策失误的损失。

3. 降低区域经济政策的成本，提高区域经济政策的效益

由于区域经济政策是政府提供的发展援助，实践中往往容易产生重效益轻成本的倾向。区域经济政策评价既包括对政策效应的评价，也包括对政策成本收益的评价。区域经济政策评价一方面有利于抑制区域经济政策制定与实施过程中的寻租行为，确保政策投入的适度，避免非必要的区域进入政策适用对象区域的范围；另一方面也会对区域经济政策投入的规范化与高效使用施加压力，从而提高既定政策资源的使用效益。

7.4.2　区域经济政策评价面临的困难

区域经济政策评价所面临的诸多困难主要表现在：

1. 区域经济政策目标的复杂性

区域经济政策的目标一般是一个体系，并且多数目标（如福利性目标）尚缺乏被广泛认同的数量化手段，难以建立起区域经济政策评价的目示基准。而且在短期内，区域经济政策目标常常是相冲突的而不是相容的，如效率目标与公平目标、经济增长目标与环境保护目标等。因此，区域经济政策的实施往往难以实现政策目标体系中的每一个目标。所以，在区域经济政策评价中，往往不能形成一个明确的总体性评价。

2. 区域经济效应的多源性

区域经济格局的演变往往是包括区域经济政策在内的多种政策因素和非政策因素共同作用的结果。国家产业政策、金融政策、贸易政策均有很强的区域效应，能对区域经济格局产生重大影响。在经济全球化的当今世界，国际经济社会形势的变化也会对特定区域的经济发展产生较长期的重大影响，并因此引起区域经济格局的变化。现代政府高度重视统筹包括区域经济政策在内的各项政策，使各项政策相互配合，以获得最佳的政策效应。因此，现代区域经济政策作用的发挥也离不开其他相关政策的作用。所以，在区域经济政策评价中，很难将取得区域效应的全部或明确的份额分离出来，而将其归功于特定区域经济政策的实施。

3. 区域经济政策的成本界定问题

区域经济政策的实施成本既包括政府的政策性援助支出，也包括政府为实施区域经济政策而在组织、协调和人力投入等方面支付的成本，还包括企业与居民在各种经济刺激下为改变经济活动决策而支出的费用（如迁移费用），其中，企业与居民的成本由于比较分散与隐蔽，只能通过估算的方法得到。区域经济政策的实施还会产生大量的间接成本，如区域发展援助资金对发达区域发展资金的占用而产生的对发达区域发展的不利影响、区域经济政策的制定与实施过程中的寻租活动产生的损失等，这些成本识别与核算的难度更大。

4. 区域经济政策的时间效应

区域经济政策本身作为区域经济发展的一种重要外部变量，可能在政策酝酿、讨论与制定的阶段就引发了较强的区域效应，如我国西部大开发支持政策的制定进入征求意见阶段时，就引发了大规模的民营资本“西进”热。一些区域经济政策，如区域文化、教育与卫生援助政策，往往需要几十年才能产生较明显的效应，并且该效应持续的时间可能比这些政策所延续的时间长得多。

5. 区域经济政策评价中的信息缺失与失真

区域经济政策评价主要存在两方面问题：一是信息缺乏问题。如区域经济政策实施前的历史信息往往难以获得，即使是当期信息，也常因信息收集与处理的成本过高而不易获得。二是信息失真问题。信息的收集、处理与传播不可避免地会产生失真，而且某些区域政策的受惠区为了继续获得政策援助，常常有意操纵、过滤与扭曲信息，这常常使区域经济政策评价过程中难以获得真实的信息。

此外，在区域经济政策评价中所采用的方法也存在诸多技术缺陷，对区域经济政策的评价最终还是评价者给出的主观判断。因此，不同的评价者，特别是区域经济政策的不同利益相关者，运用不同的评价技术，可能对同一政策给出不同的评价结论。在区域经济政策评价中存在的广泛争论，也给区域经济政策评价带来了一定的困难。

7.4.3　区域经济政策评价的内容与方法

区域经济政策评价涉及的内容广泛，既有综合评价，也有专项评价；既有效应评价，也有效益评价；既有事前评价，也有事后评价。

区域经济政策综合评价是以区域经济政策体系目标为标准对政策总体所进行的评价，如区域经济政策效应评价、区域经济政策成本收益评价。

区域经济政策专项评价是对区域经济政策中的分项目标或区域经济政策中的专项政策所作的分析，如对区域经济政策就业目标的评价等。

区域经济政策效应评价是通过将区域政策目标与效应进行求差式对照来检验区域经济政策干预逻辑的合理性。区域经济政策效益评价是将区域经济政策效应同投入、目标与需要进行求商式对比，或将需要同目标进行求商式对比，来检验区域政策干预逻辑的合理性（张可云，2005）。①

区域经济政策事前评价主要是对政策备选方案进行的评价，为决策者提供区域经济政策的辅助决策资料。区域经济政策事后评价则是对政策实施效果、效益的分析，给区域经济政策实施中的控制与区域经济政策修订提供反馈信息。

戴蒙德与斯彭斯（D. K. Diamond，N. A. Spence，1983）从评价所依存逻辑的角度，将区域政策评价方法分为三类：间接方法、部分方法和综合方法。②间接方法是通过一个或若干个与区域经济政策目标的指标在区域经济政策实施前后的对比，间接推断区域经济政策效应，这种方法在区域经济政策评价中应用得最为广泛。部分方法是采用某些数量技术，对区域经济中某些社会经济的

① 张可云. 区域经济政策［M］. 北京：商务印书馆，2005：380-381.

② DIAMOND D K，SPENCE N A. Regional policy evaluation：a methodological review and the Scottish Example［M］. Gower，1983.

发展演变做出合理的预测，进而对区域政策的结果和具体影响进行评价，以说明区域政策的具体目标是否实现。综合方法是对各种政策工具的全部成本与利益进行全面的综合分析并得出结论的方法，其操作难度最大。区域经济政策评价通常会应用多种评价工具，主要有干预逻辑分析、SWOT 分析、问题调查、访谈、座谈会、案例研究、比较组、专家团、特尔斐调查、偏离—份额分析、回归分析、经济计量模型、投入产出模型、成本效果分析、成本利益分析和多标准分析等。

7.4.4　区域经济政策效应评价

7.4.4.1　专项效应评价

区域经济政策的专项评价主要有区域经济政策的就业影响评价、区域经济政策的投资影响评价和区域经济政策的增长（产出）影响评价。在欧美发达国家，就业目标是区域经济政策的主导目标，学者们围绕这一评价问题进行了深入的研究，形成了较为成熟的评价方法。通常的方法有五个步骤：

一是预测在政策评价对象时间段上无区域经济政策时典型时刻的就业水平，常用方法是按国家平均就业增长速度来测定区域的就业水平，即 t 时刻区域的预期就业水平 $E_t = \sum_{i=1}^{n}[r_{it_0}(n_{it}/n_{it_0})]$，其中，$r_{it_0}$ 指区域在 t_0 时刻第 i 类产业的就业水平，n_{it} 为国家在 t 时刻第 i 类产业的就业水平，n_{it_0} 为国家在 t_0 时刻第 i 类产业的就业水平，n 为区域的产业数。

二是计算各时刻（年）区域实际就业水平 A_t 与预测就业水平的差 $D_t = A_t - E_t$。

三是将研究阶段划分为无政策阶段和政策实施阶段。

四是以区域经济政策实施起始时刻 D 值为一点，线性拟合无政策阶段的 D 值线，并延长得到趋势线 D^*。

五是由 D 与趋势线 D^* 之差计算区域经济政策时期内历年的区域政策累积效应（见图 7.4）。①

① 这一方法是由穆尔与罗兹提出并完善的，国内对这一方法的介绍多有缺漏，本书的表述综合借鉴了以下文献：金锋，等（编译）. 区域经济与政策分析［M］. 北京：中国环境科学出版社，1992：295-298；张可云. 区域经济政策［M］. 北京：商务印书馆，2005：418-420。

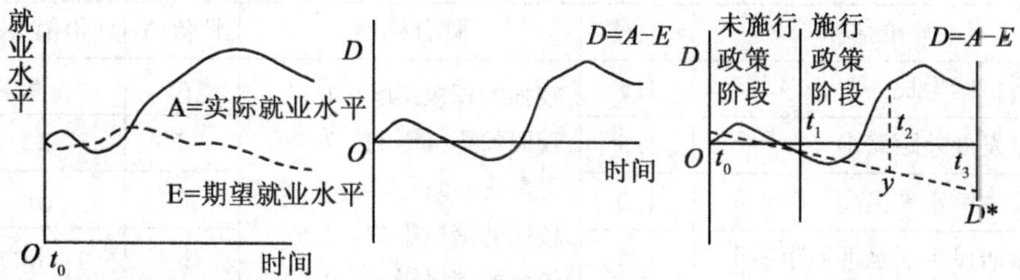

(a) 实际的与预期的就业水平　(b) 实际的与预期的就业差　(c) 区域政策的效应

图 7.4　区域经济政策对就业的影响

资料来源：金锋，等．区域经济与政策分析［M］．北京：中国环境科学出版社，1992：297.

由于该方法还不能完全排除其他影响区域就业增长的影响因素，也未考虑政策的滞后效应（正式的区域经济政策出台前，援助措施即已实际实施了多年），不少学者对这一方法作了若干的修正，篇幅所限，此不赘述。

在一些发展中国家，促进问题区域的经济增长是区域经济政策的主寻目标，区域经济政策的增长（产出）影响评价相对重要一些。如我国不少学者均尝试通过分析区域经济差距的演变状况来评价区域经济政策的增长影响，但这些方法均未能恰当合理地分离区域经济政策与其他因素对区域经济增长的影响。区域经济政策的增长（产出）影响评价理论与方法的还有待进一步完善。

7.4.4.2　综合效应评价

在区域经济政策评价中，常常要针对政策的多个目标给出一个综合性的评价结论，这就需要采用多目标综合评价法来进行评价。在评价中，一般需要将多目标的定性分析转化为定量评价，将不同计量单位或无计量单位转化为统一的计量单位，将离散式的多目标转化为综合的单一目标，再按综合后的单一目标对区域政策效应进行评价。多目标综合评价的主要步骤如下：一是排列区域经济政策的目标，并给每一目标赋予权重值。权重的赋值可以采用专家评定法、层次分析法、特尔菲法等。二是对各政策目标进行专项评价，做出达成各目标的程度评价值。三是将各目标的评价值与权重值相乘后累加起来，得出区域经济政策效应的评价值。四是对区域经济政策的评价值进行修正，给出定性的评价结论（见表 7.4）。

表7.4　　区域经济政策的多目标综合评价

评价指标	权重	评分标准	评价值	评价值×权重
经济持续增长	1.5	较强的积极影响：10； 较弱的积极影响：7.5； 无影响：5； 较弱的消极影响：2.5； 较强的消极影响：0。	4	6
区域发展差距缩小	1.5		8	12
居民生活水平提高	1.0		6	6
区域居民生活水平差距缩小	1.5		8	12
区域优势发挥	1.0		5	5
基础设施改善	1.0		8	8
人口素质提高	1.0		8	8
社会长期稳定	1.5		9	13.5
综合评价计算	10			70.5

资料来源：王一鸣，等．中国区域经济政策研究［M］．北京：中国计划出版社，1998：135. 引用时已加以增改。

7.4.5　区域经济政策成本收益评价

区域经济政策的实施是需要成本的，因此，仅对区域经济政策的效果进行评价是不够的，还需对其进行成本收益评价。区域经济政策成本收益评价是一种以数量化评价为主的方法，是在对政策成本和政策实施效果进行数量化分析的基础上，借鉴投资项目评价的方法，将政策实施的成本与取得的效果进行比较、分析和评价。其中，区域经济政策成本与收益的认定是评价的重点。

1. 实施区域经济政策的成本

实施区域经济政策的成本主要有：一是对政策资源的直接消耗。主要包括各级政府的援助支出（包括财政转移支付、补贴与优惠、政府直接投资）和政府为推行区域经济政策而在组织、协调和人力方面的各种投入。二是区域经济政策的推行所诱发的经济发展资源流动的机会成本。区域经济政策不仅直接消耗政策资源，还通过政策资源诱导经济发展资源的流动，这对资源流出地区造成不利影响，也是推行区域经济政策中应考虑的成本。三是社会成本，主要指推行区域经济政策所导致的各种非生产性消耗，如制定的实施区域经济政策中的寻租活动、区域经济政策对价格与资源流动的扭曲所产生的费用（如企业与居民的迁移费用、资源的过度使用或闲置）等。

2. 实施区域经济政策的收益

区域经济政策的收益可以从以下三个方面识别：一是区域经济政策作用区域的收益。主要表现为政策作用区域经济产出的提高、就业率的提升、居民收入的增长、环境质量的改善、社会福利的增进等。二是区域经济政策影响区域的收益。区域经济政策也会给非政策作用区域带来各种收益，如对落后区域的支援政策可以为发达区域闲置的资本、人才和技术提供投资与创业机会，可以转移发达区域相对落后的产业从而促进其产业结构升级，可以为发达区域经济发展提供基础性资源，从而给发达区域的发展拓展空间等。此外，在区域经济政策支持下，落后区域的发展还能减缓贫困（群体）向发达区域蔓延，缓解其社会压力。三是国民经济与社会整体的收益。主要表现为区域经济政策在推动经济发展，增强国民经济发展方面的潜力和动力，以及其在社会的稳定、民族的团结、国防的巩固等方面的贡献。

3. 区域经济政策的成本收益分析

区域经济政策成本收益分析分为静态分析和动态分析，其中，动态分析还考虑了成本与收益的时间价值。区域经济政策成本收益分析的一般方法是计算成本收益的净现值（NPV）。成本收益的净现值 $NPV=\sum_{t=0}^{n}\frac{B_t-C_t}{(1+r)^i}$，其中，$B_t$ 为区域经济政策实施第 t 年的全部收益，C_t 为区域经济政策实施第 t 年的全部成本或投入，r 为贴现率，n 为区域经济政策评价的时间跨度。当 *NPV* 大于零时，可得出区域经济政策收益成本较好的评价结论，当 *NPV* 小于零时，可得出区域经济政策收益成本较差的评价结论。①

贴现率 r 的选择相当重要，它在相当程度上决定了区域经济政策评价的结论。为了减少贴现率 r 的选择对政策评价的影响，一般要计算多个 r 值下的 *NPV*，甚至做出 r 值与 *NPV* 的关系图，以便评价者做出较客观全面的评价。

◎复习思考题

1. 名词解释

---

① 金锋，等（编译）．区域经济与政策分析［M］．北京：中国环境科学出版社，1992：310.

区域经济政策；区域经济政策目标；区域经济政策工具；“胡萝卜”政策；“大棒”政策；区域经济政策实施成本

2. 简述区域经济政策的基本内涵。
3. 简述区域经济政策的基本特征。
4. 简述区域经济政策目标组合的基本原则。
5. 比较分析三种区域经济政策工具分析法的优缺点。

◎ 开放性思考题

1. 如何认识国家区域经济政策和地方区域经济发展政策之间的关系？
2. 如何认识区际经济差异的“适度间距”？
3. 区域经济政策目标如何量化？

◎ 参考文献

1. 陈栋生，等．区域经济学［M］．郑州：河南人民出版社，1993.
2. 陈耀．国家中西部发展政策研究［M］．北京：经济管理出版社，2000.
3. 魏后凯，等．现代区域经济学［M］．北京：经济管理出版社，2006.
4. 张可云．区域大战与区域经济关系［M］．北京：民主与建设出版社，2001.
5. 张可云．区域经济政策——理论基础与欧盟国家实践［M］．北京：中国轻工业出版社，2001.
6. 张可云．区域经济政策［M］．北京：商务印书馆，2005.
7. 安虎森，等．区域经济学通论［M］．北京：经济科学出版社，2004.
8. 王一鸣，等．中国区域经济政策研究［M］．北京：中国计划出版社，1998.
9. 陈家海．中国区域经济政策的转变［M］．上海：上海财经大学出版社，2003.
10. 母爱英．区域经济政策新视角研究［M］．北京：经济科学出版社，2004.
11. 张丽君，等．区域经济政策［M］．北京：中央民族大学出版社，2006.

12. ［英］哈维·阿姆斯特朗，吉姆·泰勒．区域经济学与区域政策（第三版）［M］．刘乃全，等译．上海：上海人民出版社，2007.

13. ［荷］彼得·尼茨坎普，等．区域经济学（区域和城市经济学手册，第 1 卷）［M］．安虎森，等译．北京：经济科学出版社，2001.

14. 金锋，等（编译）．区域经济与政策分析［M］．北京：中国环境科学出版社，1992.

15. ［美］艾德加·M. 胡佛，弗兰克·杰莱塔尼．区域经济学导论［M］．郭万清，等译．上海：上海远东出版社，1992.

16. ［美］埃德加·M. 胡佛．区域经济学导论［M］．王翼龙，译．北京：商务印书馆，1990.

17. ［美］哈利·W. 理查森．区域经济学概论［M］．李俊，译．北京：海潮出版社，1990.

第8章 区域治理理论

在区域经济运行过程中，普遍存在着行政区域经济与经济区域经济的矛盾冲突问题（即“双重区域经济现象”）、各区域经济主体利益的矛盾冲突问题。“区域治理”是一种纾解区域矛盾冲突、促进区域协调发展的新型调控理论模式。从一定意义上而言，区域治理体现为一种“自下而上”的区域经济运行调控模式。目前，国内外区域治理理论研究及实践还处于不断探索之中。本章重点论述区域治理的内涵与特点，区域治理的主体、客体和自组织协调机制，区域治理的类型和模式等内容。

8.1 区域治理的内涵和特点

西方“区域治理”理论研究始于20世纪80年代。国内“区域治理”理论研究始于20世纪90年代末期。① 近年来，国内出版的部分区域经济学及相近学科教科书中陆续新增了“区域治理”等前沿理论内容，例如《现代区域经济学》(2006)②、《区域经济学原理》(2007)③、《经济地理学》(2006)④

① 国内学术界对此论题尚未采用统一的术语，存在“城市治理”、“城镇治理”、“城市管治”、“城市管制”、“区域治理”、“区域管治”、“区域管制”、“地方治理”、“空间管治”等多种说法。本书统称“区域治理”，并视“城市治理”、“大都市区治理”、“城市圈区域治理”等为“区域治理”的特例。

② 魏后凯，等. 现代区域经济学［M］. 北京：经济管理出版社，2006：627-633.

③ 郝寿义. 区域经济学原理［M］. 上海：上海人民出版社，2007：291-320.

④ 李小建，等. 经济地理学（第二版）［M］. 北京：高等教育出版社，2006：228-230.

和《区域分析与区域规划》(2006)① 等。

8.1.1　"治理"的内涵

1. "治理"概念

"治理"(Governance) 一词最初用于表述与国家事务相关的管理活动。20 世纪 80 年代以来,"治理"一词频繁出现在联合国机构、学术团体、民间志愿组织的出版物上,内容几乎涉及社会经济各个领域,逐渐发展成为一种内涵丰富、适用广泛的前沿理论,并在许多国家的政治、城市及社会管理改革中得到广泛的运用。但关于"治理"概念的界定,迄今尚未达成共识。具有代表性的观点见表 8.1 所示。

表 8.1　　中外学者、机构关于"治理"概念界定的代表性观点

分类	学者、机构	主要观点
1. 强调治理是一种社会统治方式	世界银行 (1996)	一个国家为了发展而对经济和社会资源进行管理时运用权力的方式
	世界经济合作组织 (1996)	运用政治权威管理和控制国家资源,以求经济和社会发展。具体而言,是由许多不具备明确的等级关系的个人和组织进行合作以解决冲突的工作方式,它灵活反映了非常多样化的规章制度甚至个人态度
	联合国发展计划组织 (1999)	一国在所有层次上运用经济、政治和行政权力以管理它的事务,包括通过机制、程序和机构让市民和团体得以表白意见,以及运用法律权力承担责任和调解歧见
2. 强调治理的过程特征	全球治理委员会 (1995)	是一个持续不断的过程,在这个过程中既可以是对立的或各异的利益彼此适应,也可以采取合作的行动
	顾朝林 (2000)	一种综合的全社会过程,它以"协调"为手段,不以"支配"、"控制"为目的,涉及广泛的政府与非政府组织间的参与和协调

① 崔功豪,魏清泉,刘科伟. 区域分析与区域规划(第二版)[M]. 北京:高等教育出版社,2006:340-342.

续表

分类	学者、机构	主要观点
	杰索普	建构政府的（等级结构的）和政府以外的（非等级结构的）机构、组织和具体的实践，以解决政治的和超越政治的、有关实现共同目标和集体设想方面的问题
3. 强调治理反映了一种社会关系	全球城市研究机构（1995）	治理涉及市民社会和国家之间的关系，涉及执法者和守法者之间的关系，涉及政府和可控性的关系
	全球治理协会（1995）	个人与机构、公家与私人治理其共同事务的总和，多种多样互相冲突的利益集团可以借此走到一起，找到合作的办法。它既包括为保证人们服从的正式制度和体制，也包括人们同意或接受符合其利益的非正式安排
	阿尔坎得拉、库伊曼（1998）	在众多不同利益发生作用的领域建立一致或取得认同，以便实施某项计划
	斯托克（1999）	在组织之间、公共与私人之间的界限可以穿透的情况下，治理的行为、方式或系统。它认识到了组织之间的相互依赖，其本质是政府与非政府之间及其内部各种力的相互作用
4. 侧重对前人研究成果的集成概括	张京祥（2000）	通过多种集团的对话、协调、合作以达到最大程度动员资源的统治方式，以补充市场交换和政府自上而下调控之不足，最终达到“双赢”的综合的社会治理方式
	吴骏莲（2001）	治理主要包含：①自组织的调节方式，是指“组织间关系的自组织”；②多样化的行为者，包括政府部门、私营部门及第三部门（志愿团体、非赢利机构、非政府组织、社区企业、合作社、社区互助组织等）；③互动过程，不同的组织必须通过与其他组织交换知识和资源达到目的；④国家承担的角色

资料来源：综合整理自石楠，姚鑫．中国城市管治回顾和展望［G］//顾朝林，等．城市管治——概念·理论·方法·实证．南京：东南大学出版社，2003：10-24；杨汝万．发展中国家的城市管治及其对中国的含义（下）［J］．上海城市管理职业技术学院学报，2002，12（6）：4-6.

尽管关于"治理"一词存在着各种不同的理解，但都基于一个共识：政府并非调节社会经济的唯一主体力量，包括其他正式组织和非正式组织（机构、单位、社团等）在内的各种社会力量也可负责维持社会经济秩序、参与社会经济调节。

2. "治理"与"管理"的比较

新兴的"治理"（Governance）概念与传统的"管理"（Government）概念存在明显的区别（见表8.2）。

表8.2　"治理"与"管理"的比较

	治　理	管　理
利益关系	纵横交错的立体网络	自上而下的单向线形
权力主体	政府与非正式机构	政府
组织制度	正式制度与非正式制度协调互动	正式制度
行政依据	依法行政	人治
治理手段	多元化、灵活	单一、简单
治理方式	协调、合作	控制、命令
资源分配	市场利益调节	国家统一分配

资料来源：史健洁．论城市管治与地方政府的作用：以镇江市机构改革为例［G］//顾朝林，等．城市管治——概念·理论·方法·实证．南京：东南大学出版社，2003：224-231.

总之，治理理论倡导"更少的统治，更多的治理"，主张多元治理主体之间进行对话、协调和合作，以最大限度地利用社会资源促成公共目标的实现。

8.1.2　"区域治理"的内涵

1. "区域治理"概念

由于治理在某些情况下具有无法替代的优越性，所以在机构之间关系松懈或各自拥有自主运作权、彼此之间相互依赖而关系复杂、存在较大的空间与时间跨度、共同参加某些项目又具有共同的利害关系时，治理便成为一种特别有效而适宜的调节方式，如运用在技术创新、集体行动战略、区域治理等方面。国内学术界关于“区域治理”概念的界定众说纷纭，最具代表性的观点有：

（1）基于制度安排视角的“区域治理”概念界说。郝寿义（2007）将“区域治理”界定为：内生于一个区域的正式或非正式的制度安排，通过这些制度安排，区域主体可以实现区域内部的集体活动，包括设定区域的目标和规则、制定区域公共决策、组织并协调区域的集体活动等。①

（2）基于地域空间资源整合视角的“区域治理”概念界说。张京祥和黄晓春（2001）认为，区域治理是一种基于地域空间资源的治理，是将经济、社会、生态的可持续发展，同资本、土地、劳动力、技术、信息、知识等生产要素综合包融在内的整体地域治理概念，既涉及中央元，又涉及地区元，也涉及非政府组织元等多组织元的权利协调，其中政府、公司、社团、个人行为对资本、土地、劳动力、技术、信息、知识等生产要素的控制、分配及流通起着关键的影响。②在市场经济环境中，空间资源的分配是协调各社会发展单元的相互利益的重要方式，因此它是政府握有的为数不多而行之有效的调控社会整体发展的手段之一，具体表现为各种形式的空间规划与管理行动。

2.“区域治理”与“区域管理”的比较

“区域治理”和“区域管理”两者之间存在明显的区别和联系（孙兵，2007；郝寿义，2007）。③

（1）两者的相同点。区域治理和区域管理均关注公共领域问题；二者活动的内容相似，都关注区域社会、政治的稳定以及经济的发展。

（2）两者的差异。第一，区域治理所包含的内容要广于区域管理。区域治理涉及区域公共生活的方方面面，既包括区域政府的管理活动，也包括区域政府管理以外的诸多问题，如区域环境问题等。第二，区域治理的主体较之区

---

① 郝寿义．区域经济学原理［M］．上海：上海人民出版社，2007：291.

② 张京祥，黄晓春．管治理念及中国大都市区管理模式的重构［J］．南京大学学报（哲学·人文科学·社会科学），2001，38（5）：111-116.

③ 孙兵．区域协调组织与区域治理［M］．上海：上海人民出版社，2007：40-41；郝寿义．区域经济学原理［M］．上海：上海人民出版社，2007：292-293.

域管理呈现出多元化特点。区域管理的主体是区域政府，其他个体或组织可作为区域政府的协商者和咨询者，但均不能成为区域管理的决策者；而在区域治理中，除区域政府这一重要主体外，还包含有其他众多的治理主体，如企业、行业协会、居民等，各主体联合共同作出有关区域问题的决策。第三，协调机制不同。区域管理的协调方式主要是通过自上而下的等级体系来进行的，权威在其中起到关键作用；而区域治理更多地是通过协商和沟通机制来解决问题，各主体在区域治理中处于平等地位，并形成区域内部的网络状结构关系。第四，对区域各利益集团的影响不同。在区域治理中，由于是通过协商和沟通机制来解决问题，参与区域治理的各主体都能够自由表达自己的诉求，并防止自己的利益受到损害；而在区域管理中，由于政府处于支配地位，其权力很少受到挑战，因而那些接近区域政府的集团往往能够获得更大的利益。

8.1.3　区域治理的特点

综而言之，区域治理具有以下三大特点：①

1. 强调发挥非政府组织的作用

在区域发展实践中，传统的区域政府组织单一纵向的管理模式已显现出明显的局限性，而非政府组织作为一种极其有效的制度资源，由于其非营利性、民间性及自治性等特性，在降低交易成本等方面具有独特优势，在区域社会管理和公共服务等方面能够发挥其他组织难以替代的作用。

2. 强调公众参与的重要性

公众参与是指公众对影响市民生活的整治过程的密切参与，并介入到决策之中。区域治理之所以强调市民社会的公众参与，是区域基于地方自治和民众自主管理而对传统管理模式反省的结果。市民社会的公众参与，有助于形成完善的监督机制，减少政府决策的失误，使政府更好地服务于社会。通过政府和市民社会之间的合作和互动，构建起一种伙伴关系。对政府而言，可促使运作成本最小化，达到借力发力、调动所有社会资源为公众服务的效果。

---

① 参考、综合自胡萍，卢姗．国外区域管治的实践及其对我国的启示［J］．上海城市管理职业技术学院学报，2007（4）：27-30.

3. 以“协调”作为解决问题的主要手段

区域治理涉及多方面的相关利益，其最终目标是要达到在现有条件下整个区域利益的最大化，即“多赢”局面。基于这一目标，解决问题的主要方式侧重各个方面的“协调”。各级政府机构、非政府组织以及市民代表摒弃行政级别差别，祛除地方保护主义思想，通过讨论、协商或谈判等方式，商讨特定问题的解决办法。在政府、企业和市民社会间建立一个信息顺畅的需求—回应控制渠道，妥善处理各方意见，从而达到区域利益最大化的目标。

总之，区域治理理念强调通过协调机制，将由多种组织、多个成员和决策当局共同作用形成的多层次、多变动结构中难以自发连接的成分连接，顺应各利益主体共同发展的需要，推动区域发展的有效合作。它既强调区域内部作为区域发展的基础，又突出区际之间的协调作用；既主张在区域和区际的各个层面之间开展合作，并在合作的前提下展开竞争，又强调通过各成员间不断地对话和协商，促进各种利益的相互融合，在达成共识、自我约束、建立互信的基础上，形成多形式、多渠道、多层次、多元化互动的网络式协调管理局面，实现整体效益最大化。

8.2 区域治理的主体、客体和自组织协调机制

8.2.1 区域治理主体

区域发展过程中会出现涉及政治、经济、社会和环境等各个方面的问题，而区域问题的解决涉及方方面面利益的协调，区域各相关利益主体都有积极性充分表达各自的诉求。区域治理是多元化、多层次的主体治理，必须充分吸纳区域利益相关者的加入，才能在目标上汇集各方愿景，从而共同实现有效、公平的治理，切实解决区域发展问题。

1. 区域治理主体的类别

根据区域经济运行主体理论，区域治理的主体可分为政府、企业、非营利组织和居民四类（孙兵，2007；郝寿义，2007）。①

---

① 参考、综合自孙兵．区域协调组织与区域治理［M］．上海：上海人民出版社，2007：77-112；郝寿义．区域经济学原理［M］．上海：上海人民出版社，2007：295-300.

（1）政府。区域政府是区域治理最重要的主体。政府是公共利益的代表。区域政府是区域公共设施和公共服务的主要提供者，并执行中央政府的相关区域政策。中央政府制定宏观发展战略以指导区域发展的运行，其颁布的法律法规也构成了区域制度环境的基础。通常情况下，中央政府也会直接参与区域治理的具体过程。此外，中央政府的地方派出机构也在区域管理活动中有着独特的地位和作用，对区域社会经济活动进行指导及宏观管理。

（2）企业。企业是区域治理的重要主体。企业一般以利润最大化为目标，常趋向于积极参与区域治理，以实现其利润目标。企业参与区域治理的目的在于希望在税收等政策方面获得一定的优惠。此外，企业通过与社会各界的沟通，以此为公关手段在公众面前树立良好的企业形象，从而降低其运营成本。

（3）非营利组织。非营利组织是区域治理的新兴重要主体。非营利组织（Non-profit Organization，NPOs）具有民间性、非营利性、组织性、自治性和志愿性等特点，与政府组织相比较，在有效降低生产成本和交易成本方面具有独特优势。非营利组织通过自己的各项活动，解决市场和政府无暇顾及或解决不力的社会问题，缓解社会矛盾，促进区域发展。

（4）居民。居民也是区域治理必不可少的一个主体。居民参与区域治理在某些方面可能会与非营利组织有所重叠，因为许多非营利组织所代表的正是居民的利益，反映居民的要求，但这种间接地对区域治理的参与并不能全面反映居民的参与情况。居民参与区域治理的最普遍的方式是投票选举，但无论是从民主政治的内涵还是从公共政策的形成过程来看，居民参与并不仅仅局限于投票行为，还应包括对公共事务积极而深入的介入，不仅仅是消极地维护居民自身的利益，而是更多地创造公共利益。所参与的人员也不限于社会或政治精英，还应包括普通居民，他们也对与自己有关的社区事务拥有决定权力。

2. 区域治理主体的参与方式①

（1）政府参与区域治理的方式。政府参与区域治理的方式有：一是政府通过向社会提供法律规范，约束人们的行为，创造稳定的发展环境。政府还提供相应的惩罚措施，以确保法规的执行。二是政府向社会提供一些公共服务，

① 参考、综合自孙兵．区域协调组织与区域治理［M］．上海：上海人民出版社，2007：83-112；郝寿义．区域经济学原理［M］．上海：上海人民出版社，2007：295-300.

包括公共管理和咨询等。三是政府还承担组织区域活动的责任，组织各类区域治理主体就重大区域问题进行讨论磋商。

(2) 企业参与区域治理的方式。企业主要通过两种方式参与区域治理，即共同生产和游说。共同生产即指政府部门通过与企业进行合作，结合政府与社会的资源，共同提供公共服务，以缓解政府的财政压力，促进企业参与公共事务的决策及执行。企业（通常是大企业）还可通过游说的方式参与区域治理。一方面，大企业由于资产规模大、沉淀成本高，对参与区域治理更具主动性；另一方面，大企业实力雄厚，能够对区域经济的某些领域产生决定性的影响，因此能够受到政府的重视，它们的一些需求或意见也能够得到政府的及时反应，因而能够发挥独特的影响力。但大企业的游说有时可能会牺牲一些弱势群体的利益，从而产生消极效果。

(3) 非营利组织参与区域治理的方式。非营利组织可以弥补政府和市场的不足，向社区或成员提供地方公共产品。非营利组织还可代表其成员的利益和政府及其他组织进行协商，为其成员谋取更多的支持和利益，因而是成员利益表达的重要渠道之一。非营利组织可担当政府与市场之间的中介角色，成为政府和社会互动的桥梁。

(4) 居民参与区域治理的方式。居民参与区域治理有直接参与和间接参与两种方式。传统的代议制的参与形式是间接参与，居民参与的过程是由外生力量决定的，这些外生力量决定了议题和决策的程序，也决定了居民参与的范围。在这种情况下，政府和各种非营利组织的角色是专家，居民则是顾客，因而很难质疑专家的权威和技术知识。甚至有时专家并不真正了解居民的需求。直接参与即指居民深入持续参与决策的过程，居民自始至终参与其中，且必须有足够的时间了解相关信息，而专家的职责在于协助居民认知问题真相、作出决定。政府、非营利组织和居民在这一过程中是合作伙伴关系。

8.2.2 区域治理客体

区域治理的客体即指区域公共事务，包括区域社会、经济、生态环境、文化教育等各方面内容。区域公共事务不仅包括区域公共产品和服务的提供，如道路、港口、治安、消防、供水供电、垃圾处理、污染防治等，而且还包括某些制度安排的协商和沟通，如地方政府间对于彼此行政壁垒造成的地方保护、无序竞争、产业结构趋同问题的协商解决，以及区域内各治理主体关于区域发展目标及其获得利益的不同战略规划与博弈等。区域公共事务的治理具有收益的地方性、效用的空间性、需求的特定性等特点。区域公共事务因其多元化、多层次、多形式的内容，在区域发展中构成复杂的网络体系，必须依靠区域相关利益主体积极参与、共同治理，才能确保区域持续、协调、稳健发展。

8.2.3　区域治理自组织协调机制①

区域治理的不同主体掌握不同资源和权力，同时也受到不同的约束。在区域治理的过程中，各主体之间形成各种各样的关系，并通过相应的规则、目标与区域治理客体相结合，形成错综复杂的决策过程，这些决策过程反过来又影响各主体之间的关系。这诸多关系交织在一起，形成复杂的立体网络式的联系，此即区域治理的自组织协调机制。

区域治理的自组织协调机制包含四大要素，这四大要素相互作用、相互依赖，构成区域治理的四个不可或缺的子系统，即：区域治理主体（政府、企业、非营利组织和居民）、区域治理客体（区域公共事务）、规则、目标。区域治理的主体之间存在着持续、复杂的相互作用，这种相互作用围绕区域治理的目标展开，并在区域公共事务治理中得以体现。同时，这种相互作用还要受到区域治理规则（正式规则和非正式规则）的制约。区域治理的自组织协调机制如图 8.1 所示。

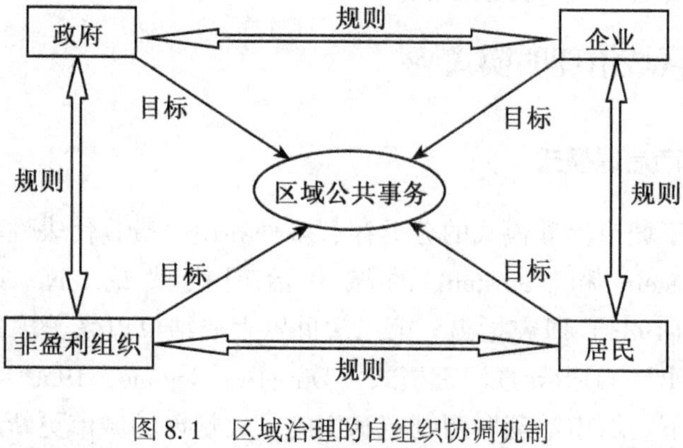

图 8.1　区域治理的自组织协调机制

资料来源：改编自郝寿义．区域经济学原理［M］．上海：上海人民出版社，2007：301.

① 参考、综合自郝寿义．区域经济学原理［M］．上海：上海人民出版社，2007：300-302.

8.3 区域治理的类型和模式

8.3.1 区域治理的类型

城市是区域社会经济活动的中心，城市发展中出现的问题也是区域问题的主要表现。有鉴于此，中外学者多以城市为基本单元探讨区域发展相关问题的治理模式。区域治理的范围和层次不同，其治理模式也相应有所不同。据此，可将区域治理分为单一城市治理和多城市区域治理两类。

单一城市治理，即以单个城市为对象，以城市矛盾和失调的有序化为目标，协调城市各主体间的利益，通过适当的制度安排，约束与监督各方行为，减少个体理性带来的集体非理性。

多城市区域治理，即以由多个社会经济发展密切联系的中心城市及周边腹地组成的城市共同体（如城市群、城市圈、都市区等）为对象，通过适当的制度安排协调各主体间的利益，在一个更大的范围内解决区域发展相关问题。

与单一城市治理相比，多城市区域治理更注重不同层级政府之间、各级政府与各治理主体之间的权利互动关系，谋求解决区域内宏观和微观区域问题，协调区域发展中的效率与公平关系、当前利益与长远利益关系、局部利益与总体利益关系，促进区域可持续发展。

8.3.2 区域治理的模式

1. 单一城市治理模式

学术界关于城市治理模式的分类存有多种界说。最具代表性的有：

（1）Fainstein 和 Fainstein 的城市治理模式论。N. I. Fainstein 和 S. S. Fainstein（1983）研究指出，第二次世界大战结束以来美国经历了三种城市治理模式,①即：①指导性治理模式（Directive Regime，1950 ~ 1964）。在地方政府的赞助下，城市治理联盟制定和实施了大规模的城市更新规划。②让步性治理模式（Concessionary Regime，1965 ~ 1974）。尽管商业利益仍占据中心

① FAINSTEIN N I, FAINSTEIN S S. Regime strategies, communal resistance, and economic forces [G] // FAINSTEIN S S and FAINSTEIN N I (eds). Restructuring the city. New York: Longman, 1983: 245-282.

地位，但对低层的城市居民有所让步，并提供福利。③保守性治理模式（Conserving Regime，1975～至今）。维持财政稳定，让步和福利减少，但保留政治和经济控制。

（2）埃尔金的城市治理模式论。埃尔金（Elkin，1987）认为，城市政治经济学决定了地方利益和政治家联盟的各种方式、选举联盟的策略、政府服务的官僚结构，并据此提出多元型（Pluralist）、联合型（Federalist）和创业型（Entrepreneurial）三种城市治理模式。①多元型和联合型城市治理模式分别对应于指导性和让步性治理模式。创业型城市治理体系是一种新的治理模式。

（3）皮埃尔的城市治理模式论。皮埃尔（Pierre，1999）② 对城市治理模式的划分最具代表性和概括性。他深入研究了正式组织与非正式组织在城市治理活动中权力分配的强弱状况，根据参与者、目标、手段和结果将西方种类繁多的城市治理方式归纳为四种一般模式（见表8.3），即：管理模式（Managerial Model）、社团模式（Corporatist Model）、支持增长模式（Pro-growth Model）和福利模式（Welfare Model）。

表8.3 **城市治理的理论模式**

特征	管理模式	社团模式	支持增长模式	福利模式
参与者	职业的管理者	大众与利益组织	商界精英、高官	地方政府、国家政府
目标	提高公共服务的生产和传递效率	保证组织成员的利益	长期的、持续的经济增长	国家支持地方经济
手段	与获利组织的协议、公职的招募、提高公务员素质	将社会的主要成员参与到城市政治的过程中	城市规划，改善基础设施；改善投资环境，吸引投资	政府的政治和管理网络

① ELKIN S L. City and regime in the American Republic [M]. Chicago: University of Chicago Press, 1987.

② 参见洪明，徐逸伦．中国小城镇管治研究初探［G］// 顾朝林，等．城市管治——概念·理论·方法·实证．南京：东南大学出版社，2003：128-132.

续表

特征	管理模式	社团模式	支持增长模式	福利模式
结果	提高了服务生产的效率，而对服务市场和消费者选择的效率作用不大	降低了财政纪律，因为利益鼓励消费，而公共收入却有限；获利组织与其他组织的不平等	对地方经济起了重要作用	中央政府的财政赤字不断增长，地方政府权力下降

资料来源：转引自洪明，徐逸伦．中国小城镇管治研究初探［G］//顾朝林，等．城市管治——概念·理论·方法·实证．南京：东南大学出版社，2003：131.

2. 多城市区域治理模式

跨行政区域的治理模式，一直是学术界研究的重点。靖学青（2002）将美国大都市区治理模式归纳为四种模式：① 以纽约大都市区为代表的松散、单一组织的区域治理模式；以华盛顿大都市区为代表的统一组织的区域治理模式；以杰克森维尔大都市区为典型的完全单层的区域治理模式；以迈阿密大都市区为典型的双层制的区域治理模式。

比较而言，孙兵（2007）②、郝寿义（2007）关于多城市区域治理模式的一般性归纳最具科学性和概括性。他们根据区域治理主体的合作程度以及对参与主体约束力大小的不同，将区域治理模式划分为专题项目合作、专业委员会、区域委员会和城市联盟四类。其中，专题项目合作中区域治理主体合作程度最低，对参与主体的约束力也最弱；城市联盟的合作程度最高，对参与主体也有很强的约束力；另外两种模式则介于这二者之间。

就中国的国情而言，区域治理组织主要包括松散型的区域治理组织、专门委员会、城市联盟三种形式（孙兵，2007；郝寿义，2007）。③

① 靖学青．西方国家大都市区组织管理模式——兼论长江三角洲城市群发展协调管理机构的创建［J］．社会科学，2002（12）：22-25.

② 孙兵．区域协调组织与区域治理［M］．上海：上海人民出版社，2007：171-193.

③ 孙兵．区域协调组织与区域治理［M］．上海：上海人民出版社，2007：215-216；郝寿义．区域经济学原理［M］．上海：上海人民出版社，2007：318-320.

(1) 松散的区域治理组织。松散的区域治理组织主要是通过在区域内不同城市之间建立起松散的、非政府组织形式的协作组织，为区域协调发展及经济一体化开展宣传和提供信息交流的场所。作为一种非正式的制度，它为正式制度变迁奠定了坚实基础，为更高层次的区域治理组织的建立创造了条件。这种区域治理组织是地方政府自愿组建的组织，组织的建设及运作方便，是一种制度变迁成本最低、易于操作的区域治理组织形式。

(2) 专门委员会。区域可以根据区域经济发展的自身要求，就城市区域经济发展中迫切需要解决的某一单一问题，成立单项的、小规模跨行政地区的专门委员会。

(3) 城市联盟。城市联盟是一种层次较高的区域治理组织形式，比较适合于内部经济联系非常密切的区域。国内学术界一般认为美国学者佩尔斯（Neel Peirce，1993）曾首倡“Citistate”一词探讨“城市联盟”问题。① 国内城市联盟理论研究以靳景玉等（2004，2006，2007）的研究成果最具代表性。② 城市联盟是指两个或者两个以上的城市为了一定的愿景目的订立契约，而进行的一种合作性超边界组织安排。城市联盟的模式可分为单中心城市联盟、双中心城市联盟和多中心城市联盟三类。城市联盟具有五大显著特点：一是目标性。城市联盟建立在一定的目标（“共同愿景”）基础之上，有明确的目标性是城市联盟的第一要素。二是系统性。城市联盟是以契约和协议为约束构成的联盟系统。三是动态性。城市联盟盟员城市的增减具有动态性。四是协同性。城市联盟各方既相互独立，不存在行政上的等级关系，又相互依赖，相互之间进行优势互补而产生协同效应。五是共赢性。城市联盟各方在相互信任、依赖的基础之上通过合作获得各自的利益，规避各自的风险。城市联盟成功运作必备以下条件：具有共同的利益和愿景（目标）；选择适当的联盟伙伴；注重各盟员城市在联盟中的影响力；建立信任机制、协调机制和惩罚机制；建立城市联盟内部的公共物品的供给机制和利益分配机制。

---

① 孙兵．区域协调组织与区域治理［M］．上海：上海人民出版社，2007：186.

② 靳景玉，刘朝明．城市联盟的动力与价值机制研究［J］．上海财经大学学报，2004，6（6）：33-38；靳景玉．城市联盟行为分析［J］．集团经济研究，2006（3）：112-113；靳景玉，刘朝明．基于协同理论的城市联盟动力机制［J］．系统工程，2006，24（10）：15-19；靳景玉．城市联盟的合作动力机制研究［D］．重庆：西南交通大学，2006；靳景玉，刘朝明．城市联盟动力系统研究［J］．科技进步与对策，2007，24（4）：69-74.

◎ 复习思考题

1. 概念解释

区域治理主体；区域治理客体；区域治理自组织协调机制；城市联盟

2. 简述“区域治理”和“区域管理”概念的异同。
3. 简述区域治理的基本特点。
4. 简述区域治理的类型和模式。
5. 简述区域治理主体参与区域治理的具体方式。

◎ 开放性讨论题

1. 如何从区域公共管理的视角科学理解“区域治理”概念的基本内涵？
2. 如何从制度安排的视角构建城市/区域联盟运作机制？

◎ 参考文献

1. 顾朝林，等. 城市管治——概念·理论·方法·实证［M］. 南京：东南大学出版社，2003.

2. 黄丽. 国外大都市区治理模式［M］. 南京：东南大学出版社，2003.

3. 宋迎昌. 都市圈：从实践到理论的思考［M］. 北京：中国环境科学出版社，2003.

4. 孙柏瑛. 当代地方治理［M］. 北京：中国人民大学出版社，2004.

5. 郝寿义. 区域经济学原理［M］. 上海：上海人民出版社，2007.

6. 孙兵. 区域协调组织与区域治理［M］. 上海：上海人民出版社，2007.

7. 魏后凯，等. 现代区域经济学［M］. 北京：经济管理出版社，2006.

8. 安树伟. 大都市区管治与中国大都市区管治的特殊性［J］. 山西师范大学学报（社会科学版），2007（2）.

9. 李铭，方创琳，孙心亮. 区域管治研究的国际进展与展望［J］. 地理科学进展，2007（4）.

10. 马海龙. 区域治理：一个概念性框架［J］. 理论月刊，2007（11）.

11. 孟召宜，朱传耿，渠爱雪. 主体功能区管治思路研究［J］. 经济问题探索，2007（9）.

12. 胡萍，卢姗．浅谈非政府组织在区域管治中的作用［J］．经济前沿，2007（2）．

13. 胡萍，卢姗．国外区域管治的实践及其对我国的启示［J］．上海城市管理职业技术学院学报，2007（4）．

14. 靖学青．西方国家大都市区组织管理模式——兼论长江三角洲城市群发展协调管理机构的创建［J］．社会科学，2002，（12）．

15. 吴骏莲，崔功豪．管治的起源、概念及其在全球层次的延伸［J］．南京大学学报（哲学·人文科学·社会科学），2001，38（5）．

16. 杨汝万．发展中国家的城市管治及其对中国的含义（下）［J］．上海城市管理职业技术学院学报，2002，12（6）．

17. 张京祥，黄晓春．管治理念及中国大都市区管理模式的重构［J］．南京大学学报（哲学·人文科学·社会科学），2001，38（5）．

18. 张京祥，刘荣增．美国大都市区的发展及管理［J］．国外城市规划，2001（5）．

19. 张京祥，庄林德．管治及城市与区域管治：一种新制度性规划理念［J］．城市规划，2000，24（6）．

20. CHRISTIAN L. Metropolitan government and governance in Western Countries, a critical review［J］. International Journal of Urban & Regional Research, 1996, 22（1）.

21. ELKIN S L. City and regime in the American Republic［M］. Chicago: University of Chicago Press, 1987.

22. FAINSTEIN N I, FAINSTEIN S S. Regime strategies, communal resistance, and economic forces［G］// FAINSTEIN S S and FAINSTEIN N I (eds). Restructuring the City. New York: Longman, 1983.

高等学校经济学系列教材

- 经济法学
- 发展经济学
- 金融经济学
- 产业经济学
- 国际经济学
- 比较经济学
- 公共经济学
- 区域经济学原理
- 经济学说史
- 中国近代经济史
- 外国经济思想史
- 外国近代经济史
- 投资经济学
- 国际贸易学
- 国际金融实务
- 《资本论》——结构、理论与应用
- 政治经济学
- 宏观经济学
- 微观经济学
- 货币银行学
- 计量经济学
- 会计学
- 统计学
- 财政学